監査役
事件簿

眞田宗興 ——————— 著

同文舘出版

はじめに

　この本は、監査役が遭遇した実際の事件の中で、監査役がどのように考え、行動したのかを、裁判の判決文や事件を起こした企業のホームページ、新聞情報等から考察したものである。

　ただしこれらは、紹介した事件の中の企業や個人を追及しようとするものではない。もっと言えば、事件の背景には、情報として表には出ていない、複雑な事情があるかもしれない。

　しかし本書では、あくまで実際に起きた事件としてその事実を受け止め、その上で、監査役はどうすればよかったのか、さらにいえば、どうすれば責任追及を免れることができたのだろうか、または、監査役の行動のどこがよかったのか、責任を免れることができたのは何故なのだろうかについて私なりに分析したものであることをご理解いただきたい。

　私の主観的な意見として、「この事件から学ぶこと」を書かせていただいているが、もちろん異なる見解もあろう。特に予想されるのは、「ここまで監査役はやらなければいけないのか」ということであろう。

　しかしながら、そうした反論を予想しながら、あえて過大な要求といわれるようなコメントを書いたのは、この本の目的が、監査役が最低限どのような監査をすれば、監査役の義務を果たし、監査役の任務懈怠（損害賠償）責任の追及を免れることができるのかを考えようとしたためである。

　私が、あるグループ会社の監査役の勉強会に講師として招かれたとき、親会社の常勤監査役が「今日聞かせていただいたような事件は当グループでは起こらないだろう」と述べられた。その通りかもしれない。しかし、私の経験からすれば、どんな会社でも、新聞に載りかねないような不祥事の種は必ずあり、そして、不祥事が発覚する前に、その芽は出ているということは断言していい。だから、監査役には、会社の不祥事が発覚する前に、どうしたら不祥事の芽を見つけ、それを明らかにして、その芽を摘み取るか、という役割も果たしてもらいたいと願っている。

i

例えば、品質不正に対する監査は必ずしも監査役の監査の対象にはならないという意見があるかもしれない。

　しかし、品質不正は、会計不正と並んで、会社不祥事の代表的なものである。どうしたら、品質不正の情報を監査役が早い時期に把握することができたかを書かせていただいた。

　監査役が、不正の芽を明らかにすることで、外部から不正を指摘される前に、会社として素早く対応することで、会社は損害を少なくし、会社の評価の下落も緩和される可能性がある。

　話は変わるが、最近の監査役の監査が「形式監査」に陥っている事件が目立つ。例えば、違法な融資を行っている銀行の監査役が支店の往査において、「防犯カメラが作動しているか」という監査を行っているといった事例があるが、このような監査でお茶を濁しているということなのだろうか。また、社長の経営方針が徹底されているかを中心に現場の詳細なヒアリングをしている監査役もいる。これも大切かもしれないが、これは内部監査に任せ、監査役は、社長の経営方針は妥当か、無理な目標を与えていないか、という観点での監査の方が重要だと思うがいかがだろうか。

　また、会計不正事件においては、内部監査部門が、問題を突き付けているのに、監査役はこれを取り上げずに、ひたすら会計監査人の「無限定適正意見」を待っている監査役もいる。

　監査役が「形式監査」に陥った原因の1つには、監査役がやるべき、経営のガバナンス等の監査対象が拡がり、例えばコーポレートガバナンス・コードが導入されるなど、あれもやらなくては、これもやらなくては、という状況に陥った監査役のあせりもあるかもしれない。

　また、不適切だと思われる事実を把握した場合、監査役は、これを調査し、不正の事実を明らかにし、または、明らかにするよう経営陣に迫り、また重大な問題であるなら調査委員会を立ち上げるように提言するなど、取締役会で具体的に発言する必要がある。経営陣はこれを歓迎するとは限らない、というよりも、「そのままそっとしておいてほしい」という経営

者の方が多いかもしれない。

その中で、取締役会で提言することは大変勇気のいる行動である。しかも経営者の反感を買うおそれもある。それを避けるために、形式監査をして、つまり肝心要の重大問題は不問に付して、お茶を濁して済ます道を選んでしまう監査役がいるということなのかもしれない。

経営陣の反感の前に、監査役が仲間の監査役の足を引っ張るということもある。

「それは経営側の経営判断の領域である。監査役がいうべきことではない」「もう決算は終わっているし、監査法人の『無限定適正意見』も出ているのに、何を今さら」などと監査役会議長から監査役が押さえ込まれるということも現にある。

さて、監査役に任命されたときに、どのような本を求めるだろうか。具体的に、どのような監査をどのように行ったらよいのか、を知るために本を求め、それを読んだとすると、こんなにたくさんの項目があって、どれから手を付けたらよいのか、途方に暮れてしまうだろう。

そんなとき、この「事件簿」を読んでいただきたい。この本では、会社法の中で、監査役の基本的な義務、つまり「監査役は何をなすべきか」を中心に置いて執筆させていただいた。それは、実際の事件の中の具体的な監査役の行動の中から得られた生きた教訓である。頭でなく、体で覚える、心に留める、そういう心構えで、そしてこの心構えを伝えたくて本書をまとめた。

私が監査役になったのは今から約20年前、以後２社の監査役を経験したのち、現在３社目の監査役を務めている。大きな事件には巡り合わなかったが、それでも新聞に掲載された事件もある。このような中、日本監査役協会や霞が関弁護士会館の法律相談、東京商工会議所の会計相談など幾度か利用させていただいた。なお、現在勤務している会社は、日本監査役協会の「人材バンク」に登録しておいたお陰で就任することができた。

監査懇話会には、監査役就任時から入会し、事務局長、理事、監事等を

iii

務めながら、その時々、こつこつと「監査役事件簿」に書き留め、それを
機関紙やホームページに掲載していただいたり、セミナーで発表したりし
てきた。これらの経験が本書の執筆に役立っていることは言うまでもない。

　監査懇話会の会員から、「本を出したらどうか」と勧められ、会員の１
人である古川孝宏氏から同文舘出版を紹介していただいた。古川氏は同社
から出版された『監査役の覚悟』の著者の１人であり、「監査妨害」を受
ける状況の中で、裁判に立ち向った当事者である（『監査役の覚悟』を併せ
てお読みいただければ幸いである）。

　また、執筆に際しては、同会会員の鈴木充郎氏（元農中信託銀行監査役）
から数々のご指摘、アドバイスをいただき、ようやく完成にこぎつけるこ
とができた。出版に際しては、同文舘出版の青柳裕之氏のお力に負うとこ
ろが大きかったことを申し添える。

　監査役のみなさん、経営陣から嫌がられても、孤独になっても、言うべ
きことは勇気を持って発言してほしい。そのことが、自らを救い、会社を
健全な方向に向かわせるのである。

　監査役にとって最も大切なこと、それは「勇気」と「覚悟」である。

　社長さん方も、この「事件簿」から、監査役の置かれた孤独な立場や悩
みを理解し、監査役を応援していただきたい。

　2019年９月７日

　　　　　　　　　　　　　　　　　　　　　　　　　眞田　宗興

監査役事件簿●目次

はじめに　*i*

 Ⅰ　監査役の監査とは何か

FILE 01
監査役の基本的義務とは何か ……………………………………… *4*
―農協の監事の事例に学ぶ―

FILE 02
監査妨害に立ち向かった監査役 …………………………………… *10*
―監査役の覚悟―

FILE 03
非上場同族会社の監査役 …………………………………………… *15*
―同族会社の経営破綻―

FILE 04
会社の妨害を受けながら社長らを提訴した監査役 ……………… *19*

FILE 05
監査役が会社を代表するということ ……………………………… *23*
―監査費用請求事件―

FILE 06
デリバティブ取引で質問を繰り返した監査役 …………………… *30*
―わからないなりに努力―

FILE 07
監査役監査基準を実行するということ …………………………… *33*
―粉飾決算における非常勤監査役―

FILE 08
金融商品取引法193条の3を受けて違法行為差止請求をした監査役 …… *38*

FILE 09
X製作所関連会社の先輩監査役の話 ……………………………… *43*

v

FILE 10

監事は会計がわからなくても業務監査で粉飾を見破れたはず ………… *47*

FILE 11

名義を貸しただけの監査役の責任は ……………………………………… *51*
―企業の詐欺商法事件―

Ⅱ 監査役の会計監査とは何か

FILE 12

監査役による「会計監査人の監査の相当性」判断とは何か ………… *56*

FILE 13

セカンドオピニオンを徴した監査委員会 ………………………………… *60*

FILE 14

貸借対照表と有価証券報告書は苦手でも読まなくては ………………… *64*
―親会社の会長による子会社から借り入れ―

FILE 15

第三者委員会調査報告書中の監査役 …………………………………… *70*
―どこまで監査役は気が付かねばいけないのか―

FILE 16

架空売上事件における監査役 …………………………………………… *75*
―常勤監査役を戒めなかった非常勤監査役の責任―

FILE 17

取締役会でいっておけばよかった ……………………………………… *79*
―会計不正事件における常勤監査委員―

FILE 18

手のひらを返せなかった元営業部長の監査役 ………………………… *83*
―売上前倒計上事件―

FILE 19

トップ主導の粉飾見逃しはやむを得ないのか ………………………… *88*

FILE 20

実地棚卸の立ち会いと立ち会い後 ……………………………………… *94*
―棚卸データ改竄事件―

Ⅲ 監査役は品質不正にどう向き合うのか

▶FILE 21
食品事件は実害の有無にかかわらず恐ろしい ………………………… *100*

▶FILE 22
監査役はどうすれば性能偽装の情報を得られたか ………………… *104*
―担当者は声を発していた―

▶FILE 23
情報を求めよ、さらば与えられん ………………………………………… *114*
―燃費偽装事件―

▶FILE 24
内部監査はなぜ完成検査不正を見逃したのか ………………………… *119*

▶FILE 25
哀しき品質保証部門 ………………………………………………………… *126*
―子会社のデータ改竄事件―

▶FILE 26
品質保証部門には勇気ある社員らがいた ……………………………… *131*
―品質データ偽装事件―

▶FILE 27
監査委員会と品質不正問題 ……………………………………………… *136*
―不適合製品出荷事件―

Ⅳ 子会社の監査役が立ち向かった事件

▶FILE 28
複数社を兼務する監査役の悲劇 ………………………………………… *142*
―子会社における架空売上事件―

▶FILE 29
子会社の監査役監査体制を見直した親会社 ………………………… *145*
―売上の前倒計上事件―

FILE 30

非上場でも、子会社でも、監査役は訴えられることも *151*
―魚市場のグルグル回し―

FILE 31

親会社との連携で会計不正を正した子会社監査役 *156*
―締め後売上計上事件―

FILE 32

親会社に立ち向かった子会社の社長と監査役 *160*
―株主名簿偽装事件―

FILE 33

海外子会社社員の奮闘は親会社監査役に伝わらず *164*
―リース取引―

FILE 34

監査役はなぜ社長への報告を怠ったのか *173*
―循環取引―

FILE 35

若手会計士からの情報 *183*
―税効果会計―

Ⅴ 内部統制とは何か

FILE 36

内部統制システムの構築とは何か *188*
―繰り返された社長の違法な出金―

Ⅵ 取締役の監査役への報告義務

FILE 37

監査役への報告義務違反を指摘した監査役 *196*
―社長による違法出金事件―

Ⅶ 経営判断原則の監査とは何か

FILE 38
経営判断原則の監査とは何か ·· *200*
―デューデリジェンスなしの買収議案―

FILE 39
他社買収時のデューデリジェンスはいかに ································· *207*

FILE 40
監査役会の意見書を無視した取締役会 ······································ *213*
―債務超過会社の買収事案―

Ⅷ 調査委員会と監査役

FILE 41
社内調査委員に選ばれた常勤監査役 ··· *218*
―品種偽装事件―

FILE 42
監査役が立ち上げた調査委員会は拙速だったのか ························ *223*

Ⅸ 談合事件と監査役

FILE 43
談合事件株主代表訴訟 ··· *230*
―監査役も被告になるか―

Ⅹ 反社会的勢力に対する監査役

FILE 44
監査役は恐喝事件にどう対処するか ··· *238*
―「ヒットマン(殺し屋)が来ている」―

FILE 45
「反社」の疑いのある会社の代表と交際している社長に対して監査役は? ····· *244*

Ⅺ 違法融資と監査役

FILE 46
監査の基本姿勢とは？ 254
─金融機関の不正融資事件に学ぶ─

FILE 47
融資に反対する審査部長退席後の融資常務会における監査役 261

FILE 48
監査役はどうしたら不正の兆候を察知できたか 265
─不正融資事件─

FILE 49
美術館への寄付の正体とは 275
─金融機関のファミリー企業への融資─

Ⅻ 労働問題と監査役

FILE 50
過重労働事件における監査役 280
─内部監査報告生かされず─

あとがき　　287

監査役事件簿

監査役の監査とは何か

FILE 01

監査役の基本的義務とは何か

―農協の監事の事例に学ぶ―

> 岡山県大原町農業協同組合で、1人の監事が任務懈怠に問われ、最高裁で、1審、2審とまったく異なる判決が下った。この最高裁の判決文をもとに、筆者がその監事になったつもりで事件を追ってみた。

1．組合長の提案

　2001年1月25日の理事会は、当農協のたった1人の常勤役員で代表理事の組合長の提案で、公的な補助金の交付を受けることにより、当農協が資金負担のない形で、堆肥センターの事業を進めることを決議した。

　そして、組合長は同年8月31日の理事会で、次のように述べた。

　　「予算面として、土地造成と建造物で約4億円、水路修復と畦畔整備に約1億5000万円かかり、それを追加要請していたところ、ほぼ受諾いただけた」

　　「農林水産省は決定しても来年です。そう思い、来年の確約書類化をと考えたのですが無理でしたので、方向転換してB財団へ働きかけたわけです」

　　「心配いりません。少しでも負担が必要であれば実施しません。建ってしまってた後で、実は負担が必要となれば、私が責任を持って負担額を捻出して来ます」

　　「補助金が入らない限り着手しません」

　2002年4月26日の理事会で、組合長は次のような提案を行った。

　　「補助金が出るまでの立て替えとして、堆肥センター用地と代替地

の費用について1500万円の限度で組合が資金を支出することを承認願いたい。まず１棟を造り、見ていただきたい」

これまでは「補助金が入らない限り着手しません」といい続けてきたのに、これはそれとは相容れない提案である。

２．提案に対する理事・監事の対応

この農協は、役員としての理事の定数は18名、監事の定数は６名である。私は2000年８月19日に監事に就任し、2002年５月18日に理事になった。

この提案に対して、私は何の発言もしなかった。考えてみると、私が監事の間は組合長に対して、Ｂ財団への補助金交付申請の内容、補助金の受領見込額、その受領時期等に関する質問や資料の提出を求めたりしたことはなかった。それは、私以外の監事においても同様であった。否、理事もまた同様であった。

組合長は、2002年５月10日以降、堆肥センター用地等合計11筆の土地を1500万円の限度額以内で購入した旨について、理事会に報告した。そして同年８月８日の理事会で、堆肥センター建設工事の入札の実施について組合長らへの一任を取り付け、入札を実施、同月28日開催の理事会で工事費等の報告を行い、工事に着手した。

３．県当局の管理命令発動

同年11月１日、岡山県は、農水産業協同組合貯金保険法に基づき、管理命令を発動した。私は理事を辞任し、組合長は県から任命された管理人により理事を解任された。一体、何があったのか。

実は、組合長らは、米国の投資会社を通じて農協資金の運用を図ったが、それに失敗するなどして、農協資金を流出させていた。50億円の使途不明金があったという（『農業協同組合新聞』2003年10月７日）。

管理人らは、堆肥センターの建設事業については数億円の資金を要し、組合長が農林水産省やＢ財団に補助金の交付を働きかけた事実もなく、そ

5

の資金調達の目処が立たないと判断し、本事業を直ちに中止した。

　その結果、農協は、組合長が締結した堆肥センター用地の売買契約の解消に伴う精算費用、組合長が実施した同用地の測量・造成工事費用、堆肥センターの設計費用等、合計5689万円の損害を被った。1500万円の限度額どころではなかった。組合長の今までの説明はすべて虚偽であった。のちに、組合長は業務上横領などで実刑が確定した（『農業ビジネス』2009年11月3日）。

　不正を止められなかった役員には、役員報酬の返還などが求められた。私と同時期に監事だった者は、私を除いて農協の求めに応じた。私は、裁判に臨んだ。

4．1審・2審の判決

　1審・2審では次のような私の主張がほぼ認められた。

　　組合長のみが常勤で、それ以外の役員は全員非常勤である。組合長は自らが責任を負担することを前提として、理事会の一任を取り付けた上でさまざまな事項を処理判断するという慣行が存在し、その慣行に基づき理事会が運営されてきた。組合長は、その慣行に沿った形で補助金交付の見通しを曖昧にしたまま、なし崩し的に堆肥センター建設工事の実施に向けて理事会を誘導しており、その間の組合長の一連の言動について、特に不審を抱かせるような状況もなかった。

　　このような状況の中で組合長に対して、さらにその発言の裏付資料を求めなければならないという義務を監事に課されても、それは酷である。

判決は、以下のものとなった。

　　監事が組合長に対し、B財団に補助金交付を働き掛けた旨の発言の裏付資料の提出を求めなかったからといって、そのことが直ちに組合に対する忠実義務に違反するものとは認められず、監事は責任を負わない。

5．最高裁判決

　組合は、納得せずに上告した。

最高裁は、そのような慣行を放置したこと自体を取り上げ、次のように述べた。

　たとえその組合長が理事会の一任を取り付けて業務執行を決定し、他の理事らが組合長の業務執行に深く関与せず、また、監事も理事らの業務執行の監査を逐一行わないという慣行が存在したとしても、そのような慣行自体適正なものとはいえないから、これによって監事の義務が軽減されるものではない。

　組合長は、2001年1月25日開催の理事会において、公的な補助金の交付を受けることにより組合自身の資金的負担のない形で堆肥センターの建設事業を進めることにつき承認を得たにもかかわらず、組合長は、補助金交付をB財団に働き掛けたなどと虚偽の報告をした上、その後も補助金の交付が受けられる見込みがないにもかかわらずこれがあるかのように装い続け、2002年4月26日開催の理事会において、補助金が受領できる見込みを明らかにすることもなく、組合自身の資金の立替えによる用地取得を提案し、なし崩し的に堆肥センターの建設工事を実施に移したのは、明らかな善管注意義務違反があった。

　そうであれば監事は、理事会に出席し、堆肥センターの建設事業が補助金の交付を受けることにより組合自身の資金的負担のない形で実行できるか否かについて疑義があるとして、組合長に対し、補助金の交付申請内容やこれが受領できる見込みに関する資料の提出を求めるなど、堆肥センターの建設資金の調達方法について調査、確認する義務があったにもかかわらず、監事は、上記調査、確認を行うことなく、組合長によって堆肥センターの建設事業が進められるのを放置したものである。その結果、工事は阻止できず、合計5689万円の損害を組合は被った。よって、組合が監事に対して1000万円およびその利息の支払を求める請求は容認すべきである。

〔出所：「岡山県大原町農業協同組合監事損害賠償請求事件」最高裁判決2009年11月27日、『農業協同組合新聞』2003年10月7日〕

この事件から学ぶこと

■監査役の義務を知ること

この判決の中では、農業協同組合法が定める監事の義務として次のように述べている。基本的には会社法とほとんど変わらない内容である。

改正農業協同組合法は2016（平成28）年4月1日に施行された。当事件当時の農業協同組合法は旧農、改正後の同法は新農、会社法は会とした。条文は判決当時の旧農である。

i 　監事は、理事の業務執行が適法に行われているか否かを善良な管理者の注意義務をもって監査すべきものである。（旧農39条1項・2項、新農35条の2第1項、会330条・381条1項）

ii 　理事が組合の目的の範囲内にない行為その他法令若しくは定款に反する行為を行い、又は行うおそれがあると認めるときは、理事会にこれを報告することを要する。（旧農39条3項、新農35条の5第3項、会382条）

iii 　理事の上記行為により組合に著しい損害を生ずるおそれがある場合には、理事の行為の差止めを請求することもできる。（旧農39条2項、新農39条の5第5項（会385条1項の準用））

iv 　理事は、上記職責を果たすため、理事会に出席し、必要があるときは意見を述べることができるほか、いつでも組合の財産の状況の調査を行うことができる。（旧農39条3項・2項、新農35条2項・5項（会383条1項準用）381条2項））

v 　監事は、組合のため忠実にその職務を遂行しなければならず、その任務を怠ったときは、組合に対して損害賠償責任を負う。（旧農33条1項・2項・39条2項、新農35条の6第1項、会355条・423条1項）

■疑わしいと感じたことへの対応

事件の経過を見ると、「公的な補助金の交付を受けることにより、当農

協が資金負担のない形で堆肥センターの事業を進める」ことが事実なのか、疑わしい状況が起きている。例えば、「方向転換してB財団へ働きかけた」「『補助金が入らない限り着手しません』といいつつ、『補助金が出るまでの立て替えとして1500万円の限度で組合が資金を支出することを承認願いたい』」との理事会における組合長の発言や、それよりもまず、農林水産省が工事の全額を補助金として出すなどということがあり得るのだろうか。そのような疑問を抱くことはごく自然だと思うが、いかがだろうか。理事会や取締役会は真剣勝負の場所である。

　代表理事（社長）の業務執行がおかしいと感じたときは、理事会（取締役会）で、他の監事（監査役）も理事（取締役）も黙っていたとしても、あなたは勇気をもって、意見表明しなければならないのである。

FILE 02

監査妨害に立ち向かった監査役

—監査役の覚悟—

> 大証ヘラクレス（現ジャスダック）上場のIT関連会社の株式会社トライアイズ（買収した子会社を使ってファッションブランド事業と建設コンサルタント事業を展開。以下、トライアイズという）のF常勤監査役は、監査妨害を受けながら、会社の違法行為の疑義を指摘し続け、「監査役としての任務懈怠」を理由に解任されたが、会社に謝罪広告を出させるに至った。

1．Fが指摘する監査妨害 （F個人のHP「監査役の主張」2009年8月4日）

2007年12月、大手銀行出身のFはI社長に乞われてトライアイズに入社し、経理部長を経て、2008年3月の定時株主総会（12月決算）にて常勤監査役に選任された。

監査役に就任して早々、FはI社長より「すべての情報を監査役に出すことはできない」「監査役全体に資料は1セットしか渡さない」といわれた。その他、次のような監査妨害と思われる行為が執行サイドから行われた。

- ・経営会議への出席を要求したが認められなかった。
- ・Fが資料の検討を行おうとしても、書類保管場所に鍵をかけられるなど、重要書類にアクセスできない状態になっていった。
- ・2008年12月、常勤監査役であるFの勤務地を本社から子会社へ変え、本社への入館用カードの返還をさせるなど、諸資料へのアクセスを著しく困難にした。

・2009年1月、Fに非常勤への変更を要求、2月に監査役会で決定された。

・I社長ら経営陣は監査役が発言することそのものに激しい嫌悪感を示し、やがてはFに意見をいう時間も与えなくなった。Fの質問を無視して議案決議に入るので、自分の意思を明確にするために『承認しない』と短くいわざるを得ない場面もあった。

2. 定時株主総会決議無効提訴

　Fは、2009年6月4日、東京地裁に「同年3月25日の定時株主総会の決議の一部（Iほか2名の取締役選任議案、Kの監査役選任議案および計算書類承認議案）に瑕疵があり、決議の取り消しを求める訴訟を提起した。

◆**Fの主張**（F個人のHP「監査役の主張」2009年8月4日）

　・3月25日の定時株主総会に先立って、違法な監査妨害の実態や計算書類等の不提供、違法の疑いのある取り引き等についてありのままに記載した個別監査報告を作成し、経営陣と他の監査役2名に手渡しし、これを監査役会監査報告に付記するように求めたが、付記されなかった。付記されていたのなら、総会の決議状況は変わっていた可能性がある。

　・計算書類について、I社長は「会社に置いてあるから見たければ見ろよ」というが、本社の入館証を取り上げられていたから、入館もままならない状況で、必要な書類は見ることができなかった。

　・3月2日に監査役会が開催され、3月5日に株主総会招集通知が発送されるまでの間に、取締役会は開催されていない。監査役会の監査報告を受けた上で、決算取締役会決議をするという会社法が守られていない（なお、3月5日付で発送された招集通知には「法令に違反する重大な事実や指摘すべき事項は認められない」とする監査役会監査報告書が、Fが押印した形で掲載されたが、Fの指摘により3月13日付でFは押印していないとする訂正通知が同社のHP上に掲載された）。

◆**会社の主張**（トライアイズのHP「株主総会決議取消に対する対応方針に関するお知らせ」2009年7月15日）

・F監査役が現在行っている一連の行為は、監査役としての地位を濫用し、また弁護士まで利用して、当社内部を掻き乱すものであり、当社および株主の利益を目的としたものと理解できないため、到底是認することはできない。

・1年間常勤監査役として、社内勤務していたにもかかわらず、監査役として当然行うべき監査行為について、ほとんど何もせず、監査役として任務懈怠に問われる状況である。取締役会では、取締役であるかのように「承認しない」と声を荒げるなど、正常な会社運営に支障をきたした。

3. 臨時株主総会でのF監査役解任決議 （「臨時総会参考書類」 2009年9月18日付）

2009年10月9日、臨時株主総会が開催された。議案の1つは、「F監査役解任の件」であった。本議案は、当初株主から提案されたが、これに疑義があるという指摘があり、会社が会社提案に切り替えて上程された。

提案株主は「監査役Fは、自己保身に走り、会社負担で訴訟を起こす等会社の社会的信用を損なわしめ、社会通念上極めて異常な行動と思われる。それにより、会社および株主に多大な不利益を与えている」と主張した。

会社は「監査役の権限を過剰に行使し、十分な協議を行うことなく、多額の弁護士費用を会社に支払うよう訴訟を起こし、会社の貴重な時間と費用を消耗させている」として、上程した。

Fは、次のように解任議案に反対した。

> 経営陣は会社法および社内規則に定める手続きに反して、多額の株式売買や巨額な長期仕組債の購入で多額の損失ないし含み損を生じさせ、また利益相反取引でありながら取締役会の決議なしに子会社から多額の経営指導料を徴収するなど、さまざまな違反行為を重ねている。私は種々の監査妨害を受けながらも、このような違法性の疑義事項を指摘するなど、監査を全うしてきた。かつて、私以外にもいうべきこ

とをいう監査役はいたが、I社長ほか経営陣の圧力に屈するなど、この3年間に監査役の5名が途中辞任し、経理部長およびその候補者の6名が突然退職している。私がいなくなれば、経営陣の違法行為を止める者はいなくなり、会社は崩壊するおそれがある。

臨時株主総会では、Fの解任議案は提案通り可決された。

4．株主総会決議取消訴訟の判決

2009年12月8日、東京地裁は、3月25日の定時株主総会決議取消の訴えを却下する判決をいい渡した。理由は「当該会社の監査役を解任されたため原告適格を失った」であった。

Fは「会社に疑問を感じ行動する監査役がいても、解任されて終わりなのか」と裁判所への失望と怒りは隠せなかった（『日本経済新聞』2012年11月5日）。

5．名誉毀損訴訟

弁護士の要請によりFは自身のHPでI社長の音声を公開した。Fに向かってこのような罵詈雑言を浴びせている。

「オメー、自己破産して家族全員首くくらしてやるよ、バカ死ねよ」

（「ノイズ2投稿」2009年10月1日）

Fは「監査役として当然行うべき監査業務について、ほとんど何もせず、監査役として任務懈怠に問われる状況である」等々の根拠のない誹謗中傷に対して、謝罪広告の掲載と損害賠償を求めて提訴し、東京地裁で和解が成立した。2012年6月21日の『日本経済新聞』に、「当社元監査役Fに対するお詫び」と題して、「当社は、元監査役Fの職務対応につき、在職中に任務を懈怠していたなど、Fの名誉を毀損する表現がありましたので、これらの表現を撤回するとともに、Fに対し陳謝の意を表します」との謝罪文が掲載された。

Fは「名誉毀損訴訟では謝罪を勝ち取ったが、監査役の責任は果たせて

いない」（『日本経済新聞』2012年11月5日）と述べている。

〔参考文献：高桑幸一・加藤裕則編著『監査役の覚悟』同文舘出版 2016年〕

この事件から学ぶこと

■監査役の果たすべき義務

　Fはいわゆる「物申す監査役」の1人とされているが、ことさら物申しているわけではなく、監査役として当然の義務を果たしたまでということがわかる。いい換えれば「物申さない監査役」がいかに多いか、ということだと思う。

■監査妨害への覚悟

　監査役の指摘を前向きに捉えて、改善策をとってくれる経営者ばかりではない。監査役の指摘を苦々しく感じ、「法律で決まっているから監査役をやむなく置いている」という経営者も少なくない。監査への妨害とはいえないまでも、「法律違反の明確な事実がないのに疑わしい程度でいうな」「他部門でこのような問題が起きている、当部門ではどうか、などと他部門の情報を流すのはおかしい」などの指摘を受けたり、監査役が現場を回って会話を交わした社員に「何を話したか」と聞いたり……というような事例もある。しかしそうだとしても、会社を真に守るために監査役としての義務を果たさなくてはならない。

　こういう場面に直面したら、ぜひ、当事件を参考にしていただきたい。

FILE 03

非上場同族会社の監査役

―同族会社の経営破綻―

2011年2月、岡山県の名門企業である株式会社林原（以下、林原という）が、会社更生法の適用を申請した。同年3月には、林原に多額の融資をしていたメインバンクの中国銀行の頭取が辞任した。現在林原は、大阪の長瀬産業株式会社の子会社となっている。

ところで、2011年11月18日、管財人が東京地裁に更生計画案を提出したが、同計画案は債権者への弁済率が92％以上をその条件としていた。ほとんど債権者に迷惑がかからないほどの弁済率である。監査役が機能していたら、倒産せずに済んだのではないだろうか、と思えてならない。

1. 経過

明治16年、KHが水飴製造の林原商店を起こして以来、林原は研究開発にも注力、ブドウ糖や甘味料などに用いられる糖質トレハロースなどのほか、バイオ、医薬品など、幅広い分野で事業を展開してきた。

しかし、2011年2月3日の『日本経済新聞』は「行き過ぎた研究投資」の見出しで「この数十年で、チンパンジーの知能や恐竜を題材に生物の進化などに研究の分野を広げ、本業のバイオが伸び悩む一方で、行き過ぎた投資をしていたとみられる」と述べている。

林原の経営破綻については外部調査委員会が設置されたが、その報告書は金融機関などの一部に配られただけで公表されておらず、かろうじて、新聞情報によって概要を知ることができる。

2011年3月29日のMSN産経ニュースには「調査報告書の骨子」として次の記載がある。

- 林原は1984年10月期から継続して金融機関向けの決算書を操作
- 1990年から2001年に売り上げを架空計上し、14年以降は虚偽の借入金残高表を作成
- 粉飾決算をもとに借り入れを1000億円増やし、一部を不動産や42億円分の美術品購入に充てた
- 創業家の資産管理会社3社に多額の資金が流出。前社長らの役員報酬は年1億円超
- 利益が出ていないのに毎年1000万円を配当した可能性あり
- 旧役員の経営責任を調査・検討する必要あり

ところで、2011年11月18日、管財人が東京地裁に更生計画案を提出したが、同計画案は債権者への弁済率が92％以上をその条件としていた。長瀬産業株式会社からの出資や駅前等の不動産、保有株の売却などが原資である。なお、2011年2月2日には「2010年10月期決算は前期を上回る営業利益・経常利益を上げており、事業自体は好調を維持し、メインバンクの中国銀行からも支援表明をいただき」と開示している。

林原の社長、専務（社長の弟）は退任した。特別背任等で起訴されることはなかった。

2．林原のガバナンス

林原は倒産したが、金融機関への返済はきちんとこなし、取引先に対してもほぼ100％弁済している。本当に林原は会社更生法の申請をしなければならなかったのだろうか、という疑問が残る。言葉を替えていうならば、どうしたら倒産せずに済んだのだろうか。

2014年5月20日、日経BP社から出版された『林原家—同族経営への警鐘—』において、社長だったHは次のように語っている（要旨のみ記載）。

林原の株式は創業家の林原家が100％所有している。専務の弟と社

長の私の意見が一致すれば株主総会も取締役会も開催の必要がない。取締役からは開催を求められたこともない。監査役は母と長男。母は脳血栓で勤務実態はない。長男は体調を崩して出社していない。『どうせ林原家の会社だ。どんな経営をしようが自由だ』と考えた。結果的に林原家以外の役員や社員をないがしろにしてしまった。

　売り上げは林原だけで280億円、グループ全体で800億円。会社法によれば、大会社（資本金５億円以上、または負債200億円以上）は会計監査人の設置義務がある（会社法328条１項・２項）。当社は、資本金は１億円だが負債は1300億円。住友信託銀行から会計監査人を置くように勧められていたが、弟に相談すると「社長がしたいことができなくなるよ」と反対された。

　私個人や私の資産管理会社へ、当社からの資金が注ぎ込まれていた。つまり、会社から17億円の借金をし、それを踏み倒していたことになる。まったく知らなかった。母は13億円を借りていたことになる。財務は弟任せで一切関知していなかった。私は研究に没頭していた。弟一家と集まるのは数年に１回だった。私と弟の間に立ってくれる身内の番頭が１人いれば、違った展開になっていただろう。

この事件から学ぶこと

■監査役がきちんとしていたら

　非上場の同族経営の監査役はどうあるべきなのか。少なくとも、監査役の団体（公益社団法人日本監査役協会や私の属する一般社団法人監査懇話会）で研鑽を積んでいる会員が監査役になったなら、きちんと出社し、会社法に従って会計監査人を設置させ、取締役会を開かせ、重大な損失のおそれや違法行為があれば取締役会で報告し是正を求めるであろう。そして、間違いなく倒産は免れたはずだ。

　皆さんはいうだろう。

「そんなことをすれば、すぐにクビになるよ」

確かにそうかもしれない。しかしながら、それでも社長を説得してみる価値はある。なぜなら林原の社長は、『いい番頭がいてくれたなら』と語っているではないか。

取締役会を開いていない、監査役が監査をしていない。このような例は、林原だけではなく非上場のオーナー経営会社ではよくあることだ。こうした会社の監査役にも、この本はお役に立つことができると考えている。

FILE 04

会社の妨害を受けながら社長らを提訴した監査役

1997年、他のテレビ局で起きた広告未放送事件を受けて、民放連が調査に乗り出し、株式会社静岡第一テレビ（非上場。以下、第一テレビという）は「当社は未放送なし」と回答した。ところが、スポンサー5社に対し「第一テレビには未放送あり」との内部告発があった。そのため民放連から除名処分を受けた。首謀役員が社長になり、調査委員会の結論を無視し、18名の懲戒処分を実行した。監査役は監査報告書で不正を指摘した。株主からの代表訴訟提訴請求を受け、監査役が前社長など首謀役員に対し損害賠償請求を提訴した。新社長から監査役への攻撃が始まったが、2002年1月に和解した。元社長ら3人に対し、合計2700万円の和解金であった。内部告発者と疑われ「商品券着服容疑」で解雇された社員は、解雇無効の判決を勝ちとった。

1．経過

以下、時系列で経過をたどる。

1997年6月：他のテレビ局で広告未放送が発覚した。第一テレビ（非上場）は民放連の質問に対して「自社には不正はない」と回答した。

1999年2月：第一テレビのスポンサー5社に内部告発文と「テレビスポット放送通知書」「放送運行表」のコピーが送付された。「放送していないのに広告の放送通知書を偽造し広告料を請求している」

社内調査委員会（リーダーはM副社長）を設置して調査した結果、1996

年4月から1997年6月までの15か月間で受注した5社、計7132本中711本の広告の未放送が判明した。民放連は1997年6月の報告が虚偽であったとして、第一テレビを除名処分とした。I社長は「知っていたのは取締役東京支社長のみ」と発表した。

1999年3月：取締役2名辞任、M副社長は専務に降格。

1999年3月：社外委員を含む「調査委員会」（委員長はZ大学前学長）設置。I社長は辞任、M専務が社長に就任。

1999年5月：調査委員会報告書公表。「M社長1人が主導、I前社長も隠蔽に加わった」

1999年8月：処分委員会（委員長はM社長）、社内関係者18名を懲戒処分。M社長が「第2会社を作り、過激な社員をクビにする」と発言。

1999年9月：M社長は、部長会を動員して「広告未放送」を内部告発した「犯人探し」を行い、その結果、告発者はX営業部長に間違いないと断定。懲戒処分として諭旨解雇を申し渡した。スポンサーに渡すべき商品券を換金、着服したという理由であった。X営業部長は解雇無効の請求を静岡地裁に提訴。

第一テレビにとって民放連の除名処分は致命的で、広告収入の中心になっていた東京支局のCM収入は、対前年比20％そこそこになった。

2000年1月：46億7000万円の損害賠償を求めた株主代表訴訟の提訴請求書が監査役に提出される。

F常勤監査役は経営陣と相談し、「すぐには訴訟に応じない。金額が高すぎる。まず混乱が静まってからにしてほしい」旨を株主に説明し、了承をとった。

2000年3月：M社長が辞任し、E常務が社長に就任。（すべて口裏合わせ組）

2000年6月：株主総会にてE社長が辞任し、J専務が社長に就任。

2000年8月：民放連復帰実現を機に、F監査役は地元代表の監査役（「頑

張ってくれ」と激励された)、系列のキー局であるNテレビ会長（何もいわず）およびS社長（「提訴に反対」を表明）に相談した後、独自に判断した結果、I前々社長・M前社長・K東京支社長に損害賠償請求を提訴。内容は「CMスポット広告の未放送不正事件により、会社にスポンサーへの補償・広告収入減などで46億3000万円の損害を与えた。その一部の1億円を連帯して会社に支払うよう求める。忠実義務、善管注意義務違反」。原告代表者はF監査役。

2. 監査役への妨害

　以後、F監査役に対するJ社長の妨害工作が始まる。

　J社長は報道機関へビラを配布した。

「訴訟はF監査役が勝手に起こしたもの。1999年3月および2000年3月の監査報告書は『取締役の義務違反は認められない』とある」。

　F監査役は抗議文をJ社長に提出した。

「訴訟の提起は監査役の権限であり、したがって、訴訟に関する外部への発表も監査役の権限であり、社長の行動は不当な干渉である。もし配布内容を撤回しないのであれば、それ自体が差し止めや損害賠償の対象となり得ることに留意されたい。1999年3月の監査報告書は不正行為の指摘をしている」

2001年3月：静岡地裁は元営業部長Xに対する解雇無効の判決を行った。「CM不正事件の事実を隠蔽した経営陣さえも解雇しないのに、会社側の措置はあまりにも一方的で、解雇権の乱用である」

　X元営業部長、現場復帰。第一テレビが東京高裁に控訴し敗訴。最高裁に上告し、2002年2月に敗訴した。

2001年6月：株主総会でF監査役は退任、Nテレビから派遣された監査役が裁判を継続した。

2002年1月：損害賠償請求訴訟は、I前々社長1600万円、M前社長900万円、K元取締役前東京支社長200万円で和解。

この事件から学ぶこと

I前々社長は社外者を含む調査委員会を立ち上げて辞任、この調査委員会はM前社長が主犯であると公表した。そのM前社長が社長に就任して処分委員会の委員長になり、18名を懲戒処分にしたり、また内部告発者をでっちあげたりと、なんとも凄いテレビ局があったものだ。

立ち上がったのは、株主とその意向を受けた監査役だった。株主への説得、キー局であるNテレビの会長に意見をぶつけ、M前社長らに対する損害賠償請求訴訟を提起する。

この経過を見ると、「会社法は生きている」「会社法は会社を救う」という実感がある。

ただし、F監査役のような強い意志を持った監査役がいたからこそ、地方のテレビ局を救うことができたといえる。

〔出所：㈱静岡第一テレビ前常勤監査役 深谷尚徳「監査役がなぜ前社長らを訴えたのか」『月刊監査役』№461 2002年7月の概要を書いた。〕

FILE 05

監査役が会社を代表するということ

―監査費用請求事件―

会社法386条1項1号には「監査役設置会社が取締役に対し、訴えを提起する場合は、監査役が会社を代表する」とある。つまり、社長ら取締役の意向と異なる問題提起をすることができるように、社長ら取締役の責任追及を提訴する場合は、代表取締役ではなく監査役が会社の代表となると同法には定められている。

しかしながら、そこには多くの難問が待ち構えている。その1つがこの訴訟費用の問題である。取締役会が「監査役権限の濫用」だと決めつけ、支払いを拒否するおそれは十分にある。

ゴム製造会社（東証一部上場）である昭和ホールディングス株式会社（以下、昭和HDという）の常勤でY社外監査役は、昭和HDを代表して、社長ら取締役を提訴するための裁判所への申立手数料635万円を個人で立て替えた。しかし「監査役権限の逸脱・濫用」だとされ、昭和HDにその費用を支払ってもらえず、やむなく償還請求訴訟を起こし、勝訴となった。この事件の判決文（東京高裁判決2012年7月25日『判例時報』2268号 2015年11月1日）を通じて、監査役がどのようにその任務を果たしたのかを紹介する。

以下は、東京高裁の判決文をもとに執筆した。ページのみの記載は上記判例時報のページである。

1．事件の経過

　2008年3月期事業年度にかかる監査役会監査報告書に、Y監査役は、自らの付記意見として以下のことを記載した。

　①光ファイバー事業と②輸入自動車販売事業とで多額の損失が発生している。調べてみると、①光ファイバー事業については、投融資の判断に際し、慎重な事業性調査および与信の調査がなされぬままに実行され、9億8000万円の損失が計上され、②輸入自動車販売事業は定款外の事業であり、かつ、誤った与信供与、不適切な回収方法により11億8000万円の損失が発生している。これは取締役の善管注意義務違反だと考えられる。

　これに対し、昭和HDおよび顧問弁護士は、①の光ファイバー事業は新株予約権を割り当てた株式会社プロファイルキャリア（以下、プロファイルキャリアという）から「将来性のある事業」と持ちかけられたもので、当時、Y監査役はプロファイルキャリアの監査役を務めていたから、同人に相応の責任がある。一方、②の輸入自動車販売事業は子会社が行ったもので、かつ、子会社と債務者の間で回収に向けて相当の措置を講じている、などと反論した（昭和HDHP「当社第107回定時株主総会の報告書の監査報告書における監査役意見についてのお知らせ」2008年6月14日）。

　昭和HDが原告（代表者は会社法に則りY監査役）となり、①2008年6月18日に、光ファイバー事業について、6名の取締役に対して9億8000万円の、②同月24日に、輸入自動車販売事業について、社長ら7名の取締役に対して11億8000万円の、善管注意義務違反に基づく損害賠償請求訴訟を千葉地裁松戸支部に提起した（昭和HDHP「当社による当社取締役に対する訴訟提起に関するお知らせ」2009年2月23日）。

　実は1株主がY監査役に対し、2008年5～6月に光ファイバー事業および輸入自動車販売事業につき、社長ら取締役の責任追及訴訟を提起するよう送達していた。Y監査役の提訴は、これを受けてのものであった。

　Y監査役は2008年6月の株主総会にて任期満了となり、後任のT監査役（弁護士。2009年6月29日、同社が委員会設置会社となりTは監査委員長に就任）

が当訴訟を引き継いだ。

2011年5月13日、千葉地裁松戸支部の判決は、①光ファイバー事業については請求を棄却し、②の輸入自動車販売事業については約11億7200万円の請求を認容した（128頁）。

ただし、被告である社長らは控訴し、2年後の2013年5月13日に東京高裁にて和解（内容は不明）が成立している（昭和HDHP「当社取締役に対する責任追及訴訟の完全終結に関するお知らせ」2013年5月30日、山田康弘「業務執行権限なき監査機関の是正機能」『立命館法学』357・358巻 330頁 2015年3月）。

実は、2011年5月6日（地裁判決の出る7日前）に、同年6月28日開催の定時株主総会に対して「訴訟①及び②の取締役責任の一部免除（最低責任限度額の範囲に留める）」の株主提案が出され[注1]、約97％の賛成をもって可決されたことを受けたこと、②の輸入自動車販売事業で債務者との和解が成立したこと、裁判が長期にわたったことなどで、和解に持ち込まれたようである（昭和HDHP「当社子会社における和解による損害賠償請求訴訟の解決に関するお知らせ」2012年10月1日）。

2. 監査費用請求事件の論点

Y元監査役（原告）は①および②の提訴に際し、裁判所への申立手数料合計635万円を昭和HDの代表として支出したとして、会社法388条2号に基づき、昭和HDに費用償還請求を行った。

昭和HD（被告）の反論は、光ファイバー事業に関連してプロファイル

（注1）　会社が取締役の任務懈怠責任の一部免除を株主総会の特別決議の議案として提出する場合は、全監査役の同意と取締役に善意かつ重大な過失がないことが条件となる（会社法25条1および3項）。ただし、株主が提案する場合は監査役の同意は不要となる。しかし「善意かつ重大な過失がないこと」については、裁判所の判断によらねばならないし、かつ、監査役が提起し、獲得した訴訟判決により（約11億7200万円支払えとの）「債務名義」が株主総会の決議によって、その執行が「限度額範囲内で」という判断が取締役会に委ねられることについて、本当にそれでよいのかという疑義が生じる。こういう事情で、和解成立まで時間を要したものと推測する。（山田康弘「業務執行権限なき監査機関の是正機能」『立命館法学』357・358巻 331頁 2015年3月を参考にした）

キャリアと昭和HDとの間で新株予約権の取り扱いに関し意見の食違いが
あり、Y元監査役はプロファイルキャリアの監査役であったことから、同
社の代表取締役の個人的な利益（昭和HDの経営権の簒奪）を図るために、
監査役としての権限を濫用して提起したものであり、「監査役の職務の執
行に必要でない費用」と主張した（126頁）。

　判決は、1審（横浜地裁2012年2月13日）および2審（東京高裁2012年7
月25日）とも、Y元監査役が提訴時に立て替えた裁判所への申立手数料
635万円の昭和HDへの請求を認容した^(注2)。これらの判決文の一端を以下
紹介する（簡略化にて記載した）。

　　プロファイルキャリアの代表取締役と意を通じた原告が、監査意見
　の公表や訴訟の提起を駆け引きの材料にしようとしたことを直ちに否
　定することはできないものの、この訴訟によりプロファイルキャリア
　またはその代表取締役が利益を得るものではない。提訴は1株主の提
　訴請求を経て行われたもので原告は監査役としての職責を果たしたに
　過ぎないということもできる（133頁）。

　　監査役が代表となり、会社が取締役に対してその責任を追及する訴
　訟は、それ自体、これを提起する監査役に直接の財産的利益をもたら
　す性質のものではないから、その訴訟の提起が権利の濫用に当たるか
　否かの判断は、それによって会社から金銭を脅しとるなど不当な個人
　的利益を獲得する意図に基づくものであるとか、取締役の違法事由が
　軽微またはかなり古い過去のものであるとともにその違法行為によっ
　て会社に生じた損害も甚だ少額であって、今更その取締役の責任を追
　及するほどの合理性、必要性に乏しく、結局会社ないし取締役に対す
　る不当な嫌がらせを主眼としたものであるなどの特段の事情がある場
　合に限り、これを（監査役権限の）濫用と解するのが相当である（133

（注2）　弁護士費用については、原告の弁護人が①および②の訴訟につき着手金合計6671万円
　　を昭和HDに2008年6月26日に請求し、2008年7月3日に催告している（132頁）。

～134頁）。

　被告は、原告による訴えが不当な目的であれば費用請求が認められないというが、会社法388条[注3]には株主代表訴訟についての同法847条1項ただし書き[注4]と異なり、監査役による費用請求に目的要件は規定していないこと、監査役は会社に対して善管注意義務を行うものであり、その内心の目的にかかわらず、職務執行に必要な行為を行わねばならず、これを懈怠した場合は損害賠償責任を負うこと等から、特段の事情の有無を判断すべきである（134頁）。

　②訴訟（輸入自動車販売事業）については取締役の任務懈怠が認定され、11億円を超える額の請求が認められていること、①訴訟（光ファイバー事業）については、原告は株主の提訴請求を受け監査役3名で監査役会を開催し、関係取締役から事情聴取の上、訴訟を提起し、後任の監査役も訴訟を継続する判断を行ったのであって[注5]、会社ないし取締役に対する不当な嫌がらせを主眼にしたものなどの特段の事情があるとは認められない（134頁）。

〔出所：東京高裁判決2012年7月25日（『商事法務』2084号 2015年11月25日。判決

（注3）　会社法388条
　監査役がその職務の執行について監査役設置会社に対して次に掲げる請求をしたときは、当該監査役設置会社は、当該請求に係る費用又は債務が当該監査役の職務の執行に必要でないことを証明した場合を除き、それを拒むことはできない。
一　費用の前払いの請求
二　支出した費用及び支出の日以後におけるその利息の償還の請求
三　負担した債務の債権者に対する弁済の請求

（注4）　会社法847条1項
　……株主は……株式会社に対し、……役員等……の責任を追及する訴え……の提起を請求することができる。ただし、責任追及等の訴えが当該株主若しくは第三者の不正の利益を図り又は当該株式会社に損害を加えることを目的とする場合は、この限りではない。

（注5）　監査役会においてはY元監査役以外の2名の監査役は、「監査役として提訴することについては消極的な態度であった」（同132頁）が、原告代表（Y元監査役）を引き継いだT監査役は「訴訟提起の目的は不当なものであった疑いがあるものの、訴訟手続に必ずしも明確な違法はなかったものと判断し、訴訟を進行させることとした」と法廷で陳述している（132頁）。

文は『判例時報』2268号 2015年11月1日、昭和HDHP〕

この事件から学ぶこと

　Y元監査役は、M物産で財務畑を歩き、2005年にプロファイルキャリア監査役、2007年にプロファイルキャリアの光ファイバーの業務提携先であり、プロファイルキャリアが引き受けた新株予約権の発行元である昭和HDの社外監査役となり、翌年、任期満了で退任（前任者の残り期間のみの就任と推定）している。

　この高裁判決の持つ意味は次の2点であろう。

　取締役責任追及訴訟において、Y元監査役は、プロファイルキャリアから送り込まれたといってもよい昭和HDの監査役への就任だったにもかかわらず、2つの事業への投資に疑義を持ち、しかも、そのうちの1つである光ファイバー事業は自ら監査役を務めたプロファイルキャリアをも巻き込むことになるにもかかわらず、また取締役会の反対を受けながら、株主総会の招集通知添付書類である監査役会監査報告書において、自らの意見を表明した後、社長ら取締役の責任追及の提訴を行った。たった1年の間で、「プロファイルキャリアの回し者」と疑われる中での、「監査役」としての義務を果たさんがための行動だったと考えられる。その訴訟を引き継いだ後任のT監査役（現在昭和HDの取締役報酬委員）は、迷いながらもこの訴訟を継続し、経営権を巡る争いの中での訴訟という状況にもかかわらず、少なくとも②輸入自動車販売事業では取締役の賠償責任を認めさせ、さらに重要なことは①の光ファイバー事業の提訴についても監査役権限の濫用ではなく、監査役としての職務執行に必要な行為としてこれを支持した判決を得ることができた。これが1点目である。

　この監査役職務の費用請求訴訟の高裁判決について、ブログ「ビジネス法務の部屋」で山口利昭弁護士は「モノ言う監査役さんを支援する重要判例」と評価している。

2015年5月施行の改正会社法にて、内部統制システムで構築・運用されるべき項目として、「監査役の職務の執行について生ずる費用の前払い又は償還の手続きその他の当該職務の執行について生ずる費用又は債務の処理に係る方針に関する事項」が新設された（会社法348条3項4号、および362条4項6号、会社法施行規則98条4項6号および100条3項6号）。これは、Y元監査役が提起した監査役職務の費用請求訴訟に加えて本書FILE02で紹介したトライアイズのF元監査役が起こした名誉毀損訴訟および監査費用請求訴訟（加藤裕則記者「記者有論—監査役が覚悟を持ったとき—」『朝日新聞』2013年11月5日）などのご苦労に動かされて実現したものと考えられる。これが2点目である。

　違法行為や重大な損失のおそれ等が生じた場合、その対処において、監査役の意見と社長ら取締役との意見とが食い違ったときこそ、監査役が勇気をもって立ち上がらねばならない。その根拠となる1つが会社法386条でいう「監査役が会社を代表する」という意味であると私は考えている。

FILE 06

デリバティブ取引で質問を繰り返した監査役

―わからないなりに努力―

> 国税庁出身の副社長が、内規および常務会の縮小決議の限度額を超えたデリバティブ取引で失敗し、常勤監査役を含む4名が株主代表訴訟を提起された。裁判は最高裁まで持ち込まれたが、2010年12月3日、最高裁は1、2審を支持し、副社長1名のみの責任を認め、67億円の支払いを命じた。「社長・常務・監査役らは直接関与していないし、一応の管理体制があった」とした。副社長には特別背任でも懲役7年、罰金6000万円の判決が下った。

1. デリバティブ取引で損失発生

　常勤監査役は、「私はデリバティブ取引の知識はない。監査役として責任を持った判断ができない。監査役を降りたい」といっていたという。

　以前から、乳酸菌飲料で知られた株式会社ヤクルト本社（東証一部上場）は、余裕資金を特定金銭信託（特金）で運用していたが、株価の下落によって1992（平成4）年9月期に300億円を超える損失が発生した。これをカバーするため、特金を止める代わりにこのデリバティブ取引（具体的には株価指数を対象としたプットオプションの取り引き）を推進したのが、元国税庁大物官僚の副社長であった。1995（平成7）年3月まで58億円の利益を上げ、社内では「財テクの神様」と評価されていたという。

　しかし、財テクは「リスクが大きい」と懐疑的だった社長は、デリバティブ取引の実現損益は毎月の常務会と取締役会に報告させるようにし、かつ副社長の下にあった監査室を社長直轄の組織に変更した。

社長の不安は的中した。株価が下落し始め、損失が出始めた。1995（平成7）年5月、社長は会計監査人の指摘を受け入れ、想定元本をこれ以上拡大させないという制約条項を設定することを取締役会で確認し（当時の想定元本1233億円）、個別取引に関して報告ルートを設定した。副社長個別契約締結→資金運用部報告書作成→経理担当取締役→副社長→監査室→常勤監査役→社長というルートである。

1996（平成8）年3月期決算で、デリバティブ取引により44億円の損失が発生した。常務会は2年以内を目処に資金運用の整理の縮小を決定したが、副社長は、損失を取り戻さんと独断で取引を拡大していった。1997（平成9）年末に含み損が拡大し、取引先金融機関から受けていたデリバティブ取引に伴う与信枠を超えたため、副社長は独断で有価証券・譲渡性預金計149億円の追加担保提供を行い、その規模を拡大し続けた。

社長や監査役がこれを知った1998（平成10）年3月、直ちに取締役会にて、デリバティブ取引を含むすべての資金運用の中止を決議した。最終損失額の合計は533億円、想定元本は3990億円まで膨らんだ。

2．株主代表訴訟

副社長の他、社長、常務、常勤監査役に対して株主代表訴訟が起きた。

常勤監査役は裁判で次のように述べている。

「私は、私に回ってくる報告書を見ても、内容も正確には理解できず、またすべて正しく報告されているかどうかもよくわからなかった。だから、私は、不明なところは資金運用部に幾度となく質問を行った」

原告は「監査役として、よくわからなかったでは済まされない。明らかに監視義務違反である」と主張した。

判決は、「飲料品メーカーの監査役に、金融機関の役員並みのデリバティブの知識を求めるのは無理である。監査役は、その中で、懸命に理解しようと質問を繰り返していた。任務懈怠とはいい切れない。また、それなりのリスク管理体制を構築していた」と判示し、副社長1名のみに67億円

の損害賠償責任を認めた。

〔出所：「株式会社ヤクルト本社株主代表訴訟判決文」東京地裁2004年12月16日、その他の文献をもとに筆者がわかり易く修正記述〕

この事件から学ぶこと

　監査役の苦悩が伝わる事件である。デリバティブといった専門家にしかわからない複雑な金融取引の監査をするのは容易なことではない。しかし、この判決は、わからないなりに懸命に業務にアタックしていた監査役を、それなりに理解してくれたように思える。監査役として努力の跡が見えてくれば評価もついてくる、これを信じたい。ただし、状況に応じて社内外の専門家の活用も考えねばならない。

FILE 07

監査役監査基準を実行するということ

―粉飾決算における非常勤監査役―

> ニイウスコー株式会社は大手IT企業出身者らが起ち上げたシステム会社（東証一部上場。以下、ニイウスコーという）であったが、2008年4月に民事再生を申請、2010年9月に解散した。
>
> この訴訟は、後にニイウスコーが5期にわたり、粉飾決算を繰り返していたことが判明し、株主が「有価証券報告書の記載が虚偽だったなら、ニイウスコーの株式を買わなかった」として、金融商品取引法24条の4において準用する同法22条に基づき、虚偽の有報を提出したときの役員である非常勤の監査役2名に対し、1億円を超える損害賠償を連帯で支払うよう求めたものである。
>
> 監査役は、有報の記載が「虚偽であることを知らず」かつ「相当な注意を用いたにもかかわらず知ることができなかった（金融商品取引法21条2項1号）」と、責任はないと主張した。

1. 監査役監査基準に基づく監査業務を具体的な事例で説明

2013（平成25）年10月15日の東京地裁の判決では、ニイウスコーの監査役監査基準（日本監査役協会のひな型に準拠）は、「法令ではないが、本件における監査役としての義務を検討するに当たって考慮すべきものと考える」とし、常勤監査役と非常勤監査役との職務分担、社外監査役の監査の方法については監査基準に照らして相応なものであったとされた。

具体的には、非常勤監査役は監査役会にはすべて出席し、常勤監査役から報告を受け、意見交換し、取締役会にも可能な限り出席していた（7〜

9割出席、欠席した場合には出席した監査役から報告を受ける）。さらに監査役会として、必要に応じて担当取締役から状況を聴取し、重要事項については代表取締役会長への意見具申等をしていた。また、監査役会として半期ごとに監査法人と面談し、監査の重点項目として、循環取引や架空取引等の情報サービス産業における特殊な取り引きについても配慮して業務を行ったが不備等は発見されなかったとの説明を受けるなど、会計監査人の監査が適正に行われていることを確認している事実を具体的に挙げている。

2．株主の具体的な事例に基づく反論と監査役の当該事例への対応説明

そして判決の後半では、原告株主が、監査役会がその機能を果たしておらず、形骸化していた証拠としていくつかの事例を挙げているのに対して、監査役がどのように対処したかを述べている。

原告株主は、ソフトウェア業界においては架空循環取引の摘発事例があり、ニイウスコーがその架空取引に関与していたという事実は雑誌等により指摘されていた。

その一例として、『週刊東洋経済』2007年10月6日号に掲載された「大量の内部資料が暴く真実―ニイウス乱脈経営 会計疑惑まで浮上―」という記事を取り上げた上で、これらは、監査役が不適切な取り引きの疑いを持つ端緒になる情報であり、これらに対して、独自の実質的な監査を行わなかったのだから、相当な注意を用いていたとはいえない、と主張した。

記事には、先ごろニイウスコーが撤退を決めた医療サービス事業における事業用資産183億円（このほぼすべてが損失になった）のリスト（内部告発者から入手）の一部に、社内で見たこともない「ソリューションパッケージ」があり、これは株式会社日立情報システムズ（以下、日立情報という）から取得したとあるので問合せたところ「販売実績が記録にない」という回答であったという内容が掲載されている。

この記事を受けて、監査役会は協議し、実在性が疑われると指摘された

資産の取り引きの事実確認を行うこととした。そして2007年10月12日開催の金融機関（新たな出資者である投資ファンド）向けの説明会で、執行部および監査法人からの調査結果報告（弁護士も調査に加わった）を常勤監査役が聴取し、これを非常勤監査役らに伝えた。その内容を日立情報の営業本部長等に確認したところ、「協力会社への開発委託を行っている関係で守秘義務があり、会社としてコメントを差し控える方針なので、取引確認書への押印はできないが、当取引については製品の納入および入金があったことは確認している」旨の回答があったということで、監査役らはこれを不適切な取り引きではないと判断した。結果として、監査役らは不適切取引の事実を発見できなかったが、第三者の弁護士らが行った調査においても発見できなかったことや、この不適切取引が代表取締役会長の主導で行われており、監査法人も発見できなかったものであることから、監査役らが相当な注意を用いていなかったとはいえないと、判決は結論付けた。そして、社外監査役の責任が否定された。

　なお、不正行為の関与者である、元会長ならびに元副会長に対しては、損害賠償を命じる判決（東京地裁2013年7月9日）および刑事（旧証券取引法違反、虚偽記載）でも有罪が確定している。

この事件から学ぶこと

■監査役監査基準の遵守

　この事件では、非常勤監査役は責任を免れた。監査役監査基準に従って監査業務を進めること、不適切な行為が行われているおそれがあるとの情報に接したら、速やかに可能な限りの事実解明を行い、対策を立てることなどが重要であることを教えてくれる。

　ただし、監査役監査基準を遵守したら責任を問われないかというと、そうともいえない。

　例えば、会計監査人が「無限定適正意見」を出したからそれを信じた、

というような形式的な遵守では、業務としては不十分であろう。

■架空売上の発見

　ニイウスコーは架空のソフトを作り、それを売上計上し、さらに転売を経て、ニイウスコーに戻して架空の資産計上、またはリースバックさせるという粉飾を行っていた（「調査委員会の調査結果概要」2008年4月30日）。いずれも売上先行で、架空の資産は増大するが、このような粉飾はいずれ破綻を迎える。これをもっと早く見つけることはできなかったのかと思う。

　実は、日立情報から仕入れたとされるこの「ソリューションパッケージ」も、実態があるかどうかは不明である。もともとはニイウスコーが販売し、売上計上した複数の製品が、直接ないし転売を経て日立情報にわたり、それを一括してニイウスコーが日立情報から仕入れ、資産計上し、医療サービス事業撤退と称して除却処分したとの報道がある（「元会長逮捕のニイウスコー─架空取引のからくり─」『日経ビジネスオンライン』2010年2月15日）。

　ソフトという製品は実態が把握し難いだけに循環取引に利用される。その場合、スルー取引（付加価値を伴わない取り引き）も多く、その場合は、売り上げは手数料のみを計上することと会計上はされており、そのためH社では、売り上げの認識はなかったものと推測される。

　内作のパッケージを開発する場合は、開発承認手続をとり、開発体制を組み、外注先を決め、工数・費用を計上し、計画と対比し……という過程が設けられる。開発の各段階において、その進捗状況をチェックされる仕組みがあれば、架空のパッケージを秘密裏に作り、もしくは架空のソフトを売買することはまず困難である。こういう内部体制のシステムが構築されているかどうか、監査役はチェックする必要がある。ソフトが実在するかどうかは、通常であれば、この開発段階ごとのデータを検証すれば可能であるように思う。

■ワンマン経営者への対応

　また、ニイウスコーでは一部の経営陣の独断専行に対して、それに歯止めをかける体制を確立していなかった（「調査委員会の調査結果概要」2008年4月30日）。したがって、従業員が上に物申すことは極めて困難であり、内部告発に至ってしまったのだろう。こういうワンマン経営のときこそ、監査役は積極的にトップに物申す姿勢を示し、内部通報先の窓口として、新たに非常勤の監査役窓口を設けておくことはもちろん、現場の意見を積極的に聞くことに努めたらいかがだろうか。

■監査役会の毎月開催

　監査役会が年に2回しか開催されていない年があったことは原告株主から指摘されているが、裁判官は、監査役会という形ではないが、取締役会の前後の時間を利用して監査役全員が集まり、意見交換や協議をしていたなどとして問題にはしなかった。しかし、このような事件が起きることを考えると、やはり少なくとも毎月1回以上は監査役会を開催する必要があると考える。

FILE 08

金融商品取引法193条の3を受けて違法行為差止請求をした監査役

> 　2008年12月、東京地裁において、春日電機株式会社（以下、春日電機という）の常勤監査役から出されていた2件の取締役違法行為差止仮処分命令申立が、以下のように決定した。
>
> ①春日電機の株式を買い占め、同社社長に就任したSの違法な貸し付けの返済期限の延長差止および違法仕入品に対する支払差止
>
> ②社長の意のままになる取締役と監査役の選任のための臨時株主総会開催の差し止め
>
> ①の決定には、会計監査人^(注1)からの金融商品取引法193条の3に基づく「通知」が後押しとなった。

1. 経過

　株式会社アインテスラ（S代表取締役。以下、アインテスラという）により春日電機の株式が買い占められた（2008年1月約38%）。2008年6月の株主総会で創業者一族の再任議案が否決され、アインテスラ側からSとT、Sから推薦されたKの3名の取締役が選任され、従前からの取締役はUのみとなった。

　Sは春日電機の代表取締役に就任するや、アインテスラに1億円、次いで4億5000万円の違法な融資を行った。実はこの融資案件は、監査役から

（注1）　会社の計算書類などを会計監査することを主な職務とし、公認会計士または監査法人のみが就任することができる（会社法337条）。金融商品取引法上は単に「監査人」と称する。

取締役会決議事項だと指摘されて行った取締役会での決議は利害関係人を除くと過半数に達せず、議長職権で強行したものであった。融資は実行されたが、返済期日が来ても、そのうちの２億8000万円は返済されなかった。

　もう一方で、Ｓは、事前の取締役会での審議なしに無線クレジット決済端末8000台３億6000万円をany１株式会社と株式会社ソフィアモバイル（以下、ソフィアモバイルという）から購入させた。ソフィアモバイルから１億6000万円の請求書が来たため、監査役が、「異常事態が生じた際は、監査役が対応する」との春日電機の内規に基づき調査したところ、この商品を受領した形跡は社内のどこにも存在しなかった。

　会計監査人は、金融商品取引法193条の３[注2]を発動した。この通知を受けた会社（監査役）は、原則２週間以内に、是正措置をとらねばならない。監査役は、「融資の返済を猶予してはならない」および「ソフィアモバイルに対して支払ってはならない」との仮処分申立を東京地裁に行った。これを受けて、東京地裁は申し立て通りの決定をした。春日電機は次のような開示をした。

（注2）　金融商品取引法193条の３（法令違反等事実発見への対応）の要旨
　１項　監査人が、法令に違反する事実その他の財務計算に関する書類の適正性の確保に影響を及ぼすおそれがある事実を発見したときは、当該事実の内容および当該事実に係る法令違反の是正その他の適切な措置をとるべき旨を、遅滞なく、当該会社（監査役その他これらに準ずる者）に書面で通知しなければならない。
　２項　前項の規定による通知を行った監査人は、当該通知を行った日から政令で定める期間（・当該通知した日より２週間経過した日以降に有価証券報告書の提出期限が訪れる場合は、当該通知した日より２週間経過した日と有価証券報告書の提出期限の６週間前の日のいずれか遅い日、・当該通知した日より２週間経過した日以前に有価証券報告書の提出期限が訪れる場合は、有価証券報告書の提出期限の前日、・四半期報告書又は半期報告書の場合は、それぞれの提出期限の前日）が経過した日後なお次に掲げる事項のすべてがあると認める場合において、第一号に規定する重大な影響を防止するため必要があると認めるときは、当該事項に関する意見を内閣総理大臣に申し出なければならない。
　一　法令違反等事実が、当該会社の財務計算に関する書類の適正性の確保に重大な影響を及ぼすおそれがあること。
　二　前項の規定による通知を受けた当該会社が、同項に規定する適切な措置をとらないこと。

平成20年12月3日
会　社　名　春日電機株式会社
代表者名　代表取締役社長　　S
問合せ先　常務取締役　　　　U

当社代表取締役の違法行為差止仮処分命令申立事件の決定について

　平成20年11月11日付にて当社E監査役を債権者とし、当社S代表取締役社
長を債務者として、取締役の違法行為差止仮処分命令申立書が、東京地方裁
判所民事第8部に提出され、同年11月26日に以下のとおり決定が出ましたこ
とをお知らせします。
　一、申立ての趣旨
　　1　本案判決確定まで、債務者Sは、申立外春日電機株式会社を代表し
　　　て、別紙債権目録記載の申立外春日電機株式会社の申立外株式会社ア
　　　インテスラに対する債権（2億8000万円）につき、同目録記載の返済
　　　期限の猶予をしてはならない。
　　2　本案判決確定まで、債務者Sは申立外春日電機株式会社を代表し
　　　て、申立外株式会社Fに対し、金銭その他申立外春日電機株式会社の
　　　財産を譲渡してはならない。
　　3　申立費用は債務者の負担とするとの裁判を求める。
　二、決定
　　　上記当事者間の頭書事件について、当裁判所は、債権者の申立てを相
　　　当と認め申立のとおり決定する。（以下略）

　この混乱の中で、取締役1名と監査役2名が辞任するとの動きがあり、
Sは、同年12月5日に臨時株主総会を開催し、S推薦の取締役1名と監査
役2名を選任することを取締役会で決議した。監査役会は監査役選任議案
不同意書[注3]を取締役会に提出した。

（注3）　会社法343条1項。

議決権行使の株主名簿基準日は同年9月30日。実はアインテスラは同年10月以降、所有していた春日電機株を売却し、11月7日には持株はゼロになっていた。

　E常勤監査役は臨時株主総会開催の差止請求を出し、東京地裁は申し立て通り決定した。

株主総会開催禁止仮処分命令申立事件の決定について

　平成20年12月1日付にて当社E監査役を債権者とし、当社S代表取締役社長を債務者として、平成20年12月5日開催予定の当社臨時株主総会の開催禁止を求める仮処分命令申立書が、東京地方裁判所民事第8部に提出され、同年12月3日に以下のとおり決定が出ましたことをお知らせします。

一、申立ての趣旨

　　債務者は、平成20年11月20日付け招集した平成20年12月5日を会日とする別紙目録記載の会議の目的である事項（第1号議案 定款一部変更の件　第2号議案 取締役1名選任の件　第3号議案 監査役2名選任の件）のための申立外K電機株式会社の臨時株主総会を開催してはならない。

　2　申立費用は債務者の負担とするとの裁判を求める。

二、決定

　　債権者E、債務者Sの平成20年（ヨ）第20163号事件について、当裁判所は債権者の申立を相当と認め、債権者に担保を立てさせないで、次のとおり決定する。

主文

　1　債務者は、平成20年11月20日付けで招集した平成20年12月5日を会日とする別紙目録記載の会議の目的である事項のためのK電機株式会社（本店所在地東京都XX市XX）の臨時株主総会を開催してはならない。

　2　申立ての費用は、各自の負担とする。（以下略）

FILE 08

金融商品取引法193条の3を受けて違法行為差止請求をした監査役

2．その後の春日電機

その後の春日電機の動向は、以下の通りである。

2008年12月26日：S、代表取締役および取締役辞任。Tも取締役を辞任。新社長にはUが就任。第3四半期、監査人「結論を表明しない」。

2009年1月21日：上場廃止。

2009年4月 ：春日電機が会社法違反(特別背任)容疑でSを刑事告訴。

2009年6月12日：春日電機が会社更生法適用申請。

2009年11月1日：（新）春日電機株式会社（因幡電機産業株式会社がスポンサーとなり設立）が（旧）春日電機株式会社から事業譲受。

2012年10月30日：最高裁決定。S、会社法違反（特別背任）で懲役3年、追徴金3200万円。1、2審を支持。

この事件から学ぶこと

　監査役にとって、この事例は、金融商品取引法193条の3に基づく通知が監査人から提起された場合の対処の仕方や違法行為差止請求の出し方など、大いに参考になる。この春日電機には「異常事態が生じた際は、監査役が対応する」との内規があり、かつ従業員が監査役に協力してくれている。また、監査人も、あまり例のない金融商品取引法193条の3を発動したことと相まって、いわゆる乗っ取り屋を追放することができた。しかし、春日電機は上場廃止に追い込まれ、会社更生法の適用を経て、新生春日電機に至るまでは苦難の道を歩んだ。

　当監査役に敬意を表したい。

〔出所：春日電機HP、新聞情報など〕

FILE 09

X製作所関連会社の先輩監査役の話

2000年から2003年頃に、X製作所の関連会社Y社の常勤監査役を務められたAからその当時の話をうかがった。今から20年ほど前、会社経営者はどのように監査役を見ていたのか、興味ある内容であった。

Aは、X製作所からY社に転籍し、取締役を経て、常勤監査役に就任した。その当時の監査役を取り巻く状況は、今とはまったく異なるもので、監査役に対する経営幹部の見方は「余計なことはするな」というような状況であった。その中で、勇気を奮って監査役の役割を果たそうとしたAが取り組んだのが、売上先行計上の問題であった。

1．経過その1

Aが監査役になって1年が経った頃、常勤役員が出席する経営会議が開催されたときのことだった。Aが、「現行の売上計画は到底不可能な数値であり、販売会議ならともかく、経営会議においては現実的な数値を置くべきではないのか？」と発言したところ、専務は「監査役は何の権利があって、経営施策に口を出すのか？　質問なのか？　回答する必要はない」と述べた。Aは「質問である。監査役は適法性のみならず、経営意思決定の妥当性の監査も任務としている」と応じたが、議論はこれで終わった。その後、売上実績は計画値を大幅に下回った。

Aは自分の属する監査役団体の相談室を訪れ、顧問の弁護士に訊ねた。

A：監査役の取締役会での「意見陳述義務」の「意見」の範囲とはどのようなものか？「法令定款違反」の中に、善管注意義務違反や経営判断ミスも入ると思うが？

43

弁護士：どんな意見をいっても構わない。的外れといわれても、法的には問題ない。

Ａ：例えば、無茶な売上計画を織り込んだ経営計画について、「問題あり」とする意見をいえるのか？

弁護士：それは監査役として当然いわねばならないことで、それを怠ると監査役の義務違反になる可能性もある。

Ａ：経営判断について、監査役は、「こういう検討はしたのか？　こういう見方もあるがどうか？」くらいの程度のことしかいえないのか？「その判断に問題がある」とは発言できないのか？

弁護士：発言できる。

　それ以後、Ａは経営に関する発言を継続して行うと同時に、コンプライアンスにも注意した。その中で、ビルに必要な装置を製造する工場での実地棚卸に立ち会った。すると、製品倉庫内で、顧客である工事会社の預かり品という札が付いている完成品が置いてあった。Ｙ社の会計規則では、売り上げは出荷基準であるからおかしいのではないか、という報告書を社長らに提出した。そのときのやりとりは次のようなものであった。

社長：なぜ経理のことに、監査役が口を出すのか。経理部門が会計監査人と協議し、決めればよいのではないのか。

Ａ：経理部門が会計監査人と協議することは賛成であるが、会計監査人の監査の相当性を監査するのも監査役の仕事である。

専務：たったこれぐらいの金額を問題視することはない。会計士を説得できる。

2．経過その2

　翌年の実地棚卸では、製品倉庫には預かり品はなかった。Ａが念のため、翌期の4、5月分の同工場の経費伝票を調べたところ、同工場近くの倉庫会社からの保管料の請求書が出てきた。なお、代金の回収時期は延ばされていた。

Aは、これは明らかに預かり売上であると判断し、会計監査人にもその旨を伝え、地元の商工会議所の中小企業相談センターに相談した。その回答は次のようなものであった。

　損益調整のための預かり売上は、たとえ得意先からの注文書があっても、合理的理由がない限り問題である。ただし、得意先の理由で、工事遅れによる預かり依頼など、合理的な理由があり、取引条件の変更を伴わないのなら認められると考えられる。今回のケースは、単なる損益調整のための預かり売上で、かつ回収条件も変えていることから妥当とはいいがたい。

監査役団体の法律相談室の顧問弁護士は、次のように述べた。

　例示のあった預かり売上の事例は典型的な粉飾決算である。会計監査人に文書で伝え、会計監査人の手で正しく直させるのが基本である。監査役の財産調査権は商法（現会社法）で保証されている。

その年の年度末が近づいたころ、Aは次のような文書を作成し、社長に提出した。

　損益調整の目的で行われた「預かり売上」は違法であり、また社内規定の「売上は出荷基準」にも適合していません。昨年度末は「預かり売上はない、倉庫を見てもらえればよい」とのことでしたが、その後の調査で、外部の倉庫に預けていたことが判明いたしました。今期末は是非、「預かり売上」はやめるようにお願いいたします。

専務は、今期末はつじつま合わせをしてでも黒字化決算をしなければならないと臨時経営会議で発言していたが、Aは発言の撤回を要請し、専務は了解した。

この事件から学ぶこと

違法行為差止請求は、必ずしも裁判所に申し立てる必要はない。裁判外で監査役から代表取締役に申し立てることによっても、それは可能である。

社長に提出されたこの文書は、実質的な違法行為差止請求（会社法385条）といえるのではなかろうか。

　Aは、自らの判断がつかないときは、外部の専門家の意見を積極的に求めて、その上で自ら決断している。この姿勢は参考にしたいところである。

　なお、Aは、自分が取締役であったとき、本当にその責務を果たしていたのか、預かり売上もこの件が明らかになる以前からやっていたのではないのか、とも語っている。

FILE 10

監事は会計がわからなくても業務監査で粉飾を見破れたはず

釧路市民生活協同組合（以下、釧路市民生協という）は1996年に経営破綻した。大型スーパーの多数進出等に対抗した事業拡大が裏目に出て、赤字店舗が続出した。粉飾決算で赤字を黒字にし、組合債の乱発により組合員からの資金を集めることで資金不足を補ってきたが、ついに償還不能となった。

組合員は、札幌地裁に、理事・監事らに対して損害賠償請求訴訟を提起した。

1審（1998年6月30日）では、理事らほぼ全員に賠償責任を認めたが、監事4名（全員非常勤）は常勤理事会に出席しておらず、また会計専門家ではないことから、巧妙な粉飾に気付くことは困難であったとして、損害賠償の責任はないとされたが、組合員らは納得せず控訴した。

札幌高裁（1999年10月29日）では、一転、監事らにも責任があるとされた。その判決文を紹介する。

1. 粉飾決算の手口

釧路市民生協は、経費の繰り延べ、未収金や繰延資産（開発費）^(注1)等への計上、耐用年数変更等による減価償却費の過少計上、子会社との利益操作を行ってきたが、それに加えて、不動産の売却もしたが赤字を解消でき

（注1） 新規開発や著しい改良は繰り延べずに発生時に研究開発費（一般管理費）に計上しなければならない（研究開発費およびソフトウェアの会計処理に関する実務指針）。

なかった。1989（平成元）年以降は、一応の合理性のある会計処理を逸脱し、根拠のない経理操作、原価や経費の一部を資産に計上する方法をとり、回収の可能性のない架空の受取リベート、未収金、前渡金等の計上、繰延資産の他の資産への付け替え、多重リース契約の締結^(注2)等を行った。その結果、1995年3月現在の粉飾額は50億円弱にまで膨らんだ。

専務理事らが主導し、参事職・管理副本部長が粉飾決算を行っていた。他の理事は、自分の統括する部門の数字を見れば、当然粉飾であることを認識できたにもかかわらず、決算が不正、不当であると指摘することはなかった。

1995年8月、多重リース契約が発覚し、その後リース会社から契約解除、一括返済および担保設定が要求されたことにより、粉飾決算が表面化した。

2．組合債の発行

1989年から1994年までに釧路市民生協が調達した資金は、銀行借入が約26億円、組合債が約31億円であった。日本生活協同組合連合会の指導基準によれば、例えば、組合債は施設などの投資目的に使用することとされていたため、同生協は理事会や総代会においては新規店舗の建設等の目的であるとの虚偽の提案をしていたが、実態は欠損の補填に使われていた。

3．監事の責任

札幌高裁の判決文をそのまま紹介する。

　　北海道庁の担当者は「市民生協の粉飾決算は相当巧妙に会計操作がされていることから、公認会計士でなければ真の経営実態を把握することは困難である」旨の報告をしていること、市民生協の経理を調査

（注2）　リース契約は物件1つに対して1件のリース契約しかできない。多重リース契約は複数のリース会社と契約し、多額の資金を一時的に得る違法行為である。ユーザーは自己所有物件1台を複数のリース会社に売却することで、複数台の売却代金を一時に受領できる。これをリースバックして自社利用とし、月々のリース料を支払うしくみである。

した公認会計士は日本生活協同組合連合会にあてて「通常の監事監査などでは発見できない伝票操作も見られた」と報告していることが認められる。

しかし、監事の職務は、会計監査ではなく、財産および業務執行の監査であって、粉飾決算を行った会計操作の手法を発見することや経理の詳細の把握が求められているわけではない。そして、市民生協の決算は、多額の未収金、開発費等が毎年計上されたままであること、新規の投資が進んでいたわけでもないのに、総資産が毎年増大し、組合債の発行額が毎年著しく増加していたこと等の事情から考えると、監事らが常勤理事らに対して説明を求める等の調査によって、常勤理事会で決定された決算が不自然あるいは不当であると指摘することが困難であったとは認められない。ところが、第1審被告の監事らは、決算書の金額が資料と一致するかどうかを確認する程度の監査をしただけで、決算が不自然あるいは不当である等の指摘をすることはなく、そのため、市民生協において粉飾決算が継続されたのであるから、第1審被告監事らは、組合員が損害を受けることがないように適正な監査をすべき義務を怠ったというべきである。

したがって、第1審被告監事らは、適正な監査を怠ったことにより粉飾決算がされ、これを真実であると信じて組合債を取得したことによる第1審原告らの損害を賠償すべき責任がある。

この事件から学ぶこと

監事（監査役）は会計の専門知識がないからという理由で、粉飾決算の責任を免れることはできないとの教訓である。

監事4名は組合員から選出され、その職種は元会社部長や市議会議員らであり、通常人よりは会計には詳しいが会計の専門家ではなかった。報酬は月額5万円であった。損害賠償は4人で合計約1200万円であった。まっ

たく割に合わない監事職であったと嘆く声が聞こえてくるようである。なお、会計監査人は置かれていない。

　4人はこの判決を不服として最高裁へ上告受理申立てを行ったが、2000年11月10日、最高裁は上告を受理しないと決定した。

　ほかの市民生協の定款には監事の任務について次のように定められている。趣旨は会社法とほぼ同じである。

・監事は、いつでも、理事および使用人に対して事業に関する報告を求め、またはこの組合の業務および財産の状況を調査することができる。
・監事は、理事会に出席し、必要があると認めるときは、意見を述べなければならない。
・監事は、理事が不正の行為をし、もしくは当該行為をするおそれがあると認めるとき、または法令もしくは定款に違反する事実もしくは著しく不当な事実があると認めるときは、遅滞なくその旨を理事会に報告しなければならない。

　釧路市民生協の監事は、毎月開催される理事会（釧路市民生協の監事は常勤理事会には出席していないが理事会には出席している）、決算・予算を審議する臨時理事会、その事前審査をする臨時経営委員会にも出席している。また、経理部門担当の常務理事は組合債への依存の危険性を「役員会」（具体的には不明）で指摘したという。

　理事会等の場で、監事は聞き耳を立て、少しでも疑問の点があれば質問し、意見をいわなければならない。これが、非常勤監事（監査役）の最も重要な任務である。

FILE 11

名義を貸しただけの監査役の責任は

―企業の詐欺商法事件―

詐欺的商法を行っていたジャパン ジー・オーグループインターナショナル株式会社（持株会社。以下、ジー・オーグループという）の構成企業であったジー・コスモス・ジャパン株式会社（以下、ジー・コスモスという）が破産宣告を受け、そのジー・コスモスの「通販の広告宣伝費を支払い、会員となれば売上の3割を配当する」との誘いに応じた会員9名から、ジー・コスモスの監査役が損害賠償請求を提訴された。

その監査役は、ジー・オーグループの印刷物の印刷を一手に引き受けていた印刷会社の元社員で、ジー・コスモスの社長から、名義を貸してほしい旨を頼まれて監査役に就任しただけで、経営にはまったく関与していない、詐欺行為をやっていたことは知らなかったと主張した。

東京地裁2005年11月29日の判決文から事件を追ってみよう。

1．ジー・オーグループの詐欺商法

ジー・オーグループは構成企業を使って、詐欺商法を展開した。オーナーのＯがそれを主導した。

その構成企業の1つであるジー・コスモスは、1996年頃より、自宅にいながら安定した収入が得られる旨を記載した会員募集の新聞折込広告などを配布していた。そして応募してきた会員に対して、ジー・コスモスの関連会社が行っている通信販売の商品の中から特定の商品を選択し、その商品の広告宣伝費として金を支払えば（エントリーという）、その商品にエン

トリーした全会員に対し、その商品の売り上げの30％を、支払った金額に応じて配当するとの約束を交わした。

しかし実態は、関連会社を通じての通信販売はほとんど行われておらず、新規会員の支払った金が、既存会員に対する配当金やジー・オーグループの社員の給与等の経費に充てられた。つまり、新規会員を増やし続けられなければ、約束通りの配当および元本の返済は実現不可能となり、経営破綻することは必至のシステムで、詐欺商法といわざるを得ないものであった。

破綻を免れるために、会員に、フィリピンの会社を買収してその会社の社債を買わせたり、ジー・オーグループの株式を買わせたりして資金を集めたが、いずれも価値のないものであった。

2002年4月、ジー・コスモスは破産宣告を受け、会員には配当金のみならず、元本等も返還されなくなった。

2．原告（会員）の主張

会員9名は、1998年12月からジー・コスモスが破産宣告を受けた2002年4月まで、ジー・コスモスの監査役であったYに対し、ジー・コスモスの組織的詐欺行為を認識しながら、その行為を阻止すべき職務を懈怠したとし、損害賠償請求を東京地裁に提起し、次のように主張した。

> Yはジー・オーグループの印刷物を一手に引き受けていた印刷会社の元社員であり、エントリーガイドなど本件詐欺に不可欠の印刷物も扱っていた。また、ジー・コスモスのU代表取締役から、同社の実態を聞くなどして、同社の組織的詐欺行為を認識し、または認識できる状況にあった。それにもかかわらず、Yは、監査役としてジー・コスモスの経営の中枢で本件の不法行為に加担した。

仮にまったくの名義貸しで監査役に就任したにもかかわらず、月額10万円の報酬をYに支払っていたというのであれば、通常の経済原理を逸脱した行為といわざるを得ず、このようなことを行うジー・コスモスは危険な会社であると認識すべきである。

3．被告Yの主張

元監査役のYは、次のように主張した。

自分は、ジー・コスモスの代表取締役だったUから役員としての名義を貸してほしいと頼まれたにすぎず、それまでジー・コスモスに行ったこともなければ、ジー・オーグループのオーナーのOにも会ったことがない。元勤務していた印刷会社では、名刺の印刷専門の仕事をしており、ジー・コスモスの印刷物は見たこともない。ジー・オーグループの詐欺商法については知らない。

4．判決

（1）不法行為について

ジー・コスモスがジー・オーグループによる組織的詐欺の中核を担っており、また、Yが勤務していた印刷会社がエントリーガイドなどの本件詐欺の不可欠の要素であるジー・オーグループの印刷物を一手に引き受けていたことは事実であるが、Yが、ジー・オーグループによる組織的詐欺の実態を知りながら本詐欺行為に加担していたとの証拠はない。したがって、不法行為を理由とする損害賠償請求には理由がない。

（2）監査役の第三者に対する責任について

監査役は取締役の職務執行を監査し（会社法381条1項）、取締役の不正行為または著しく不当な事実があると認められる場合はこれを取締役会に報告し（会社法382条）、必要と認めるときは意見を述べ（会社法383条1項）、取締役会の招集を請求する（会社法383条2項）などしてこれらの行為を予防ないし是正すべき義務を負っている[注]。

ジー・コスモスは、エントリーした会員に対して配当金を支払うための利益を出さなくてはいけないところ、実際には収益を生み出す事業活動は

[注]　判決文は商法を基準に書かれているが、ここでは対応する会社法を基準に直している。

ほとんど行われていなかった。Ｙが監査役として、監査を通じて必要な利益水準を維持できているかを調査すれば、早期に詐欺商法を覚知し、かかる違法行為を是正させ、詐欺被害の発生を防止することができたにもかかわらず、月額10万円の報酬を受けながら、何らの監査を行わなかった。仮にＹが名目的監査役であったとしても、その責任を免れることはできない。会社法429条１項（役員等の第三者に対する損害賠償責任）があるとして、原告（会員）９名にそれぞれに1100万円を支払うよう命じた。

なお、2002年３月、ジー・オーグループは出資法違反の容疑で強制捜査が行われ、同年９月にはオーナーＯら７名が詐欺容疑で逮捕された。2010年９月、最高裁において、Ｏは懲役18年の実刑判決が確定した。他の６人は、東京地裁で有罪が確定している。

この事件から学ぶこと

たとえ報酬ゼロだとしても、本人が了承して監査役に就任し登記されれば、責任は発生する。

「名義を貸してくれるだけでよいから」といわれて監査役に就任してしまったとしても、会社法上の監査役の責任は、非上場会社といえども、追及されることを覚悟しなければならない。

監査役に就任する際には、ホームページや会社案内だけではなく、財務諸表を見せてもらい、悪いうわさがないかなど、会社の実態をまず調べること、次いで、監査役がどのような義務と責任を持っているかを知ることが大切である。就任することが決まったら、監査役の団体、日本監査役協会や監査懇話会に入会することをお勧めする。なお、監査懇話会は、監査役候補者も入会前にセミナーを受講することができるので、これを利用し、監査役とは何かをうかがい知るのもよいと思う。

監査役の会計監査とは何か

FILE 12

監査役による「会計監査人の監査の相当性」判断とは何か

株式会社大和銀行（以下、大和銀行という）アメリカN支店の日本人トレーダーAが、自身の無断取引で出した巨額の損失を、顧客から預かっていた米国債で穴埋めし、残高証明書は直接自分宛てに送付させた上で改竄していた。1995年7月、そのAによる頭取への告白の手紙で事件が発覚。関係する歴代役員49名に対し、その責任を追及する株主代表訴訟が提起された。2000年9月20日、大阪地裁は11名に対し、852億円の支払いを命じた。往査した監査役は責任ありとされたが、支払いはなしとの判決が下った。

2001年12月、大阪高裁控訴審で和解が成立し、往査した監査役を含む49名で2億5000万円の連帯責任となった。「会社の内部統制構築責任」と「監査役の会計監査人監査の相当性判断責任」が問われた事件である。

1．N支店への往査

1993年9月のアメリカのN支店への往査におけるその監査役（非常勤）による監査は、取締役支店長や各部長らからの面談を中心に行われた。証券係の責任者Aに対する米国債の残高確認の際には、会計監査人の監査に立ち会った。Aは現地で8年前に雇われた日本人で、歴代の支店長からの信任が厚く、トレーダー業務（米国債の取引業務）と保管業務を一緒に行っていた。他の証券に関しては内部牽制上、前の支店長の指示でこの2つの業務を分離していたが、米国債に関しては、なぜかそのままになって

いた。

　米国債はバンカーズトラスト銀行に保管を委託している。会計監査人が
あらかじめ指定した日の残高証明書のコピーが提出され、帳簿と一致して
いた。監査役は残高確認の方法を熟知しているわけではないので、彼はそ
の方法を確認したに違いない。会計監査人と本店検査部の検査はともに2
年に1回、大蔵省検査と日銀考査は4年に1回、N州銀行局による検査は
ほぼ毎年入るが、どの場合も今回と同じやり方であった。

２．トレーダーＡが偽装を告白

　1995年7月、頭取にそのＡから1通の手紙が届いた。Ａが自分の無断取
引により11億ドルの損失を出し、それを隠すために米国債を売却して穴埋
めし、監査や検査が入るときには残高証明書を改竄して発覚を防いでいた
という内容であった。頭取は、社内のみならず関係官庁とも連絡をとりな
がら、2か月後にようやくアメリカ当局に届出をした。この届出の遅れが
当局の怒りを呼んで刑事訴追され、3億4000万ドルを支払う羽目になった。
後に大和銀行は、アメリカからの撤退を余儀なくされた。

３．株主代表訴訟

　株主代表訴訟となった。頭取以下49名が訴えられ、その中には往査に行
った監査役も含まれていた。

　大阪地裁の判決2000年9月20日は11名に対し、852億円の支払いを命じ
た。空前絶後の額であった。判決文は、残高確認について2つの指摘を行
った。第1は、第三者による確認、つまりＡが自ら残高証明書をバンカ
ーズトラストから取り寄せるのではなく、第三者である監査する者に直接
送らせなくてはいけない。第2に、残高証明書はコピーではなく原本を取
り寄せ、これを確認する。Ａはもちろん原本を取り寄せていたが、これを
改竄し、コピーやFAXでごまかしていたのである。判決はこれを指摘し
なかった監査役に責任あり、とした。

57

監査役は、きっと主張したに違いない。

　「なぜ、私が責められなくてはいけないのか。会計監査人の監査も他の検査も同じようなやり方でやっていた。私が会計監査人による残高確認の方法が不適切であることを知り得る立場にいたというが、会計監査人の知識やその業務をどうして私が越えられるというのか」

　そして裁判記録では、監査役は「監査法人も同様の方式をとっていた」と主張したとある。

4．判決

　これに対して判決文は「被告○○が1993年9月に往査しており、同被告は、会計監査人による財務省証券の保管残高の確認方法が不適切であることを知り得たものであり、これを是正しなかったため、本件訴因15（帳簿・記録の虚偽記載）ないし20（電信詐欺）に係る行為を未然に防止することができなかったものである。……監査役は、取締役の職務の執行を監査する職務を負うのであり、検査部およびN支店を担当する取締役が適切な検査方法をとっているかについても監査の対象であり、また、会計監査人が行う監査の方法及び結果が適正か否かを監査する職務も負っていた」とある。

　監査役は言葉を失ったと思う。判決文はさらに「取締役は、リスク管理（いわゆる内部統制システム）を構築すべき義務を、監査役はそれが整備されているかを監視する義務を有し、ともに善管注意義務の内容をなす」と述べている。

　ただし、裁判官は、監査役の損害賠償責任については、温情を与えたように見える。つまり「証拠上、往査した1993年9月の時点で発生していた本件無断取引および無断売却による損害額を確定することができず、したがって、同被告が同支店に対する往査を実施した時点以降に損害が生じたのか不明であり、同被告が任務を懈怠した結果損害が生じたとの事実については立証がない」としたのである。

　こうして1審では監査役は損害賠償を免れた。2001年12月の2審の大阪

高裁では和解となり、社長他「監査役を含む」49名で2億5000万円の連帯
責任で終わった。この事件は、わが国における内部統制構築の契機になり、
また役員の責任限定契約制度にもつながった。

〔出所：「大和銀行Ｎ支店事件」大阪地裁判決文 2000年9月20日。わかりやすくするた
め、筆者が若干脚色〕

この事件から学ぶこと

　会社法では、監査役の監査報告に記載すべき事項の中に「会計監査人の
監査の方法または結果を相当でないと認めたときは、その旨及びその理由」
とあり（会社法計算規則127条）、当然、監査役は会計監査人の監査の方法
または結果を「相当であるかどうか」判断する責任があるとしている。し
たがって、監査役には、会計監査人の「無限定適正」の監査報告をただ待
ち続けるような姿勢は許されない。自ら調査し、または内部監査部門や会
議等で得た情報を会計監査人に提供し、調査を依頼し、意見を聴取し、そ
の結果、「相当であるか」の判断を行わなければならない。会計監査人の選・
解任の権限が監査役に移った現行の会社法のもとでは、監査役はより一層
重要な職務となっている。

　監査役としては、業務を遂行するにあたり、以下の2つの点に留意して
いただきたいと思う。

▶財務報告内部統制において、過去の他社事例から自社で起こり得る可能
　性のあるものについて、具体的な防止システムが構築されているかを確
　認すること。

▶監査役として、最低限の「往査質問事項」を用意して回答を求めること。
　例えば「債券の残高証明は会計監査人に直接回答が届けられているか」
　等である。

FILE 13

セカンドオピニオンを徴した監査委員会

日興コーディアルグループ株式会社（以下、日興グループという）は、2004年度決算で、子会社同士の取り引きで利益の出た方の会社を連結に入れ、損失の出た会社を「ベンチャーキャピタル条項（VC条項）[注1] 適用」を理由に連結から外した。2007年4月、日興グループは旧経営陣4名に対し、合計33億6000万円の損害賠償請求を東京地裁に提訴し、2009年6月、3億円弱で和解した。監査委員会はセカンドオピニオンを求めるなどして追及したと日興グループ特別調査委員会報告書（以下、調査委員会報告書という）には記載されている。なお、監査委員は訴訟を免れた。

1．事件の概要

2004年、日興グループは休眠会社のNPIホールディングス株式会社（以下、NPIHという）を特別目的会社にして、買収目的で株式会社ベルシステム24（テレマーケティング業。以下、ベルシステム24という）の株式を公開買付させた。NPIHは、日興グループの日興コーディアル証券株式会社にとって100％子会社である日興プリンシパル・インベストメント株式会社（以下、NPIという）のさらに100％子会社であり、孫会社となる。

（注1）　連結財務諸表作成に当たって、財務上または営業上もしくは事実上の関係から他の会社の意思決定機関を支配していないことが明らかにであると認められる場合に、その会社を子会社として取り扱わないという規定で、2008年5月に公表された企業会計基準適用指針22号「連結財務諸表における子会社及び関連会社の範囲に関する適用指針」でその取り扱いが明確になった。

このとき、日興グループは株券交換社債（Exchangeable Bond：EB債）という手法を使った。つまり、NPIHの発行するベルシステム24株券交換社債（EB債）を、発行時の8月4日取締役会決議時の相場2万4480円で買い取るとの条件で発行し、これをNPIが引き受けるという形をとった。実際にNPIHが公開買付したのは9月27日以降で、中間決算日時点の株価が2万8100円であったから、NPIには2万8100円と2万4400円との差額147億円の評価益が、NPIHには同額の損失が発生した。同グループはNPIを連結対象とし、H社を外した。

日興グループのCFOと中央青山監査法人は「傘下に収める目的でない場合は連結対象から外すことができる」というベンチャーキャピタル条項を適用し、NPIHを連結から外したのであるが、この点が後に監査委員会で問題となった。

もう1つ問題となった点は、EB債発行を決めた取締役会は8月4日ではなく9月22日であり、取締役会の開催日を偽って遡らせたことである。それはベルシステム24の株価が上昇傾向にあり、株価が低かった8月4日に発行すれば、2万4400円との差額が大きくなるためであった。

連結外しによる日興グループの利益過大計上がメディアに内部告発され、同グループおよび監査法人がこれを認め、有価証券報告書虚偽記載に問われた。上場廃止は免れたものの、法人に対して5億円の課徴金が課せられた。新経営陣は、前会長・元および前社長・前CFOに対し約34億円の損害賠償請求を起こし、後に和解（『日本経済新聞』2009年6月18日）した。

これを契機に、日興グループはアメリカのシティグループの子会社（その後三井住友銀行グループSMBCへ）となり、結果として上場廃止、会計監査を担当したみすず監査法人(注2)は解散に追い込まれた。

（注2）　カネボウ粉飾決算事件で金融庁から業務停止命令を受けて解散に追い込まれた中央青山監査法人を受け継いだ。

2．監査連絡委員会・監査委員会の審議経過

　監査連絡委員会とは、日興グループの監査委員と子会社の日興コーディアル証券株式会社の監査役の会議で、原則第2および第4木曜日に開催され、日興グループのK取締役（監査特命）も出席する。

　2007年1月30日の調査委員会報告書88頁には監査委員等に関し、次のように記載されている。

　　「監査連絡委員会メンバーは、2005年3月期中間決算の発表以降、繰り返し議論を行った上、CFOに対し、再三、問題提起を行い、会長や社長に対しても、一定の警告を行っている。のみならず、外部者のセカンドオピニオンや監査法人からの意見書を徴求するという手続きを経た上で、CFOに少なくとも開示(注3)は認めさせており、本件に付き、非難を加えることは難しいと思われる」

　監査委員会での数回にわたる生々しいやりとりが報告書に書かれている。以下は、その1例である。

◆4月18日　会長・社長との定例面談

　W監査委員：監査人は問題ないとなっているが納得できない。

　会長：会計士がCFOにこのように処理しろといったのか？

　社長：CFOが会計士にこのような処理を迫ったと思う。

　会長：これは粉飾でないと思うが。

　K取締役（監査特命）：粉飾と思う(注4)。

　T監査役：監査法人の解釈はおかしい。会計士5人に聞けば4人は『ノー』というと思う。

　W監査委員：投資家がわかりやすくするようにすべきである。

（注3）　2005年6月24日の日興グループの有価証券報告書には、「トレーディング損益及び営業投資有価証券売買損益には、評価損益がそれぞれ76億2900万円、144億9100万円含まれております」という注記が記載されている。この144億9100万円が当EB債の評価益であると筆者は推測している。

（注4）　後に「よく調査してくださいよという意味で言った。粉飾と認定はしていない」と釈明。

社長：CFOにはきちんと処理するようにいっておく。

この事件から学ぶこと

■セカンドオピニオンについて

　監査連絡委員会がセカンドオピニオンを求めた。知人の紹介を得るなどして、大学教授と公認会計士の意見を聴取した。1人は、会計基準を形式的に適用すれば連結しないという経営判断もないではないとした。もう1人は、NPIHはNPIの完全子会社であり、かつEB債発行に係る資本的関係がある以上連結することになる、NPIを非連結として評価損を計上しないのであれば、少なくともその事実について開示する必要がある、と述べたという（調査委員会報告書62頁）。

　この意見に基づき、監査委員会としては、有価証券報告書に注記の開示を行っている。私はセカンドオピニオンを求めた監査委員を評価したい。

　ただし、公認会計士細野祐二氏は次のように述べていることを監査役は知るべきである。

　　　監査委員会はセカンドオピニオンを求め、経営首脳に警告を行い、少なくとも開示をさせたことは情状に値するが、『監査委員会の監査報告書』において『疑惑がある』旨を指摘しなかった点は責任を回避できない（細野祐二著『法廷会計学VS粉飾決算』日経BP社、2008年、177頁）。

■Ｉ社とＨ社の監査役の責任

　開催日を偽った取締役会の議事録に署名・捺印した監査役の責任も重い。ペーパーカンパニー的な会社であっても、会社は会社、きちんと取締役会を開催して審議しなくてはいけないし、議事録の確認をしなくてはいけない。

63

FILE 14

貸借対照表と有価証券報告書は
苦手でも読まなくては

―親会社の会長による子会社から借り入れ―

> 2011年11月21日、大王製紙株式会社（以下、大王製紙という）のI会長は、多数の子会社から100億円以上の借り入れをしてカジノに注ぎ込んだが、約60億円が未返済となっており、大王製紙は特別背任でI会長を刑事告発した。子会社は無担保で、かつ取締役会決議がないのに貸し付けに応じていた。親会社、子会社の監査役に問題はなかったのか。

1．事件の概要

　2011年9月7日、連結子会社であるA製紙から親会社の大王製紙関連事業部宛てに、「9月2日に大王製紙のI会長の個人口座に3億円を振り込んだ」とのメールが入った。内部調査を行ったところ、A製紙を含む計7社の大手連結子会社が、大王製紙のI会長個人に無担保で貸し付けを行ったことが判明し、9月16日に公表、I会長は同日辞任した。その他、I元会長の実父であるT顧問が代表取締役を務めるゴルフ場を経営するR商工を経由して、I元会長個人に融資した額等を合わせると、少なくとも112億円を貸し付け、そのうち少なくとも約60億円が未返済とされ、I元会長はこれらの資金をカジノに注ぎ込んだと証言している。

　2011年11月22日、I元会長は特別背任で逮捕された（2013年7月8日、最高裁にて特別背任で懲役4年が確定）。

　特捜部は2011年春、事件の端緒を掴んでいたという（『日本経済新聞』

2011年10月23日、2011年11月24日）。

２．大王製紙の創業家Ｉ家の対子会社対策

「大王製紙特別調査委員会調査報告書」（2011年10月27日、以下、調査報告書）とメディア掲載の記事等による子会社対策は、以下の通りである。

・創業家のＩ父子はグループ全体の実質的経営権、人事権を有している（調査報告書）。

・連結７社の筆頭代表取締役はすべて大王製紙Ｉ元会長が兼務。

・連結子会社等を管理する関連事業部の担当取締役はＩ元会長の実弟であり、７社のうち５社の監査役を兼務する。発覚後の2011年９月27日、担当取締役から「株主に忠実にすべきだ」と通達が出され、一部の子会社はこの通達により、調査委員会の依頼に応じなかった（『朝日新聞』2011年11月23日）。

・Ｉ家のファミリー企業は国内連結社35社の株式を保有し、大部分を50％超で支配した。また大王製紙の大株主にはファミリー企業の名前がずらりと並び、すべてＩ元会長の父などが代表を務める（『日本経済新聞』2011年11月23日）。

・2011年３月、父の顧問はＩ元会長に、「借入はするな、金は返すように」と諭し、貸し付けに応じた子会社幹部を叱責したが、Ｉ元会長は借り入れを続行、子会社幹部に、借り入れの事実を口外せぬよう口止めした（『朝日新聞』2011年11月23日）。

３．子会社各社の行動

以下、調査報告書とメディア掲載の記事等による各子会社の行動は、以下の通りである。

・2011年９月７日、Ａ製紙の部長はＩ元会長による借入要求を疑問視する内容を内部通報するに当たり、その内容が自動的にＩ元会長に報告されるのをおそれ、通報先を通常の窓口（法務・広報課）ではなく関

連事業部宛てにメールした。本社関連事業第1部の担当者がこの報告に基づき、（会長の実弟である関連事業部の担当取締役が不在であったこともあり）通常の事務連絡ルートを飛び越えて直接大王製紙社長に伝えた（「ビジネス法務の部屋」『ブログ』2011年10月31日、『日本経済新聞』2011年11月23および調査報告書等から推定）。

・子会社T社は、関連会社事業第2部担当に、5億5000円をI元会長宛てに振り込んだ旨をメールした。

・2011年7月頃、子会社P社はホーム＆パーソナルケア事業部の担当取締役に貸し付けの事実を報告したが、同取締役はI元会長を信頼しており、対応しなかった。また、子会社F社からも同様の報告を受けたが放置した（調査報告書）。

・「本社に報告していない子会社の役職員の責任は軽くない」（調査報告書）。

・一部の子会社役員は「貸付け後に取締役会議事録を修正し、決議があったようにした」と調査委員会に説明した（『朝日新聞』2011年10月28日）。

・東京地検は、子会社4社の社長らの共謀について認定した。ただし、「絶対的な実力者からの要求を断れない極めて従属的な立場にあった」との判断から立件は見送られた（『日本経済新聞』2011年11月23日）。

4．大王製紙本社の対応

以下、調査報告書とメディア掲載の記事等による大王製紙本社の対応は、以下の通りである。

・経理部担当取締役は2010年7月、（監査法人が気付く前に）I元会長から、R商工から借り入れをしており2011年3月までに返済する予定であるとの話があり、有価証券報告書に記載されるとI元会長に伝えた。同取締役は「違法行為をしているとの疑いは持たなかった」と話した。I元会長は同年3月までに返済しなかったので、同取締役は4月、I元会長に返済時期を問い質し、2011年度第2四半期末までには返済するとの回答を得た。「取締役会及び監査役会には本件に関して報告はし

ていない」（調査報告書）。

・2011年3月、経理部担当取締役は貸し付けをした子会社に対し、「T
顧問（I会長の実父）に貸付けた事実を伝えるべきだ」とメールした（『朝
日新聞』2011年10月26日）。

5．監査法人の対応

以下、調査報告書から監査法人の対応について考察する。

・発覚の2年以上前の2010年7月29日には、監査法人も知っていた。

・2010年9月に子会社P社に常勤監査役と往査した際、P社はすでに4
件の貸し付けをI元会長にしていたが、この件に関しては聴取をしな
かった（常勤監査役に貸し付けの事実を伝えたかは調査報告書に記載なし：
筆者注）。

・2011年5月6日、I元会長に面談、「遅くとも9月末には返済する。個
人的な事業の運転資金である」と聞き、事業内容は聞かなかった。

6．大王製紙監査役の対応

調査報告書には次のように記載されている。

・「連結決算については監査役は常時監査対象にしていない。経理部門
との連携も十分ではない」

・「2011年3月期の有価証券報告書に関連当事者との取引に当貸付けの
事実（利益相反取引）が記載されていることに注意は及ばなかった」

・2011年6月29日の取締役会で有価証券報告書の報告があったが、連結
子会社がI会長に融資した記載のページ（連結子会社と関連当事者との
取り引き）は配布資料から除外し、配布資料そのものも会議終了後す
ぐに回収された。監査役はこれを見逃した。

・監査役は本件貸付を防止すべき任務を十分果たしていたとはいえない。
また、メディアでは次のように報じられている。

・監査役の発言「監査役が機能しなかったと言われても仕方がない。子

会社が親会社のＩ社長（当時）に貸付けるなんて想定してなかった」（『毎日新聞』2011年10月20日）。

この事件から学ぶこと

■子会社監査役の動きについての疑問

一般的に、融資案件は取締役会決議事項である。監査役が毎月貸借対照表を見ていれば、「貸付金」があることに気が付くはずである。そして親会社の会長が自社の代表取締役であれば、利益相反の疑いがあり、取締役会で指摘することができたはずである。あるいは、貸借対照表に載せない「簿外」で融資案件が処理されていたとすれば、粉飾決算である。

また、取締役会で承認されていない融資があるという情報が、社内から監査役に上がらなかったのか。知っていて上げないのは会社法違反であることを指導していなかったのではないか。あるいは監査役は知っていて、取締役会での指摘や親会社への報告を怠ったのか。

■親会社の監査役についての疑問

▶関連当事者であるＩ元会長への連結子会社からの融資は、取締役会で取り上げるべき事項である。子会社の取締役会で承認されないまま融資が行われている事実を把握していた大王製紙の取締役がいたにもかかわらず、大王製紙の監査役に情報が上がらなかったようである。監査役に報告しないのは会社法違反であることを指導していなかったのではないか。

▶有価証券報告書は、監査役の監査の対象である。この報告書を見さえすれば、関連当事者との取り引きが掲載され、そこにＩ元会長への貸し付けが記載されていることがわかったはずである。有価証券報告書は公開されているものだが、これを取締役会終了後回収したという。監査役はそれを疑問に思うべきであった。

▶経理部門と監査法人の連携が悪いのではないか。

▶内部通報が形骸化している。また、内部通報の内容がＩ元会長に通じてしまうのは、内部通報制度にあるまじき運用である。監査役も窓口になる必要があるのではないか。

▶子会社への独立性を持った監査役の設置と教育が必要である。これは親会社監査役の役目ではないか。

▶Ｉ元会長は、後に「大王製紙の常勤監査役２名、非常勤監査役３名（弁護士２名、警察関係出身者１名）、不正貸付についてのチェック機能は働かなかった」と述べている（『熔ける』下記出所、206頁参照）。「誰でもいい、止めてほしかった」と思っているのだろう。

〔出所：「大王製紙特別調査委員会調査報告書」2011年10月27日、『熔ける―大王製紙前会長 井川意高の懺悔録―』双葉社、2013年〕

FILE 15

第三者委員会調査報告書中の監査役

―どこまで監査役は気が付かねばいけないのか―

住宅建築を手がけるタマホーム株式会社（以下、タマホームという）が建設した家に、太陽光発電システムを設置する事業を展開するタマホームの子会社ジャパンウッド株式会社（以下、ジャパンウッドという）において、売上計上等で不適切な処理が行われていた。ジャパンウッドの社長は2013年11月5日、ジャパンウッドの臨時株主総会で解任された。

タマホームのS常勤監査役はジャパンウッドの監査役を兼務しており、第三者委員会（調査報告書は2014年2月7日に提出）はSにも善管注意義務違反が認められる可能性があると指摘した。Sはジャパンウッドの監査役を辞任し、タマホームでの報酬カット（50％6か月）を受け入れた。第三者委員会の調査報告書に沿って事件を追ってみる。

1．受注から売上計上・回収までの流れと不正の内容

ジャパンウッドのテレアポ（テレフォンアポインター：電話による勧誘）に基づいてジャパンウッドの営業担当者が顧客のもとに赴き、成約すると工事業務等をA社（X社長）の子会社B社に丸投げする。ジャパンウッドの営業担当者は、成約時の契約書と併せて完工書（日付は空白）を回収、工事着工時に完工とし、売上計上とする（工事日より完工日の日付が前になっていた事例あり）。

「完工書を早く電力会社に出せば、それだけ発電が早くなる」「完工書を早く出した分だけ、ローンの支払が早くなるが、その分は会社が負担する」

と説明し、国からの補助金^(注)を受けたいとの申請があると「その分工事開始が遅れるので、補助金分は工事代金を割り引くから」といって、補助金の申請をしないように誘導していた。

また、補助金を申請する場合は、補助金制度が2013年10月で終了することから、これに間に合わせるように、一時的に試運転した写真を用いて申請手続を行っていたケースもあった。

この営業活動は、ジャパンウッドの社員のみならず、A社の社員も行うことがあり、営業担当者は両社の二重在籍となっていた。実際にはジャパンウッドの社員がA社の業務命令に従った業務を行っていた。つまり、ジャパンウッドはA社の意のままになる販売窓口にすぎなかったといえる。

なお、ジャパンウッドは代金の7％を差し引き、発注先（B社、後に交替したD社）に支払う。ジャパンウッドは手数料以外にも人件費に見合うの販売協力金を発注先から受領していた。

2．監査役が注意すべきであったと思われる事項

注意しなければならなかったであろうと思われる事項は、以下の通りである。

① タマホームの2012年3月15日の取締役会にて、ジャパンウッドの設立が決議されているが、A社やB社の名前は同取締役会の資料には記載されていない。第三者委員会は、重要な取引先との取引開始には取締役会決議が必要な「重要な業務執行」に該当する可能性がある、としている。
[💡この時点で、A社やB社の与信調査を行っていれば、もっと早く問題を見つけられたと思う。]

② タマホーム法務室は2012年12月、A社の与信調査を行った。その結果、A社は属性不良（反社会勢力との関係を疑わせるなど）と判定したが、タマホーム社内およびジャパンウッドにも伝えていなかった。タマホーム

(注) 2009年から2013年の5年間、国から交付された「住宅用太陽光発電導入支援対策費補助金」で太陽光発電の普及を目的とした。

の社長はA社のX社長と頻繁に会っていた。X社長は2013年10月19日、W銀行不正融資詐欺事件で逮捕された。[⚙️与信調査で属性不良との判定が出て、しかも取り引きが継続しているのなら、監査役としては見逃せない事実である。社長にも報告しなければならない。法務室から反社会的な取引先の情報は監査役に伝えるように伝えておかなければいけない。]

③　A社がO社に乗っ取られたため、A社のX社長はタマホームにD社（テレアポ生命保険仲介業者）を紹介、ただし、D社はX社長が設立し、X社長が代表取締役を務めるC社にA社の業務を丸投げした。D社との取引開始については2013年3月開催のジャパンウッドの取締役会で報告、後の取締役会で決議され、契約書はバックデートされていた。

実は、タマホーム法務室は2013年1月にD社の与信調査を行い、X社長の影響下にあり、かつ小さなテレアポ生命保険仲介会社がまったく畑違いの太陽光システム事業を遂行できるとは思えないとして「取引不可」と判定したが、その結果は、社長にも監査役にも報告されていなかった。[⚙️監査役が取締役会で、「与信調査は行ったのか」と質問していたら、その後の展開は変わっていただろう。]

④　2012年6月開催のジャパンウッドの取締役会で、中期事業計画が承認されたが、その内容は次の表の通り、売上高が2年で4倍にもなる異常なものであった。しかしS常勤監査役から、計画の実現性やいかなるビジネスモデルなのかというような質問はなかった。

年　　度	2013年5月期	2014年5月期	2015年5月期
売上高（百万円）	1,665	4,141	6,682
営業人員	10	15	20

ただし、S常勤監査役は業務監査権限を有しないので、それを咎めることはできないと第三者委員会は述べている。

⑤　営業担当者の（ジャパンウッドとA社の）二重在籍は、ジャパンウッドの就業規則違反である。同担当者はジャパンウッドとA社の双方か

ら給料をもらっているとの情報が、タマホームの経営管理部長に報告されている。

⑥　ジャパンウッドの営業に対する苦情がタマホームの支店等に聞こえてきていた。

⑦　2012年1月当時、A社はZ銀行に1億円の借入残高があるなど、各種の情報からA社は資金繰りに窮していたもようである。

⑧　S常勤監査役は2013年3月1日付監査調書において、「会計士から、受注契約計上時および工事完了引渡時の2か所について売上証憑に基づくチェック機能が働いていない、売上計上がノーチェックの場合、前倒し計上のリスクがある、との指摘を受けている」と記述したが、「信販会社からの支払いが行われた段階で売上計上している以上、現実に売上計上時期の前倒しなど起こりようがない」と判断し、詳細の調査を行わなかった。

　　実は、工事の完了前に完工書を取得して信販会社にローンを実行させることが行われていたのである。

3．タマホームの経営改革委員会からの提言に基づく経営改革の実行

監査役関連についてのみ記載する。

①　タマホーム監査役が多くの子会社等の監査役を兼務していたが、これらを解消する。

②　親子会社とも与信調査（取引先の審査等）を制度化する。

③　子会社等に対する内部監査制度を見直し、報告先・報告頻度・人員拡大・常務会での定期的報告等の改革を行う。

④　外部に内部通報先を設置し、社外取締役の導入・コンプライアンス体制の整備等を行う。

この事件から学ぶこと

次の3点を指摘したい。

▶監査人から、「前倒し計上のリスクがある」との指摘された件について、監査役は信販会社から融資が実行されている事実をもって問題がないと判断し、詳細の調査を行わなかった。だが、工事代金を受領していても、信販の融資が実行されていても、売り上げの前倒計上が生じていない証拠にならないことは、「監査役として知っておかねばならない基本的事項」である。工事完了時期を偽る不正行為はよくあることである。

▶2012年6月開催のジャパンウッドの取締役会で、中期事業計画が承認された。当事業計画を一見すれば、2013年5月期から2014年5月期に売り上げが約2.5倍に拡大しているのに、営業人員は10名から15名へ、たった5名の増員にとどまっていることがわかる。実現可能なのか、どういう具体策があるのか、当然監査役として質問すべきことだろう。第三者委員会は、監査役は業務監査権限を持たないからそれを咎めることはできないとしたが、無理な売上計画は会計上の粉飾にも結び付く可能性があることを踏まえると、親会社タマホームの監査役として疑問を呈することは、子会社調査の一環でもあると私は考える。

▶違法行為や重大な損失のおそれについては、取締役は監査役への報告の義務がある。反社会勢力との関係や二重在籍なども報告対象である。一般社団法人監査懇話会で公表している「取締役職務執行確認書」などを用いて、取締役に監査役への報告義務を知ってもらう必要がある。

〔出所：「タマホーム株式会社第三者委員会調査報告書公表版」2014年2月7日、「タマホーム株式会社第三者委員会の調査報告書に基づく再発防止策について」2014年2月17日〕

FILE 16

架空売上事件における監査役

―常勤監査役を戒めなかった非常勤監査役の責任―

> 東証マザーズに上場して、わずか7か月で上場廃止となった半導体製造装置メーカーの株式会社エフオーアイ（以下、エフオーアイという）において、例えば2009年3月期の実際の売上高が3億円弱しかなかったのにもかかわらず、約118億円と過大に計上した等の事実が、内部告発をきっかけに証券取引等監視委員会の強制調査により発覚した。株主約200人から株価下落による損害賠償請求訴訟が出され、2016年12月20日、東京地裁は、エフオーアイの旧経営陣7名と上場に際しての主幹事会社であったみずほ証券の責任を認め、請求通り約1億7500万円、そのうちみずほ証券には約3000万円の支払いを命じた。旧経営陣7名には社長・専務らに加えて、常勤監査役1名および非常勤監査役2名の名があった。
>
> なお、みずほ証券は控訴審において損害賠償責任は認められなかった。また、会計監査人は裁判途中で和解に応じた。
>
> なぜ、裁判所は非常勤の監査役にまで責任を認めたのか、判決文（『判例タイムズ』1442号136頁）から追ってみたい。
>
> また、社長および専務は、2012年2月29日、さいたま地裁で実刑3年の懲役がいい渡されている。

1. 監査役の責任有無の判断根拠

判決文は、監査役らは内部告発があったことは知らなかったこと、会計監査人が無限定適正意見の監査報告書を出し続けていたこと、かつ、それ

を疑うような事情はなかったこと、有価証券届出書の虚偽記載を知らなかったこと等を認めた上で、監査役らが相当な注意を用いたにもかかわらず、虚偽記載を知ることができなかったと認められるかどうか[注1]により、責任の有無が判断されるとした上で、次のような事実により、「相当な注意を用いていれば、粉飾の事実を知ることができた」として、監査役らの責任を認めた。

2．内部告発があったことは監査役には知らされていなかったとはいえ

　マザーズへの上場審査を終え、上場承認を目前に控えた2008年2月中旬、エフオーアイの架空売上等の不正行為を告発した匿名の文書が、東京証券取引所の自主規制法人[注2]とみずほ証券監査役宛てに届いた。そこには、注文書と検収書を、国内外の会社を巻き込んで偽造して架空の売上を計上し、出荷した装置は国内外の倉庫に保管しているとの具体的事実と、これを検察などにも告発していることが記載されていた（証券取引等監視委員会にも告発文を送っていたものと推測：筆者注）。

　また、エフオーアイの専務らは、内部告発をしたのは内部監査室長Hではないかと疑い、2008年3月28日の取締役会で同室長Hを異動させる人事

（注1）　虚偽記載のある届出書の提出会社の役員等の賠償責任（一部省略）
　　　金融商品取引法21条
　　　有価証券届出書のうちに重要な事項について虚偽の記載があり、又は記載すべき重要な事項若しくは誤解を生じさせないために必要な重要な事実の記載が欠けているときは、次に掲げる者は、当該有価証券を募集又は売出しに応じて取得した者に対し、記載が虚偽であり又は欠けていることにより生じた損害を賠償する責めに任ずる。
　　　一　当該有価証券届出書を提出した会社のその提出の時における役員（取締役、会計参与、監査役若しくは執行役又はこれらに準ずる者をいう。）
　　　2　前項の場合において、次の各号に掲げる者は、当該各号に掲げる事項を証明したときは、同項に規定する賠償の責めに任じない。
　　　一　前項第一号に掲げる者　記載が虚偽であり又は欠けていることを知らず、かつ、相当な注意を用いたにもかかわらず知ることができなかつたこと。
（注2）　日本取引所グループの子会社で、「取引所の品質管理センター」的役割を負っている。

が審議された。同年4月15日の取締役会では、上場申請を一旦取り下げる旨の決議がなされた。この2回の取締役会には、監査役3名が出席していたが、誰1人としてHの異動や上場申請の取り下げの理由について質問する者はいなかった。

　裁判所は、もし監査役が質問していたら、不正会計の疑いを知ることができたはずであるとしている。

3．会計不正の兆候を掴んだにもかかわらず

　2008年5月頃、常勤監査役は、機械製造部門または技術系部門の社員から、同年3月に出荷したはずのエッチング装置が戻ってきているとの話を聞いた。社長に確認したところ、「いずれ実現する見込みの売り上げなので見なかったことにしてください」との回答であったため、2008年3月期に架空の売り上げが計上されたことを認識したが、これを放置した。

　また、同3月期の注文書、物品受領書、残高確認書を確認し、受領日のない物品受領書、確認日付のない残高確認書があったことを認識したが、社長に注意を促しただけで、原因や売り上げの実在を調査することはなかった。

　その後、エフオーアイの売り上げが急増し、売掛金の回収が進まない状況が続いたのであるから、架空売上の可能性について疑問を持ち、売り上げの実在性について独自の調査を行うことは十分可能であった。しかし監査役らは、会計監査人の報告を受ける以外に何らの調査を行わなかった。

4．非常勤監査役は常勤監査役を諫めなかった

　常勤監査役は週2回程度しか出勤していなかった。また、ほぼ毎週開催される戦略会議は社長が招集し、議長を務め、常勤の取締役のほか経営企画部長らにより構成され、監査役は同会議に出席して意見を述べることができるとされているが、常勤監査役さえ出席したことがなかった。しかしながら、議事録には常勤監査役が出席したと記載され、議事内容は実際と

は異なる内容が記載されていた。売り上げの水増しは、この戦略会議で審議されていたので、戦略会議に出席していれば粉飾の事実を知ることができた。実は、常勤監査役はみずほ証券の上場審査において、「毎日出勤し、戦略会議にも出席している」と虚偽の回答をしていた。

　非常勤監査役2名について、判決文は、常勤監査役の職務執行状況が不十分であるということは容易に認識できたと考えられるにもかかわらず、これを是正するための何らの対応をとった形跡がないとし、「非常勤監査役は、常勤監査役の職務執行の適正さに疑念を生ずべき事情があるときは、これを是正するための措置を執る義務がある」として、非常勤監査役の監査役としての職務が十分ではなかった、と結論した。

この事件から学ぶこと

　常勤監査役は会計不正の兆候を掴んでいた。社長にも疑問を呈しているが、この監査役は、多くの監査役にありがちな「社長には報告した。あとは社長の問題」として追及を終わらせてしまっている。不正をやめさせるまで監査役には責任があるということを、判決は指摘している。

　一部の常勤監査役が陥りがちなこととして、社長方針や経営計画に沿った業務運営がなされているかといった監査に注力し、肝心の不正会計や品質不正などの領域には踏み込まない傾向が見られるということがある。非常勤監査役には、常勤監査役と不正リスクや重大な損失リスクは何かということについて意見交換し、その領域に踏み込むよう促し、また自らの「独任制」を生かして調査することが求められている。

　この事例のように、週2回ほどしか出社せず、戦略会議にも欠席するような常勤監査役は論外である。また、たとえ非常勤であったとしても、必要ならば週に複数回出勤しなければ監査役としての任務を遂行できない場合があることは、覚悟しなければならない。

FILE 17

取締役会でいっておけばよかった

―会計不正事件における常勤監査委員―

> 2015年4月3日、大手電機メーカーの株式会社東芝（以下、東芝という）は、「一部インフラ関連の工事進行基準に係る会計の不適正処理があった」と公表した。証券取引等監視委員会に届いた内部通報がきっかけであった（『日本経済新聞』2015年5月23日）。
>
> 社内調査委員会の調査で、不適切な会計処理は多方面にわたることが判明し、第三者調査委員会による調査に委ねられ、2015年7月20日、同委員会の調査報告書が公表された。その中で、監査委員の1人が不適切処理の1つであるパソコンの組立委託先に対する部品支給の取り扱いに疑義ありとして、監査委員長に調査を迫っていたことが記載されている。私がその監査委員になったつもりで、事件を追ってみることとする。

1．内部監査部門からの情報と監査委員会

　大手電機メーカーの東芝は指名委員会等設置会社で、監査委員は5名である。常勤は元CFOで副社長だった監査委員長と法務部長だった私で、他3名は社外取締役で、外務省出身者が2名、証券会社出身者が1名である。

　東芝の内部監査部門は「経営監査部」と称し、44名が従事しているが、ここからの監査報告書が月2回のペースで監査委員会に提出される。経営監査部は、アメリカのGE社に倣って、「カンパニー」と呼んでいる各事業部に対する経営コンサルティング的な監査に重点が置かれてはいたが、監査報告書には不正会計に結び付きかねない情報が含まれていた。

例えば「パソコン中国事業に関する監査報告書」には、「適正在庫日数5日に対して2010年12月末在庫は（不当に高いマスキング価額と押込み支給により）当月調達額と同じ1か月分である。マスキング価格を縮小させることが望ましい」とあった。

　パソコン事業でのODMメーカー（東芝ブランド製品の製造委託先）へ部品支給する際、東芝の仕入価格が支給先に知られないように上乗せした仮の価格（マスキング価格、故意に数倍の高値で設定）でODMメーカーに支給し、実仕入価格との値差を利益（製造原価のマイナス）に計上していた。つまり押込支給による利益の嵩上げをしていたことが後に判明したが、本来、委託先からその支給部品が組み込まれた完成品が納品されるのだから、部品の支給で利益計上してはいけないはずである。しかしこの報告を受けても、監査委員会は何の行動も起こさなかった。

　また、工事進行基準売上の案件についても「この案件は損失が出るおそれがある」という指摘が経営監査部の報告にあったが、監査委員会は動かなかった。

　請負工事については、工事進行基準売上でも、検収（完成）基準売上でも、損失の出るおそれが判明した時点で、受注損失引当金を計上しなければいけない。これが会計ルールである。社長は各カンパニーの月例会に出席し、妥当な総原価の見積もりがあるのに、「もっとコスト低減できるはずだ」「契約額の追加交渉をすべき」「損失が確定してからにせよ」などとトップ自らが引当金計上を認めなかった。したがって引当金計上の遅れ、つまり損失の繰り延べが行われたことが、後に第三者調査委員会の調査報告書で明らかになった。

2．監査委員会の姿勢

　こんなこともあった。あるカンパニーのヒアリングを前に、監査委員長は我々委員に対し、「K案件についてはあまり質問しないように、61億円の損失超過分は知らなかったことにする」と述べた。カンパニーからは「87

億円の損失見込は変わらない」との報告がなされ、監査委員からは特段の質問はなされなかった。後に、その損失額は61億円をプラスした148億円だったことが判明した。

改めて考えれば、元CFOの監査委員長は、かつて不正会計に関与ないし承知していたのだから行動を起こすのに躊躇したことはわかるが、私を含めた他の委員はなぜ黙っていたのか。1つは元CFOの監査委員長以外は会計に疎いということ、そしてもう1つは「会計監査はプロの会計監査人がやるもの」との認識があり、会計処理について監査する必要性の認識が不足していた。この2点が考えられる。

3．あの取締役会で発言しておけばよかった

しかし、どうしても我慢できないことが起きた。2014年9月18日の取締役会でのことである。パソコン事業再編の件が付議された際に、事業再編に伴う損失計上につき、その損失中にODMメーカーの部品の今までの法外なマスキング価格による押込分の修正が含まれているのではないかという疑問が、私の頭をよぎった。

東芝の取締役会では「重大な損害のおそれ」については報告しなければならないとされているが、「重大」の定義が不明確であるにもかかわらず、定量的説明が求められる。そして会計処理そのものへの疑問は論じられることがなかったこともあり、私は質問することをためらってしまった。しかし事は重大である。経営監査部からの報告を無視したことも重大だが、取締役会で話題になったことが放置されていいわけがない。ああ、発言すればよかった。

私は監査委員長に対し、「取締役会で決議されたパソコン事業再編時の会計処理に不適切なものが含まれていないか、法的および会計的に専門家に精査してもらうべきだ」と申し出た。

監査委員長は自ら回答せず、後任のCFOから「不適切なものはない、部品取引と完成品取引は独立した取り引きであり、会計処理は適正だ」と

回答があった。それでも私は納得できず、監査委員長らに再度申し立てたところ、委員長は「今頃になって事を荒立てると決算に間に合わなくなり、最悪の事態になる」といい、具体的に何らの対応もしなかった。

不正発覚後、3代にわたる社長および2代にわたる元CFOの監査委員長は、東芝から損害賠償請求訴訟を提起された。

〔出所：東芝のHP「第三者委員会調査報告書」2015年7月20日、「改善計画状況報告書」2016年3月15日〕

この事件から学ぶこと

「会計監査は、問題があれば会計監査人が指摘してくれるはず。それから動けばよい」という考え方を持っている監査役がいるとすれば、それは改めてほしい。

指名委員会等設置会社には、監査役会設置会社とは異なり、各監査委員には、固有の調査権（独任制）が与えられてはいないが、監査委員会の選定した監査委員には調査権がある[注]。監査委員が、調査権を持つ監査委員として選定してほしいと申し出たとき、拒否する合理的な理由がないならば、積極的に認める方がよいように思うが、いかがだろうか。

内部監査部門の報告を無視せず、会計監査人と問題を共有し、たとえ独任制のない監査委員であっても、社外取締役の監査委員の賛同を得て調査することを決議し、また、取締役会で勇気をもって発言していただきたい。

（注）　会社法405条（監査委員会による調査）
　　1項　監査委員会が選定する監査委員は、いつでも、執行役等及び支配人その他の使用人に対し、その職務の執行に関する事項の報告を求め、又は委員会設置会社の業務及び財産の状況の調査をすることができる。
　　2項　監査委員会が選定する監査委員は、監査委員会の職務を執行するため必要があるときは、委員会設置会社の子会社に対して事業の報告を求め、又はその子会社の業務及び財産の状況の調査をすることができる。
　　4項　1項及び2項の監査委員は、当該各項の報告の徴収又は調査に関する事項についての監査委員会の決議があるときは、これに従わなければならない。

FILE 18

手のひらを返せなかった元営業部長の監査役

―売上前倒計上事件―

2018年1月7日の『日本経済新聞』に「監査法人との蜜月に変化―交代実施企業、昨年1割増…―」の見出しで、「東証2部に上場する半導体製造装置のアピックヤマダは昨年7月、不適切会計を機にT監査法人から契約解除を通知された」との事例が紹介されていた。

アピックヤマダ株式会社（以下、アピックヤマダという）は、社長の日ごろからの「売り上げにこだわって活動をするべきである」「予算の達成は目標ではなく義務である」等の言動を受け、装置の据付・調整が完了しないまま、顧客から業務が完了した旨の署名入りの作業報告書を受領し、これに基づき売上計上していることがT監査法人に内部告発され、不正が発覚した。

内部告発された事案の1つであるB社案件を2017年6月30日「アピックヤマダ第三者委員会調査報告書開示版」および同年10月23日（東京証券取引所宛て）の「改善報告書」から追ってみた。

なお、第三者委員会の調査の結果、売り上げを取り消すべきとされた額は、2016年3月期で約27億円（修正前連結売上高の約25％）、2017年3月期で約22億円（同20％）である。

1．事件の経過

アピックヤマダはB社からモールディング装置の注文を受け、2017年2月7日および同月10日にA国に向けて出荷し、アピックヤマダの製造部員らは現地調整のため現地で作業を開始した。しかし、納入場所の工場で

は電力の増設工事が完了していなかったため、アピックヤマダの製造部員らは納入場所で電源を確保することができず、本件製品の現地調整作業は中断に追い込まれた。

A営業部長は現地A国に出張して交渉したが、電源の確保はできなかった。しかしA営業部長は顧客の署名入りの作業報告書（これがあれば検収完了と見なされる）を製造部のHに渡した。

この作業報告書の「Work Contents」の欄には、「（実際に行っていない）自動ランニングの確認および製品サンプルの確認を含む現地調整作業がすべて行われ、問題はなかった」旨の記載があり、「Machine Result」の欄には「Approved」にチェックが入っていた。ただし、日付が空欄になっていたので、製造部のHは「2017/3/22」と加筆し、「Charge」（現地調整の責任者の氏名欄）も空欄だったため、現地拠点従業員の氏名を記載し、自己の職印を押印し、品質保証部に回付した。

品質保証部は、回付された作業報告書の記載内容に基づき、合否判定を行い、残件がないか、あっても完了していることが確認できれば、「作業報告書配付票兼最終検査成績書」を各部に回付する。営業部はこの書類をもって売上登録を行うことになっている。

しかし、実は品質保証部は、現地拠点のメンバー等から2017年A国のB社案件については工場で電源が確保できていないため、現地調整作業が未了であるとの情報を入手していた。そのため、「承認できない」と製造部に戻したところ、O常務より売上計上するようにと強い指示を受け、同年3月23日付で「残件がないことを確認した」との承認を行い、その旨を記載した「作業報告書配付票兼最終検査成績書」を関係各部に回付した。その結果、同年3月23日および24日に売り上げが計上された。

しかし困ったことが起きた。3月は現地調整作業が中断しており、作業実績時間が少なく、このことが監査法人に知られたら3月の売上計上が疑われてしまう。そこで同年4月5日、K取締役企画部長が社長のもとに営業・生産管理・品質保証の各部長を呼んで協議し、同社のA国事務所の

人員と外注先Ａ社の作業時間を改竄することとした。

　Ｆ内部監査室長は、Ｂ社案件について、同社の人員の作業時間が以前の同シリーズの作業実績時間と比べて少ないことを発見し、また売上計上されたにもかかわらず、残件がある製品の一覧表が出回っているという情報を得て、この一覧表を入手した。

　Ｆ内部監査室長は同年４月19日、一覧表とともに、外注先Ａ社の作業時間のつじつま合わせも含めて、状況をＨ常勤監査等委員に報告した。

　Ｈ常勤監査等委員はこの報告を受け、４月20日開催の監査等委員会において、同日開催予定の取締役会にて次のような趣旨の発言をすることを提案した。

①　３月の売上計上の一部には、残件はあるが、顧客には残件がある状態で検収することの了解を得た上で、合格と記載した作業報告書を受けているので売上計上の条件は満たしているが、より売上を確実にするために早期の残件処理と売掛金の回収を図る必要がある。

②　従業員の一部には、こうした処理は不正ではないかと心配している者もおり、これをケアしないと不正は許されるとの認識による社内のモラル低下や内部告発を招くことになるため、適切な対応をされたい。

　この提案は監査等委員会での合意が得られたので、Ｈ常勤監査等委員は同日開催の取締役会で同趣旨の発言をした。Ｋ取締役が、自らその対応に当たると述べた。

　Ｋ取締役は、翌４月21日、Ｆ内部監査室長と面談し、外注先Ａ社の作業実績時間の付け替えは監査法人がうるさいから自分が指示したと述べ、「残件があっても、顧客の承諾を得ていれば売上計上してよい」「もし（監査室が今後も）調査するなら、社長に報告してからやれ」という趣旨の内容を述べた。Ｋ取締役は品質保証部長などと面談した後、社長に「火をつけているのはＦ内部監査室長であると思う」と述べ、社長、II常勤監査等委員と自分とでＦ内部監査室長と本件について面談することを提案した。

　４月末日、有限責任監査法人トーマツに、アピックヤマダの2017年３月期の売り上げのうち３月に計上した一部案件の妥当性について、内部告発

があった。

「残件が残っていても、納品作業書に記載せず、合格と記載させ、残件は別途内緒で処理。納品作業もしていないのに、納品作業書を偽造・指示（特にA国、現地サービス会社外注先A社）。顧客合格署名偽造、顧客に署名させるペンを購入し、そのペンを修正用として保管」との記載があり、証拠書類もついていた。

2．第三者委員会の判断

第三者委員会は次のような判断をした。

① **B社案件の2017年3月期売上計上について**

B社案件は、顧客の工場において電源が確保できなかったことから、3月中に現地調整作業が完了していなかったものである。したがって、本来は2017年3月に売上計上すべき案件ではなかった。

② **H常勤監査等委員について**

H常勤監査等委員が、F内部監査室長からの報告を受けて監査等委員会および取締役会に報告した際、事実と異なる作業報告書が作成されていることを報告しておらず、会計監査人に対しても本件に関する疑義を報告していない。この対応は、「顧客の署名があるから売上計上は問題ない」との恣意的な解釈に基づいたものであり、監査等委員が不正の兆候を認識した場合の対応として必要十分なものではない。

③ **F内部監査室長について**

F内部監査室長は、顧客の承認があったとしても、現地調整作業が未了の場合や残件がある場合における売上計上は社内規程に合致しないものであることを認識しており、本件不適切な会計処理に関する事実を把握した後は、常勤監査等委員にこの事実を伝えるなど、適切な対応を行った。

3．関係役員の責任

2017年7月31日の取締役会で、社長およびK取締役は報酬全額返上（6

か月）、O常務は取締役に降格の上、報酬全額返上（3か月）、H常勤監査等委員および社外監査等委員3名は月額報酬の50％返上（6か月）が決まった。

この事件から学ぶこと

■監査役になったら「手のひらを返せ」

　責任をとらされたこのH常勤監査等委員は、2006年6月の株主総会で営業部長から取締役になっている。したがって、彼はその当時から、このような売上計上でよしとする中で仕事をしてきたと推測することができる。

　しかし監査役や監査等委員になったら、今までのしがらみを捨て、「手のひらを返す勇気」を持っていただきたいと思う。

■会計監査人には疑義を報告・相談しておくこと

　有限責任監査法人トーマツが契約継続を断った（退任は同年9月1日）のは、「具体的な改善のための対応策が明示されない」（「公認会計士等の異動に関するお知らせ」2017年7月31日）との判断によるものである。

　特に私としては、監査等委員が会計監査人に報告・相談をしていないことが気になるところである。相談していれば、「信頼できる監査等委員がいる」として、契約解除には至らなかったのではなかろうか。

■専門の社外監査等委員を同席させること

　当事件では、F内部監査室長からH常勤監査等委員が報告を受ける場面がある。その報告を受けて、H常勤監査等委員は監査等委員会で報告し対応策を提案しているが、F内部監査室長から受けた報告について、重大なところ、つまり残件があること、作業をしたことにするため作業時間のつじつま合わせをしていることを隠して監査等委員会に報告している。もし社外監査等委員の公認会計士がF内部監査室長の報告を直に聞いたなら、売上計上は認めなかったであろう。

FILE 19

トップ主導の粉飾見逃しはやむを得ないのか

　株式会社ナナボシ（以下、ナナボシという）は下請会社と共謀し、架空の水利組合等による灌漑（埋設配管）工事（W県G地区組合工事）を仮装、ナナボシから下請会社に支払った外注費を架空の水利組合等の名義を用いて、ナナボシに対する完成工事代金として還流させ、売上計上した。完成工事代金の一部が未収金となっていたが、それについては補助金交付が遅れていると会計監査人に説明した。会計監査人の監査法人トーマツは粉飾を見つけることができなかった。

　1998年3月期から2001年3月期決算まで、この方法による粉飾が繰り返されていたが、監査法人は毎年、無限定適正意見を表明していた。2001年、ナナボシの取締役会で監査役から、代表取締役会長らに対し、売掛金の入金遅れについて調査を行うよう求めたが、会長らはこれに応じなかった。そのため2001年11月、監査役と監査法人の担当公認会計士（主任）が現地調査を行ったところ、売り上げが架空のものであることが判明した。ナナボシは同月、民事再生手続を開始した。

　金融庁は、2006年3月、虚偽の監査証明を行ったとして監査法人に戒告、ナナボシ監査担当の公認会計士3名には1～3か月の業務停止処分を行い、その他の関与公認会計士らは役職停止や報酬のカットなどの社内処分を受けた。

　管財人は監査法人に対し損害賠償請求訴訟を起こし、2008年4月18日、大阪地裁は監査法人に損害賠償の支払いを命じた。2008年10月28日、大阪高裁で一審判決を上回る4000万円を支払うことで和解した（『日本経済新聞』2008年12月6日）。

1．原告（管財人）の主張と被告（会計監査人）の反論

　原告（管財人）の主張は、通常実施すべき監査手続をしていれば、もっと早く粉飾を見つけることができたはずであり、監査契約上の債務不履行によって違法配当等の損害が発生したというものであった。

　これに対して、被告（会計監査人＝監査法人）の主張は次の通りである。

① 　監査の目的は財務諸表の適正性についての監査表明であり、不正の発見や「G地区工事取引の実在性」の確認は監査の第1次的目的ではない。

② 　経営者や担当者による監査人に対する意図的な虚偽の情報提供が行われた場合には、監査人において、……仮に、善管注意義務違反の問題を生じる余地があるとしても、被監査会社から監査人への債務不履行請求は許されない。

③ 　本件においては、債務不履行につき帰責事由があるのは被監査会社自体であるから、クリーンハンズの原則（信義則）に基づいて、被監査会社による、監査契約に基づく監査人の債務不履行責任の追及は許されない。

④ 　G地区の工事代金の計上方法は不自然ではない。ナナボシでは、毎年3月に翌年3月期の総合予算を取締役会で承認し、その2か月後の毎年5月に決算短信において公表する予算を取締役会で承認する手続きがとられていたところ、同地区の工事代金が公表予算に計上されていないにもかかわらず、当事件に関与していない取締役および監査役3名（公認会計士と税理士の2名含む）はまったく疑義を挟むことはなかった。

2．裁判所の判断

（1）会社の状況と粉飾工作

① 会社の状況

　火力発電所設備等の設置やメンテナンス・ごみ焼却設備や配管工事等

のプラント事業が、バブル崩壊や石油精製プラント配管工事でのコスト増などで、大証二部上場2年後の1997年3月期で赤字決算となった。しかし会長は、株価を維持するために2年連続の赤字は許されないと粉飾決算を決意し、甥であるM取締役にG地区の水利組合埋設配管工事（外からなら工事が完了したかのように見える）の架空売上を指示、工期は決算に間に合わせるため数億円もの工事をわずか1か月程度とするものであった。取締役11名のうち、会長ら9名がこの粉飾決算について共謀し、実行していた。多くの取締役らは絶対的な権限を持つ会長に意見することはできず、粉飾に協力したものである。

② **粉飾工作**

不正行為に協力した外注先に、架空の水利組合の所在地にプレハブ小屋を建てさせ、郵便受けを設置し、会社（監査人）から送られてきた売掛金残高確認状を回収し、水利組合の代表印を偽造し押印、返送した。監査人が現場視察を行った際には、工事を行ったように見える工作をした工事現場に案内し、すでに配管工事が終わった場所だとM取締役作成の図面で虚偽の説明をしていた。

（2）クリーンハンズの原則に対する裁判所の見解

裁判所の見解は次の通りである。

経営者が関係した共謀による粉飾の規模や巧妙さについては、監査人が「通常実施すべき監査手続」を行ってもなお発見することができなかったかどうかを判断する要素とはなり得ても、株主や債権者の利益のためになされる管財人による監査人の責任追及そのものを否定する事情とはなり得ない。会社が監査契約に違反して粉飾決算を行ったとしても、その管財人が監査人の責任を追及することは、クリーンハンズの原則に反して請求そのものが許されないということにはならない。

（3）　通常実施すべき監査手続であったか

　裁判所は以下のような理由から、2001年3月期決算において、G地区工事の実在性について追加監査手続を実施しなかったことは、「通常実施すべき監査手続」を満たしているとはいえないとした。

　監査の第1次目的が不正の発見ではないにしても、そのことを理由に責任を免れるものではない。試査や内部統制に依拠した監査手続を前提とするから本来行うべき監査手続は行えないというのは、本末転倒である。

① 　リスクに応じて監査計画を立案すべきであった。会社が株価維持の必要性に迫られ、粉飾決算を実行するリスクは相当高かった。

② 　他の工事より明らかに高額な売り上げの工事なのにもかかわらず、工期が非常に短く、しかも期首に取締役会に提出された予算書には計上されておらず、決算間近に、当初の全体の売上予想に近い数字になるよう計上されていたことは不自然である。発注先の自治体に問い合わせれば容易に判明することである。

③ 　2001年3月期決算前に行われた現場検証において、担当の監査人は、現場写真を撮影したが、工事現場の位置が図面と異なっており、工事の規模の割には工事代金が高すぎていても、また、工事をしたばかりなのに舗装面や蛇口が古びて直近に工事が行われたとは思えない現場があったにもかかわらず、何も質問しなかった。現場において、これらの不自然な点は工事の専門家でなくとも見つけることは可能であった[注]。

④ 　1999年3月期において、監査人はG地区の工事の回収遅延の理由を求めたが、国や県から補助金が下りていないので水利組合から支払いが行われていないと説明され、納得してしまった。本来確実な入金が

[注]　2001年3月期決算後の2001年11月の現場調査では、監査人の主任が工事現場を一見してこれらの不自然な点を直ちに見つけ、粉飾を明らかにした。

見込めるはずの公共工事での支払遅延は明らかに不自然であるにもかかわらず、2001年3月期決算までは、問題視していなかった。

3．当判決への評価

以下、当判決への評価である。

・粉飾決算が企業ぐるみであっても、監査法人にも責任があると認めた画期的な判決（当事件の原告の管財人）（『asahi.com』2008年4月18日）

・本事件において、監査法人は、これまでの裁判において被告となった多くの職業的監査人が主張してきた「監査の限界」、すなわち今日の監査証明業務は、①試査前提であること、②強制的な捜査権を有していないこと、③被監査会社の協力を得て実施すること、④内部統制に依拠せざるを得ないこと等の主張を展開したが、もはやこれは通用しなかった。……かかる書類の適正性に重要な影響を及ぼすような虚偽記載を発見することも監査証明業務に含まれる。……それこそが、社会が期待する監査なのではなかろうか。

〔出所：大阪地裁判決文 2008年4月18日、上野真二「粉飾決算を看過した職業的監査人の民事責任——ナナボシ事件判決を受けて」『日本経大論集』40巻1号 2010年10月20日〕

この事件から学ぶこと

☑監査役としてどう受け止めるべきか

判決文は、2001年3月期の決算についてのみ、責任を追及している。つまり2001年3月期については、監査法人が「通常実施すべき監査手続」を行っていれば、容易に不正を発見できたはずだということである。

当事件において、監査役が会計監査人とともに工事現場に行って、架空の工事であることを突き止めたためだろうか、監査役に対する責任追及はされてはいないが、もっと早く監査役が気付くことはできなかったのだろ

うか。

　ところで、「トップ主導の会社ぐるみの不正は内部統制の対象外」という認識を持っていらっしゃる監査役もおられるようである。

　日本公認会計士協会は「監査の限界」として、「特に、経営者が関係した共謀により隠蔽や偽造等が行われた場合には、当該経営者不正を監査人が発見できる可能性は相当に低くなることに留意する必要がある」（「「不正及び誤謬」の改正について　15項」『監査基準委員会報告第10号（中間報告）』2004年5月30日）としており、また企業会計審議会は「内部統制の限界」として、「経営者が不当な目的の為に内部統制を無視ないし無効ならしめることがある」（「財務報告に係る内部統制の評価及び監査の基準並びに財務報告に係る内部統制の評価及び監査に関する実施基準の改訂について（意見書）」2011年3月30日）としているが、これをもって監査役が、トップが関与している事案からは手を引いてしまうことがあるとすればとんでもないことである。確かに、会計監査人にとっては監査上困難がつきまとう性質の事案であることには違いないだろうが、一方、監査役は日ごろからトップの動向を見ているのだから、監査役の方から会計監査人に情報提供し、二者が一体となって、トップの不正に迫らなくてはいけないと考えている。

FILE

19

トップ主導の粉飾見逃しはやむを得ないのか

93

FILE 20

実地棚卸の立ち会いと立ち会い後

―棚卸データ改竄事件―

> 　自動車外装部品等製造の株式会社ファルテック（東証一部上場。以下、ファルテックという）の内部監査において、長期滞留在庫の評価減ルールの適用を、ファルテックが不当に免れている疑いが発覚した。それらの調査の過程で、2018年1月、実地棚卸の際の実地棚卸数量の改竄がなされていた可能性が新たに判明し、第三者による特別調査委員会の調査結果が、2018年3月13日に公表された。
>
> 　この中から、監査役にとって身近な実地棚卸に関するデータの改竄を取り上げ、どのような点に気を付けて実地棚卸の立ち会いに臨んだらよいのかを考えてみたい。

1．棚卸データの改竄

　H工場、T工場、K工場および本社生産管理部において、以下のような在庫操作が行われていたことが明らかになった。

　半期に一度行われる実地棚卸によって確定される在庫数量（実棚在庫数量）が会計帳簿上の在庫数量（理論在庫数量）を大幅に下回ることなどから、実棚在庫数量×単価による実棚在庫金額と理論在庫数量×単価による理論在庫金額の差異の極小化を、経営陣が求めた。そのため工場サイドでは、金額の差異を一定の範囲に収めるために、または在庫の紛失等を隠蔽するために、在庫管理システムに入力する棚卸数量のデータを改竄した。

　棚卸データの改竄による2017年3月期の純資産に与える影響は約5億2000万円の減額修正、当期純利益に与える影響は約2億7000万円の減額修

正であった。つまり、棚卸資産の過大計上、利益の過大計上であった。

2．監査役および会計監査人の実地棚御立会

　常勤監査役および監査役スタッフは、各工場の第2および第4四半期に
拠点を選択して立ち会い、経理部員などによる実地棚卸のチェックが「棚
卸実施要領及び計画書」に基づき、適切に行われているかを監査した。具
体的には、経理部員などが工場の担当者とともに、現物と現場の棚卸実施
者（以下、実勘者という）が記載した実地棚卸数量記入表（以下、タグという）
の突き合せを行い、不一致の場合は実勘者が修正するのを確認した。

　実は、会計監査人が各工場の実地棚卸の立ち会いを第4四半期に行って
いた。具体的には、実地棚卸の結果が適切に会計帳簿に反映されているか
の確認のため、任意抽出法によるサンプリングに基づき複数の記載済みタ
グをサンプルとして抽出し、後日、タグの記載通りに会計帳簿に反映され
ていることの確認を行っていた。

3．どこに問題があったか

　以上の立ち会いは一般的であり、特に問題があるわけではない。問題は、
立ち会いが終わってから起きた。

　集められたタグは管理部門の手に渡り、管理部門がタグの実地棚卸数を
読み取って棚卸管理システムに入力する際、これを改竄した。その際、会
計監査人がサンプリングしたものは、立ち会いのときにタグ番号を控えて
おいたので、このタグは修正しないように気を付けた。

　そのほか、実地棚卸の前に、経理部から配布された追加タグ（手書きタグ）
の未使用分を使って「架空の数量を入力する」こともあった。

4．なぜ差異が生じるのか、そこが問題だ

　ファルテックでは、次のような原因で差異が発生したとしている。

①　材料をA社から組立委託会社B社に直送し、ファルテックに完成品

として納入させる場合、B社はA社から支給された材料に不具合品があったとしても、その不具合品の処理を怠っていた。

② 品質保証検査で不合格になったものを、不良品計上も廃却品計上も行わず保留品として放置していた。

③ ある工程で製造実績を計上する際、簡便法として同工程で消費する材料の想定数量（マスター登録数量）を自動的に払い出す処理を行っているが、理論消費数量と実際の消費数量の差が、システムの不備もあって、大きく生じてしまうことがある。

④ 管理工場の変更があり在庫移動が発生した際、この修正に手違いがあり差異が発生した。

⑤ その他、以下のような事務処理のミスも考えられた。

・組立委託会社への有償支給材料の払い出しの事務処理がされていなかった。

・死蔵品廃却の入力漏れがあった。

・生産実績の入力漏れや外注時の受払処理漏れなどがあった。

・在庫の一部を紛失した、……など。

5. なぜ監査で発見されなかったのか

改竄は、実勘者が記載した実地棚卸数量を管理部門で書き換えることによって行われた。監査役らは、生産現場において現物と実地棚卸数量を突き合わせる手続は行っていたし、タグ記載の通りに会計帳簿に反映されているかのチェックも行っていた。

ただし、会計監査人がサンプリングしたタグについては、これを把握され、このタグ以外で改竄が行われていたとまでは気が付かなかったようである。

会計監査人の監査は監査法人の基準に従い、全立会先を合計して概ね30～40件になるようにサンプルを抽出していた。例えばH工場では、管理部門のWが会計監査人によって抽出されたタグの番号を控えておき、そのタグの実地棚卸数量は改竄しないようにしていたという。しかし、長期滞

留在庫の評価減ルールの適用を不当に免れている疑いが発覚して以降、サンプル数が増やされ不正が発覚した。

この事件から学ぶこと

「経営陣が再発生の根本原因を追及することなく、差異だけを縮小させるという方針を打ち出したのは、問題である。理論在庫数量（＝帳簿在庫数量）を実棚在庫数量に合わせることが大前提であるにもかかわらず、経営陣が理論在庫を重視し、実棚在庫との差の極小化を強く求めたことから、生産現場による実棚卸数量を理論在庫数量に合わせるという不適切な行為を惹起したともいえる」という趣旨の分析を特別調査委員会が行っている。

また監査役監査については、「（会計監査人の）サンプルチェックの実施状況については把握していなかった」とし、「今後の再発防止策を講じるにあたって考慮することも考えられる」とコメントしている。

【考えられる対策】

私の経験から、こういったケースには以下のような対策が有効ではないかと思っている。参考にしていただきたい。私の経験は旧式すぎるかもしれないが、基本は変わっていないと考えている。

■タグコントロールの徹底

立会済のタグを回収して立会人が去った後、タグの修正や追加による棚卸高の粉飾を防止するためには、「タグコントロール」が重要である。つまりタグの記載事項の修正や新たなタグの追加ができないように、また、そうした不正行為を行った場合は発見できるような仕組みを構築することである。各社各様のタグコントロールをしているが、私がかつて実施していたタグコントロールは次のようなものだった。

事前に、あらかじめ改竄できない整理番号をプリント（ナンバリングスタンプなどの印字は後で追加作成できるものは避けたい）した2枚1組のタ

グを用意し、すべての仕掛品・材料・部品等にタグを付け、実勘を行う。このとき実勘者は、印鑑ではなくあらかじめ届けていたサインをする。

　すべての実勘が終了したら、立会人（経理部門等、現場から独立した部門）は、タグの付け忘れがないか、不良品等の簿外品にタグが付けられていないかをまず確認する。そして自分でサンプリングにより選んだ物品の数量が正しくカウントされているかを確認した上で、その物品のタグに印鑑ではなくサインをする。

　一方、会計監査人は、自分なりに密かにサンプリングした物品に付けられた整理番号と実勘数量を「他の者に知られぬように」メモしておく。立会人の確認が終了したら、タグの上の1枚を全部回収し、タグコントロールテーブルで整理番号順に束ね、タグコントロール表に、発行枚数と整理番号・使用した枚数と整理番号・未使用枚数と整理番号を記入する。このトータルが発行枚数と一致するまで、現品に残された2枚目のタグは取り外さない。

　完了したら、立会人はタグコントロール表を現場に置かず、立会部門の入力作業者に渡す。アウトプットされたリスト上で、会計監査人は密かにサンプリングしたものと数量等が同一かを確認する。実勘を訂正する場合は、実勘者と立会人のサインが必要である。

　立会人が経理部門等に所属する者を想定して述べたが、監査役がこれに代わって立ち会いする場合もあるし、経理部門等の立会状況を監査する場合もある。いずれにせよ、立ち会いの基本は変わらない。

■不良品および要廃却品の摘出と区分保管の徹底

　監査役を含む立会人は、現場を事前に巡回し、購入品や外注加工品の受入検収場所において、その製品が検収完了品か否かの区分を明確にさせ、次に不良品、長期滞留品、要廃却品はどれかを聞き取り、区分してわかるように置かせておく。また、立会人が明らかに不良品・長期滞留品・要廃却品とわかるものは、なぜ、それを放置しているのかを尋ねる。

監査役は品質不正に
どう向き合うのか

```
FILE 21
```

食品事件は実害の有無にかかわらず恐ろしい

　ファーストフードフランチャイズ店事業を傘下にもつ株式会社ダス
キン（以下、ダスキンという）は、製品の大肉まんに無認可の防腐剤
が使用されていることを承知していた。そしてそれを知った協力会社
Ｙからゆすられて金を支払いつつ、同製品の販売を継続していたが、
厚生労働省に匿名の告発があり事実が発覚した。フランチャイズ店へ
の補償等105億円の損失が発生し、監査役を含む13名の役員に対する
株主代表訴訟となった。

　１審の大阪地裁は、直接当該事業を担当していた元専務ら２名に対
しての支払命令にとどめた。しかし２審の大阪高裁は、元専務ら２名
に対しては連帯して約53億4000万円の支払いを命じ（大阪高裁判2007
年１月18日、『判例時報』1973号 135頁）、元社長・元取締役ら（元監査
役１名を含む）11名に対しても「事実を知った取締役・監査役は公表
を働きかけなかった」として連帯して約５億6000万円の支払いを命じ
た（大阪高判2006年６月９日、『判例時報』1979号 115頁）。

　最高裁は２審を支持した。

　大阪高裁判決文2006年６月９日（『判例時報』1979号 115頁）をもとに、
この監査役になったつもりで、この事件を考察する。

1. 情報入手

　2001年７月18日、ダスキンの常勤監査役である私に部長Ｈから報告があ
った。フランチャイズ店で販売している大肉まんに日本では許可されてい
ない防腐剤の入ったものがあり、それを知ったＹ社の社長Ｓとその役員Ｔ

から、それに関与した専務Aと取締役Bが金を脅し取られているようだ、という内容であった。

私は直ちに、ダスキンの社長C、副社長D、常務Eらと諮り調査を行ったところ、「Y社の社長Sとその役員Tから『大肉まんの供給に参画させよ、そのための委託料を支払え』と脅され、専務Aと取締役Bは、口止め料を含め合計6600万円を支払った」ことが判明した。

この事件の発端は、Y社の社長Sが、ダスキンへの大肉まんの供給者になりたくて試作を繰り返したがうまくいかず、先行供給者（日本の会社だが製造は中国の工場）である2社の大肉まんの分析をしたところ、そのうちの1社から、未認可の防腐剤が見つかったことである。この事実をS社長が2000年11月30日の試食会の席上で発表したため、同会に出席していた部下からこれを聞いた専務Aと取締役Bは、公的機関に食品分析を依頼した。その結果、定量下限が0.01g/kgの検査でも防腐剤は検出されなかったとの報告を受け、同年12月8日、在庫分に限り販売の続行を決定したとのことであった。

2．社内調査委員会開催

2001年9月18日、社外取締役からの指摘で社長Cは、調査委員会を発足させ、都合5回開催された。調査委員会には、私や監査部長も参加した。フランチャイズ加盟店の社長も1人参加していた。委員会の報告は、未認可防腐剤の問題よりも、S社長に対して不正な金を渡したことへの対応に力点が置かれ、Y社との業務委託契約およびY社への大肉まんの製造委託は同年12月末日をもって解約する、というものであった。

3．取締役会の判断

2001年11月29日にダスキンで取締役会が開催され、調査委員会報告を承認し、併せてすでに顧問となっていた元専務Aの顧問契約解約と取締役Bの辞任を受理した。この取締役会においては、事の次第を自ら積極的に公

表することはしないという前提で議案が可決された。

　私は「自ら引き金を引くのはリスクが高いと判断し、公表しないのもやむをえない」と考え、あえて異を唱えなかった。実は、取締役会に臨むに当たって、社長C、副社長D、常務Eらは、公表しないことを申し合わせていた。

4．内部通報・公表・代表訴訟

　2002年5月14日、厚生労働省に匿名による通報があり、同年5月20日、ダスキンは記者会見で事実を公表した。これによって、フランチャイズ店の売り上げは急減し、営業補償等で105億円を超す損失が発生し、2003年4月4日、13名の役員に対し株主代表訴訟が起こされた。

　この訴訟には、監査役の私も含まれていた。

5．判決

　2004年12月22日、大阪地裁は次のような判決を下した（『判例時報』1892号 108頁）。元専務Aと元取締役Bには105億円、社長Cには5億3000万円の損害賠償の支払命令が下り、私を含むその他はゼロであった。事実を公表しなかったのは非難されるべきであるが、たとえ公表していても、口止め料の支払いとの因果関係は認められないとして、10名は責任を免れた。

　原告と元社長C（もうこのときは辞任しているが）は控訴し、2006年6月9日、大阪高裁の判決が下った。

　1審と異なるのは、口止め料6600万円のうち、3000万円は2000年1月18日に支払われており、元社長Cが知った12月29日に直ちに公表していれば支払いは免れることができたので、因果関係はあるとしたことである。

　さらに、被告は、「この時点で、未認可防腐剤の混入による健康被害は起こっておらず、商品回収も官庁届出も今になっては不可能であり、公表すれば消費者からの非難は免れず、経営判断として、公表しないとの方針は合理的な経営判断であった」と主張するが、それは、これらの事実が最

後まで知られないで済むという前提に立っているところによる。しかし状況から鑑みて、Y社の社長Sや役員Tがマスコミに公表することは明らかであり、それに対する対応を何もせずに、積極的に公表しないという成り行きに任せに終始し、そのため損害が一層拡大したと結論付けた。

　監査役の私に対しては、検討に参加しながら、明らかな取締役の任務懈怠に対する監査を怠ったとして善管注意義務違反ありとし、損害賠償支払を命じられた。

　私は思い出した。調査委員会の中間報告が出たとき、非常勤の社外取締役が、社長Cに「Y社の社長Sと役員Tが情報をマスコミに流す前に、先手を打ってマスコミに公表すべきである」と書面で提出していたことを。それだけではない、当事者たる取締役Bが「社長Sと役員Tを切れば、社長Sは必ず事実をマスコミに流し、当社は大きな打撃を受ける」と進言していたのを。しかし我々はそれを退け、「社長Sとの違法な契約を切る」ことのみ強調してしまった。

　今では食品会社の「お詫び」の広告は毎日のように新聞でお目にかかる。

　2008年2月12日、最高裁は監査役1名を含む11人に対して支払いを命じた2審大阪高裁の判決を支持した。そして「役員らが不祥事を積極的に公表しなかった対応を隠蔽と同じ」と指摘した。

この事件から学ぶこと

　公的機関の分析結果が、定量下限が0.01g/kgの検査でも防腐剤は検出されなかったということで、「即販売中止とせず、在庫分を売り切って終わり」とする会社の判断は、さほど違和感のあるものではないが、「食品の品質事件は、そのような会社の判断は通らない」ということである。

FILE 21　食品事件は実害の有無にかかわらず恐ろしい

103

FILE 22

監査役はどうすれば性能偽装の情報を得られたか

―担当者は声を発していた―

> 2015年3月13日、ゴム製造会社である東洋ゴム工業株式会社（以下、東洋ゴムという）は、建築用免震積層ゴムの一部が国土交通大臣認定の性能評価基準に適合していない事実が判明したと発表し、同年6月23日に会長・社長の辞任を公表した。
>
> 年間売上4000億円のうち、免震積層ゴム事業はたったの7億円だった。しかし非中核事業であっても、生命の危険に関するような問題が起きると、いかに社会の批判を浴びるか思い知らされる事件だった。非中核事業こそ、不正のリスクが高いことを知らねばならない。
>
> 不正は、14年にわたって続けられた。しかも免震積層ゴムの品質評価担当者Aが上司に疑義を報告してからも事実を2年以上も伏せ、不合格品を出荷し続けた。監査役には何らの情報も入っていなかったとのことであるが、何らかの方法で情報を得ていれば、出荷を止めさせて事実を公表させることができたはずである。2015年6月22日公表の東洋ゴムの社外調査チーム調査報告書（以下、調査報告書という）から、そのヒントを見つけたい。ただし、すべては「結果論だからいえること」といわれれば、返す言葉はないが。

1. 取締役の監査役への報告義務が実行されていない。実行されていれば……

免震積層ゴムは東洋ゴムの子会社である東洋ゴム化工品株式会社（以下、

東洋ゴム化工という）の兵庫事業所で製造されている。製造部で完成品の
テスト（実測）を行い、開発技術部でそれを評価し、品質保証部がこれを
確認して出荷のはこびとなる。

　製造部における実測においては、すべてのケースに対応できる試験機が
用意されない場合などもあり、開発技術部において他の機械・条件で求め
た実測値を元に「補正」をし、この補正値が大臣認定の基準値に適合して
いるかを評価する。その担当者が2013年1月に11年間続けたBからAに交
替した。Aは、この「補正」には技術的根拠のないものがあるとの疑いを
持ち、Bや上司ら（開発技術部長や取締役技術生産本部長）に対し、順次説
明し、2014年2月26日、東洋ゴム化工の社長に対し、「大臣認定の性能評
価基準を充足していない免震積層ゴムが製造・販売されている可能性があ
る」旨を報告した。次いで、2014年5月12日、親会社である東洋ゴムの取
締役で免震積層ゴム事業担当のダイバーテック事業本部長にも東洋ゴム化
工で開催された会議にて説明した。

　なお、同年7月17日にはAから報告を受けた上司らが出席して開かれ
た東洋ゴムの会議で当時の社長に、8月13日には現社長（当時専務執行役
員）にも状況は伝えられていた。しかし、東洋ゴム化工の非常勤監査役（1
名）および親会社東洋ゴムの監査役（4名）にも、またいずれの取締役会
にも報告は一切なかった。

　取締役は重大な違法行為や多額の損失の事実やそのおそれがあることが
わかった場合には監査役への報告義務があり[注1]、業務執行取締役は少な
くとも3か月に一度は、自己の業務執行状況について取締役会で報告する
義務がある[注2]。それにもかかわらず、彼らはこれを怠っていた。

　事件公表から4か月後の2015年6月23日、引責辞任を決めた東洋ゴムの
社長は、記者会見で「免震偽装関与の社員告訴を検討、社内の懲罰委で議

（注1）　会社法357条。
（注2）　会社法363条2項。

論する」と発表（『日本経済新聞』2015年6月24日）している。しかしAは上司に相談し、自社である東洋ゴム化工のトップや親会社東洋ゴムの担当取締役にも状況を説明しているし、Aの前任者で偽装を始めたBは、上司から「仮に、大臣認定の申請予定日までに大臣認定の基準内に収まる試験結果を得ることができないのであれば、かかる試験結果が得られたものとして申請資料を作成するように」といわれていたのが偽装をするきっかけであったと証言している。責められるべきは、社員よりも、現場の報告をないがしろにした経営幹部ではないだろうか。

　社外取締役と監査役が社長に辞任を迫っていた（『日本経済新聞』2015年6月18日）というのは頷ける出来事である。

2．コンプライアンス委員会やQA委員会が機能していれば……

（1）コンプライアンス委員会の機能不全を指摘していたら……

　東洋ゴムにはCSR（企業の社会的責任）統括センター長（代表取締役専務執行役員）が委員長を務めるコンプライアンス委員会があるが、これは主として談合事案を念頭に置いて設置されたもので、それ以外の諮問の対象となる事案すら必ずしも明確ではなく、今回の偽装事件に関しては何の活動もしていない。

　監査役は、当然、コンプライアンス委員会に出席するなり、出席しない場合は議事録を提出させるなりして、同会がきちんと機能しているかを把握すべきである。

（2）QA委員会の突如開催中止の理由を調べていたら……

　東洋ゴムにはQA（品質保証）委員会もある。常務執行役員の技術統括センター長が委員長を務めていたが、当件に関しては、①出荷されたG0.39（製品名）の物件の一部には大臣認定の性能評価基準に適合していないものが相当数あること、②Aからの情報提供以降の調査が長期化して

いたこと、等に鑑み、2014年10月10日、QA委員会の開催を決定した。現社長（当時専務）ほか関係の取締役および監査役4人にも出席を要請した。会議の件名は「免震ゴム特性値調査結果報告」、ただしその内容についての記載はなかった。

　開催当日の10月23日の午前、午後のQA委員会を控え、社長および専務（現社長）らが中心となって対策会議を開き、「補正をしても、なお大臣認定の基準を満たさない物件がある」との報告を受けた後、議論を重ねた。ダイバーテック事業本部長らが「基準外の物件は社内特例として処理、リコールはしない」「リコールした場合は信用失墜する、膨大な費用がかかる」などと意見を述べた後、「リコールしない場合のリスクとしては、内部通報により事実が公になる可能性があるので、その対応策として通報者の想定リストを作成し、（対象者に）『事前説明』を行うとともに、内部通報があった場合の対応シナリオを策定する」ことが提案された。[💡経営幹部が内部通報に対してこのような考えを持っているとすれば、内部通報が形骸化するのももっともなことである。]

　この事前会議の結論は「引き続き社内での調査・検討を継続する。午後の会議の開催は見送る」であった。監査役には、特段の理由が説明されることなく、中止のみが連絡された。

　監査役は、会議の件名が「免震ゴム特性値調査結果報告」であることは招集通知で知らされていたのだから、なぜ中止となったのか、報告の内容は何だったのかということを聞くべきであったと考えるが、聞いたという記録はない。

3．取締役会の議事録をおそれる風潮がなければ……

　後に、QA委員会委員長は「QA委員会が開催されれば、その審議状況を取締役に報告することになっており、そうなれば取締役会議事録に掲載され、外部に知られるおそれがあった」と供述している。

　ここに東洋ゴムのコンプライアンス政策についての矛盾が見えてくる。

つまり、表向きは「不祥事は取締役会に報告し、重大なら公表しなければいけない」としながらも、裏では「それが公表されれば大変なことになる、聞かなかったことにしておこう」という矛盾が見え隠れする。これは東洋ゴムのみならず、また取締役のみならず、監査役にも他の会社にも少なからずあり得ることだと思う。この裏側がなくならない限り、不祥事はなくならない。

　役員の責任追及の裁判では、取締役会で経営判断原則に則り審議を尽くしたか、が問われることになる。

4．内部通報は「疑わしい」だけでも受け付けていれば……

　東洋ゴムグループには内部通報制度（ホットライン）として、外部専門会社、CSR統括センターのコンプラアンス統括部門および顧問弁護士という3つの通報窓口がある。

　Aは、この内部通報制度を利用しなかった理由について、「Bが行っていた補正に技術的根拠がないことが明確とはいえなかったためである」旨を供述している。

　東洋ゴムの内部通報制度の詳しい内容はわからないが、「『疑わしい』というだけの情報も受け付ける」ように周知していれば、もしかしてAは通報してくれたかもしれない。また監査役が通報窓口になっていれば、とも思う。

5．断熱パネル性能偽装事件直後の全社緊急品質監査を検証していたら……

　東洋ゴムは以前にもこれとまったく同じような偽装事件——硬質ウレタン製断熱パネルの耐火性能偽装問題——を引き起こしている。実生産では使用しない（燃え難くした）物質を混入させた技術的根拠のない試験データを用いて試験を合格し、大臣認定を不正取得した。この事件が2007年11月に担当従業員の告発により発覚し、社長が辞任している。

その直後の2007年末に、東洋ゴムは、新設された社長直轄の品質監査室による緊急品質監査を、すべての国内外の生産拠点と生産するすべての分野の製品について実施し、その結果「すべての製品に関して調査を実施したが問題はなかった」と公表した。

　ただし、その監査の実態は信頼度の高いものとはいえなかった。例えば子会社である東洋ゴム化工Ｈ事業所における免震積層ゴムを含む各製品分野の調査には、それぞれ１時間から２時間程度しかかけておらず、調査対象者の方から自主申告されない限りは、不正を発見することなどとても無理であった。Ｂらは、自己申告しなかった。それでも、この緊急品質監査の結果、免震積層ゴムに関して、材料として用いるゴムの硬さについての社内規格が、大臣認定の黒本（国土交通大臣および指定性能評価機関に提出し承認された書類）に規定されている規格より緩やかなものであったことが発覚している。それにもかかわらず、東洋ゴムはこれを公表しないこととしている。

　ところで、監査役は、品質監査室から緊急品質監査の結果の報告を受けなかったのか、その際、ゴム規格の規格外れは報告されなかったのか、品質チェックシートは見なかったのか。調査報告書にはこれらについての記載が一切ない。

　ただし、東洋ゴムの監査役は、2014年12月頃、今回の免震積層ゴム偽装事件とは関係なく、東洋ゴム化工のＨ事業所に関して監査役ヒアリングと呼ばれる定例の調査を行っている。監査役からの事前質問票に対して同事業所長である取締役技術・生産本部長は、本件において技術的根拠のない行為が行われた可能性を認識していたにもかかわらず、「諸法令違反、あるいはその懸念事項」「業務上の不正事例、不祥事」「コンプライアンス上の気になる事項」のいずれにも「無し」の欄にチェックをして返送した。東洋ゴム化工の体質からすると、正直な回答を得ることは困難だったようだが、それでもこのヒアリングは監査役の監査には有効なものであり、我々も参考にすべきである。

6．法務部門や顧問弁護士と連携していれば……

　2014年 9 月12日、東洋ゴムのダイバーテック事業本部長（取締役）、CSR統括センター長（専務）および法務部長が、Ｄ法律事務所（東洋ゴム顧問弁護士と推定：筆者注）を訪問したところ、同弁護士からは、「出荷停止にした方がよい」「基準に満たない場合には国土交通省への報告が必要になる」旨の助言を受けた。

　これを受けて2014年 9 月16日午前、東洋ゴムの社長および次期社長（当時専務執行役員）らが出席して会議が持たれ、出荷を停止し、直ちに国土交通省に報告することを確認した。しかし、午後の会議で子会社東洋ゴム化工のＨ事業所でテレビ会議に出席していた東洋ゴムの別の者から、0.015Hz（ヘルツ）で載荷試験を行い、これに補正をかければ大臣基準数値に適合できるとの連絡が入った。午前の会議の結論は撤回、出荷は継続された。

　以下、時系列で事件について考察することとする。

2015年 1 月31日：東洋ゴムの新社長が出席する会議において、新たに調査に加わった中央研究所長が、「大臣認可基準を検証したところ、0.5Hzを基準振動数とすることが前提となっており、0.015Hzを用いることは正当化できず、かつ技術的根拠がない（このことはＡがかねてから主張していた）」と報告、出席者全員、再計算が誤りであったことを認めた。

2015年 2 月 2 日：東洋ゴムCSR統括副センター長および法務部長は、Ｎ法律事務所のＫ弁護士らと面談した。Ｋ弁護士らは、今後はすべての立会検査および出荷を停止すべきであると明言した。

2015年 2 月 5 日：東洋ゴムの監査役 4 名と社外取締役の 2 名に対して、本件に係る報告が初めて行われた。

2015年 2 月 8 日：新社長および元社長（現会長）がＫ弁護士らと面談し

た。早急に国土交通省に対して本件の疑いの一報（翌日実行）を行い、公表の時期を含めて、その後の対応を相談すること等を決めた。

　もし、2014年9月12日の訪問の情報が監査役に入っておれば、それ以降の出荷は停止されたであろう。監査役は法務部とは常に連携をとっていなければいけない。

7．品質監査に監査役がもっと関心を持っていたら……

　東洋ゴムでは、本件のような品質・技術に関する事項は、監査部による監査の監査対象とはされておらず、専ら品質保証部（社長直轄の品質監査室は解消された）の対象となっていた。

　監査部と品質保証部との連携体制は構築されていない。また、子会社東洋ゴム化工の品質保証部には監査機能がない。通常、監査役は内部監査部門との連携は積極的に行っているが、内部監査には対象外の領域があることを確認した上で、それを補う体制を構築しておく必要がある。

　東洋ゴムの品質保証部による監査は、定期的に実施されていたものの、製造部門に対して行われることが通常で、開発技術部門を対象として行われることはほとんどなく、かつ品質監査は、顧客が指定した製品の性能指標と、顧客に提出された検査結果の数値に離齬がないかというチェックのみであり、製品の性能検査結果中の数値の真実性や妥当性のチェック等は行われていなかった。実は今回の事件では、品質保証部は、監査どころか、自ら偽装を行っていた。子会社である東洋ゴム化工の品質保証部のDは開発技術部から受領した免震積層ゴムの性能指標の測定結果の数値をそのまま転記せず、技術的根拠のない恣意的な数値に書き換えて検査成績書を作成し、顧客に対して交付するという問題行為を行っていた。立会検査において、製品ごとの性能指標の乖離値の差異が大きいと、顧客からクレームを受けることがあったので、製品ごとの性能指標の乖離値の差異を小さくし、顧客からのクレームを受けることを避けるために書き換えていたと証

言している。

　監査役が品質監査を自ら直接やることは不可能に近い。しかし、最低限、品質保証部門から定期的に報告を受け、必要に応じ、現場に出向くことは必要だろう。品質監査はどうあるべきか、監査役の団体においても議論が必要である。

8．品質事件では「実害が出ていない」は通用しない

　2014年8月13日、東洋ゴムの現社長（当時専務執行役員）の出席した会議で、「地震発生時の建築物への影響は限定的であり、（当社が納入した被災地物件では）具体的な問題は生じていない」ことが報告されていて、これが出荷停止の判断を遅らせた原因になっているように思われる。

　問題は、実害が出ているか、出ていないかではなくて、大臣認定基準に満たない製品が使われたという事実である。D社の無認可防腐剤入り肉まん事件（FILE 21）でもM社ハンバーガーの期限切れ鶏肉使用事件でも、実害は出ていないが、それでも、世間は許してくれない。

〔出所：「「免震積層ゴムの認定不適合」に関する社外調査チーム調査報告書（公表版）」『東洋ゴム工業株式会社プレスリリース』2015年6月19日、「当社及び当社子会社製建築用免震ゴム問題における原因究明・再発防止策・経営責任の明確化について」『東洋ゴム工業株式会社プレスリリース』2015年6月23日〕

この事件から学ぶこと

■取締役の監査役への報告義務

　一般社団法人監査懇話会は「取締役職務執行確認書」のひな型を公開している。この確認項目に「私は、報告義務に従い報告を行った」があり、これを使って毎年確認していれば、監査役への報告義務を怠ることはなかったのではないだろうか。

112

■取締役会議事録の株主による閲覧

取締役会議事録は、株主、債権者または親会社株主がその権利を行使するなどの場合、「監査役設置会社であれば、裁判所の許可なしには株主等は閲覧ができないし、閲覧により、会社の重要機密が漏洩されるなど、会社及び親子会社に著しい損害を及ぼすおそれがあると認めるときは許可されない」のである（会社法371条）。とはいえ、閲覧が認められる可能性はないわけではない。そうだとしても、議事録に正しく記載し、不正を止め、適切に公表することこそ重要だと考える。

なお、東洋ゴムは、2015年３月の建築用免震積層ゴムの不正事件を受けて、国内外全拠点で緊急品質検査を実施、「正規品が出荷されていることを確認した」と安全宣言したが（2015年８月10日）、子会社である東洋ゴム化工で社員向けコンプライアンス研修を実施したところ、その直後の同月20日、社員からの通報で鉄道・船舶用防振ゴムでも同様の不正が明らかになったと発表した（「東洋ゴム、三たび偽装」「防振ゴム監査に不備」『日本経済新聞』2015年10月15日）。

形だけの検査と「安全宣言」は、今日では通用しない。

> **FILE 23**

情報を求めよ、さらば与えられん

—燃費偽装事件—

> 2016年2月、三菱自動車工業株式会社（以下、三菱自動車という）
> が、法定とは異なる方法で走行テストを行い、また一方でデータの改
> 竄などを行い、実態以上の燃費性能をカタログ値に記載していたこと
> が、自動車完成品のOEM供給先であるN自動車からの指摘で発覚した。
> 　実は、この燃費偽装事件が発覚する前に、三菱自動車が偽装をして
> いるとの情報がもたらされている。いずれも監査役が求めようとすれ
> ば、求められた情報である。情報元は社員へのインタビューであり、
> 新人提言発表会であり、そして国内全社員に向けて行われたコンプラ
> イアンスアンケートである。これらの情報を会社幹部、そして監査役
> が生かしていれば、他社から指摘される前に、自ら不正を改善するこ
> とができたのではなかろうか。

1. 2004年のリコール隠し問題後の社員約300人へのインタビュー報告書（非公開）

　三菱自動車においては、2004年に起きた大型トレーラーのタイヤ脱落事故にかかわるリコール隠し事件を受けて、社長直轄の事業再生委員会が社員に対するインタビューを実施した。

　その報告書には「予算がないので実験のパターンを減らして実施している」「安全にかかわらない部分から最終チェックが手薄になる傾向がある」など、法定とは違う方法で各種の実験をしていたことを匂わす発言が多くある（日経ビジネス 日経オートモーティブ 日経トレンディ編『不正の迷宮 三

菱自動車─スリーダイヤ転落の20年─』日経BP社、2016年）。

２．2005年２月18日の三菱自動車新人提言書発表会

　この発表会において、走行抵抗測定は惰行法を用いるべきである旨の提言が、新人社員Fからなされた。Fは、「現在惰行法が用いられていない理由として、①いずれの方法でも乖離がなく、②路上惰行試験は日程・気象条件・審査部設備等から困難であるとのことであるが、それでも型式指定審査における走行抵抗は法規に従って惰行法によって測定すべきであり、性能実験部における実務運用は法規違反である」と明確に指摘し、改善すべきであると訴えた。

　この提言を、当時の性能実験部長および後任の性能実験部長ほか20名が聞いていたが、その後も抵抗測定の方法は改められなかった（「燃費不正問題に関する調査報告書」の概要 2016年８月１日）。

３．2011年２〜3月のコンプライアンス部によるコンプライアンスアンケート

　コンプライアンスアンケートが国内全従業員を対象に無記名、ただし所属本部名は記載することで実施された。自由記載欄があり、開発本部内の問題については次のように記載されている。

・法規認証部門からの関係法規の情報が不十分で、100％法規に準拠した商品開発ができていない。

・無謀な超短縮日程、少ない人員で開発した自動車は品質が極めて悪い。再びリコール問題が起こるのではないか。

・開発日程が短く、当社の実力に見合っていない。その中で、コスト低減、品質達成が求められているので、クオリティゲート[注]はあって

（注）　最終製品になるまで、いくつもの関門（ゲート）をくぐらなければならないという品質マネージメント。

115

もないようなもの。

・評価試験の経過、結果についての虚偽報告、納期を守るための偽造データ作成。

・品質記録の改竄および認証資料の虚偽記載がいまだ存在する。

コンプライアンス部は2011年11月にアンケートの結果をまとめ、経営陣、各役員、各コンプライアンスオフィサーおよび各部門長・本部長に対してこれを報告し、翌12月、各本部に対して指摘された問題について事実の確認を指示した（監査役は報告先にはなっていない）。

開発本部では、各部署が調査を行うこととなり、性能実験部では部長が部下の管理職に対してヒアリングを行い、開発本部副本部長（コンプライアンスオフィサー）に対して「問題なし。技術的に机上検討して（燃費や動力性能など）目標達成可否を判断することは日常的にあるが、その点を捉えて実測値と異なるという誤解をする可能性は否定できない」と報告した。

一方（燃費偽装の中心的役割を担った）認証試験グループが所属していた技術管理部の部長も、「問題なし」とする報告を副本部長に上げた。

コンプライアンス部はこれらの回答を集め、2012年3月に報告書を作成し、CSR推進本部長とCSR・管理・経理統括本部長兼企業倫理担当役員にのみ提出した。監査役には送付していない。

開発本部およびコンプライアンス部ともに各部署の報告を単にとりまとめただけで、企業倫理委員会も独自の再調査を行うなどの対応はしていない（「燃費不正問題に関する調査報告書」の概要 2016年8月1日）。

この事件から学ぶこと

☑ 監査役はアンケートを活用しよう

■不正会計リスクとオリンパス損失隠蔽事件とアンケート

2011年発覚したオリンパス株式会社（以下、オリンパスという）の財テク損失隠し事件において、オリンパスでは2010年7月に、部長ら管理者

243名に対して「企業リスク調査」を行った。その調査結果では、最大のリスクは「粉飾決算」「問題情報の隠蔽・改竄」「監督官庁等に対する虚偽表示」であったが、経理・財務に対する監査役監査はほとんど行われていない。財務部門への内部監査部門の監査は7年前が最後であった（「オリンパス第三者委員会調査報告書」2011年12月6日）。

オリンパスではせっかくアンケート調査をやっても、それが生かされていなかった。それと同様のことが、三菱自動車でも起きていた。

■品質偽装リスクとアンケート

企業にとって不正会計リスクと並んで重大だとされるリスクは、品質偽装のリスクである。ところが、品質監査は監査役にとって不得手な分野であり、かつ情報が入手しにくい。監査役に積極的に情報を提供する社員や役員は、まずいないと考えてよい。したがって監査役は、品質問題の情報を集める仕組みを作らなければならない。

中でも、会社が社員に実施する各種のアンケート結果は貴重な情報源であり、アンケートが実施されたときには、その集計結果を報告するよう要請しておく必要がある。場合によっては、内部監査部門等と共同で、品質問題に関するアンケートを実施することも必要である。

前述した3のコンプライアンスアンケートの例では、性能実験部の回答は「技術的に机上検討して（燃費や動力性能など）目標達成可否を判断することは日常的にあるが、その点を捉えて実測値と異なるという誤解をする可能性は否定できない」とある。しかし、燃費性能を決める走行抵抗はあくまで実車テストを前提にしているにもかかわらず、『技術的に机上計算して』とあるのがそもそも違法行為であり、『実測値と異なるという誤解をする可能性は否定できない』との表現は、『実測値と異なると思われても仕方がない』ということをいっているのと同じである。この報告書を見たならば、監査役は調査に入らざるを得なくなるだろう。

■アンケートはしっかり読み、分析し、問題を見つけ、調査すること

　アンケート結果は貴重である。例えば、リスクアンケートを行ったとして「サービス残業はないか」という質問に対して、ある部門から「ほとんどない」という回答が来た場合は「サービス残業をする場合がある」という事実をいっていると捉えて、調査を開始する必要がある。「おおむね守られている」などの回答は要注意である。

FILE 24

内部監査はなぜ完成検査不正を見逃したのか

> 国土交通省は、日産自動車株式会社（以下、日産自動車という）の子会社である日産車体株式会社（以下、日産車体という）S工場の抜打検査（2017年9月18日）により、①完成検査員に任命されていない者（補助検査員）が完成検査員の付き添いもなく、型式指定申請に際して届け出た完成検査項目に係る検査を実施していた事例があること、②完成検査員が、補助検査員に対し、完成検査員名義の印鑑を貸与し、貸与を受けた補助検査員が、同印鑑を用いて完成検査票に押印していた事例があることを指摘した。また同省が引き続き、日産自動車および同グループ会社の立入検査を実施した結果、いずれの工場でも同様の事例の存在を確認し、事実関係の調査と再発防止策を報告するよう求めた。
>
> 以下は、日産自動車第三者調査報告書（2017年11月17日公表、以下、「日産自調査報告書」という）および日産車体「当社国内車両製造工場に係る不適切取扱いに関する実態調査及び再発防止策検討結果について」（以下、「日産車体調査報告書」という）に基づき、私が、仮に、日産自動車本社の内部監査担当者になったとして、「なぜ完成検査不正を見逃してしまったのか」を述べたものである。

1．日産車体S工場への往査

　私の属する日産自動車内部監査部門は、すべての日産自動車車両工場に対して、毎年1回、1日～2日程度の往査を実施している。

　車両生産工場へは事前に通知し、2～3名の監査担当者が実際に生産現

場へ往査することになっている。今回は、日産自動車からの生産委託により、日産自動車の型式指定の自動車を製造し、完成検査業務等を受託している日産車体Ｓ工場への往査であった。

いつも通り、業務処理基準書や標準作業書などを閲覧した上で、完成検査については習熟度を記録した資料等を確認し、現場に赴き、作業状況を直接監査することとした。

2．完成検査制度とは

内部監査部門が完成検査の監査を重視しているのは、この制度が、国の法令に基づき、国に代わってこの検査を実施しているからである。

完成検査業務に従事しようとする者は、「完成検査員の任命及び教育に関する基準」（以下、「任命・教育基準書」という）に基づき、検査員に認定される。

高校程度以上の学校で機械あるいは自動車の構造に関する学科を修了し、卒業した者、３級以上の自動車整備士の資格を有する者、完成検査担当課長が行う自動車の構造・性能に関する講習（72時間）を修了し、理解度試験で80点/100点以上を有した者のいずれかの資格を有する者が、完成検査の区分ごとに定められた一定期間（２～６か月）、補助業務に従事する（この期間は補助検査員と呼ばれる）。そして、完成検査担当課長が完成検査の基礎的技能を習得したと認めた者に限り、完成検査員として認定される。普通科の高校の卒業生にとっては72時間の講習後の試験で80点以上とらねばならないということである。

完成検査員に登用された者は、会社から「完検バッジ」と呼ばれる、完成検査員であることを示すバッジと完成検査票に押印するための印鑑（完検印）を支給され、完成検査員として仕事ができるようになる。

品質保証部長および品質保証課長は、車両工場の品質保証関連業務全般を所管している。そのため、その業務は完成検査に限らず、生産工程における品質管理業務も含まれる。職位の順序は次のようになる。

品質保証部長―品質保証課長―係長―工長―指導検査員―完成検査員
―補助検査員

3．いざ現場へ

　内部監査担当者としての私は、完成検査員が正規の手続きで任命されているのか、習熟度はどのようにチェックされたのかについて完成検査員の資料を閲覧し、完成検査員任命手続に関して、全員が必要な期間の実習を経て試験に合格（80点以上）していることは、事前に確認している。

　完成検査員の資格者は完検バッジを胸につけているはずである。私は、1人1人の検査員をチェックした。全員、バッジをつけていた。ただし、ネームプレートまでは控えなかった。これで完成検査の監査は終了した。いつもの通りである。

4．国土交通省の立入調査

　2017年9月18日、日産車体S工場への国土交通省による抜打立入検査に先立つ数か月前に、同省に内部告発がなされていたことがFNNニュースで報じられている。

　立入検査の日、同省は直ちに完成検査ラインに出向いた。そのときの状況が、「日産車体調査報告書」に次のように記載されている。

　その立入検査に際して、現場の工場では完成検査員以外の者が検査を行っていたこと、そのために印鑑の不正な貸し出しが行われていたこと、完成検査員がマンツーマンで補助検査員の指導を行う体制を導入した時期など、その実態について不正確な説明をし、関係資料の一部を修正・削除するなど、その事実を隠すために不適切な行為が行われた。

　まったくの混乱ぶりが伝わってくる。我々が調査したときとはまったく違う。

5．内部監査時の隠蔽工作

　「日産車体調査報告書」には「監査時における不適切な対応」として次のように書かれている。

　　　各車両工場では、長年にわたり、国土交通省および日産自動車本社

による定期監査（内部監査のこと）、またはISO認証のための審査にお
いて、現場監督者である工長や指導検査員の指示により、完成検査に
従事している補助検査員について、監査当日に限り完成検査以外の業
務に従事させたり、完成検査ラインから外れるよう命じるなどして不
正が発覚することから逃れていた。また、係長の指示に基づき、工長
が補助検査員に完検バッジを配布し、監査期間中は完検バッジをつけ
させた上で、完成検査に従事させていた。こうした不適切な対応が常
態化していた。

　したがって、私が見たときに全員が完検バッジをつけていたのは当たり
前だったのである。さらに次のような不正が行われていたことも「日産車
体調査報告書」にはある。

① 　完成検査員に任命されるために求められる座学講習の時間が短縮さ
　れていた。
② 　座学講習後の確認試験に関しては、試験問題と答案が一緒に配布さ
　れた。教育教材を見ながら受験した、答案提出後の間違い箇所を訂正
　の上、再提出した、などの不正が行われた。

6．私の監査は形式監査だった

　日産自動車調査委員会への支援を行った外部監査機関が、我々の行った
内部監査の手続きについて、「監査証拠の真正さの評価を行う手続きが存
在していなかったこと」を指摘している。その詳細は、以下の内容である。

　　作業手順が定められているか、作業手順が遵守されているか、所要
　の書類が作成されているか、管理者層による統制がなされているかと
　いう点に監査の主眼が置かれており、集められた監査証拠の真正さを
　評価する手続きが存在しなかった。

　　例えば、完成検査員が完検バッジを着用しているか否か、完成検査
　票が適切に作成されているか否かについては監査が行われていたが、
　完検バッジを着用している者が完成検査員の資格を有しているか否か、

完成検査票に押捺されている印影が真正な完検印のものかといった点についての評価は行われていなかった。

　また、内部監査が実施される少なくとも2週間前には、各工場に対し、監査を実施する旨を通知していた。監査は毎年、同じ手続きで行われたから、受ける方は、隠蔽の準備をすることができた。抜き打ちでの監査も検討すべきである。

7．工長らのいい分

　なぜ、このような不正行為が行われたのか。私は後に公表された「日産自調査報告書」から以下のことを知ることができた。

　完成検査ラインを実際に指揮しているのは係長の下の工長である。彼らは、不正だと知りながら（だから我々内部監査担当者をごまかした）補助検査員に完印を持たせ、またはその予備を使って完成検査票に押印することを認めていた。その理由は次の通りである。

（1）完成検査員の不足

　二交代制の導入を機に、期間従業員までも完成検査に従事させるようになった。人員計画に際しては、日産自動車の原価低減推進室が直接労務費について「低減率」を加味して「所要人員」の案を算出し、各事業所での「人員調整会議」で議論の上決定された。工長は「このまま低減率に沿って人員が減らされるとラインが回らなくなる」「期間従業員が多く入れば、その分の指導担当者が必要になることも考慮してほしい」などの意見をIEグループ担当者[注1]には伝えたが、上司までは至っていない。

（注1）　IEとはIndustrial Engineeringの略。工場内の「工程」や「作業」を分析する手法で、IEグループはこれをもとに、能率管理改善や作業人員計画策定などを行う。

（2）「任命・教育基準書」と現場の技能習熟基準のダブルスタンダード

　日産自動車では、全社的に「ILU」[注2]と呼ばれる基準により、技能習熟度を定義していた。この基準により、工長から「独り立ち」と認められたものが、完成検査を行っていた。「任命・教育基準書」とのダブルスタンダードになっていて、実務上はILU基準が一人歩きしていた。

　また、「任命・教育基準書」には、現場の実態にそぐわない資格要件がある。例えば、完成検査のうち、テスター検査工程においては、補助業務期間は2か月間とされていたが、この期間設定は現場の実態にそぐわないものであった。補助業務期間において、「テスター検査工程に該当するすべての工程を習熟する」ことを前提とした場合、全項目を2か月間で習熟することは困難であった。他方、「テスター工程のうち、どれか1つの工程を2か月間」という期間は長く、これが現場の指導検査員にとって大きな負担となっていた。つまり、テスター工程における補助業務期間をいかに解釈したとしても、2か月間という補助業務期間は、現場の実態に即したものではなかった。

8．日産自動車幹部の責任

　次いで、「日産自調査報告書」は、経営者に対して、次のように言及している。

　　　「工長を始めとする完成検査員の規範意識が鈍麻していたことにつき、
　　　工長を始めとする完成検査員のみを責めるのは誤りであり、むしろ、
　　　工長を始めとする完成検査員の規範意識の鈍麻を引き起こした責任は、
　　　会社としてのN自動車そのものにあるといわざるを得ない」

　そう言及した上で、以下の2点を強調している。

（注2）　各車両工場においては、「任命・教育基準書」に従って完成検査員に任命されるかどうかではなく、検査工程に習熟しているか否かという基準に基づいて、完成検査を1人で行うことができるか否かが判断されていた。Iは「教えられた通常の作業ができる」、Lは「一人前にできる」、Uは「他の人を指導できる」と区分し、これを「ILU基準」という。

① 完成検査制度は型式認可制度の根幹であることを再認識すること。

② 補助検査員が完成検査を行っていたことを、品質保証課長以上で知っていたものは皆無であり、補助検査員の人員不足もまったく気付かず、完成検査ラインの実情を把握している者がN自動車本社には存在していなかった。これを踏まえて管理者と現場の距離感を改善すること。

この事件から学ぶこと

■監査役は品質リスクに向き合うべきである

日産車体（東証一部上場）は、監査役が4名おり、内部監査室も設置されている。そして本社はS工場と同一の敷地にある。前述のように、日産車体は日産自動車本社の内部監査があったときは隠蔽工作をしていたというが、自社の監査のときも隠ぺい工作をしていたのだろうか。日産車体の監査役も内部監査部も本当に何も気付かなかったのだろうか。

監査役は品質リスクを監査の対象外にしてはならない。そして、形式監査ではなく実態監査をすべきである。

■監査役は現場の声を受け止めるよう心がける

日産自動車が自ら定めた「完成検査員の任命・教育に関する基準」違反をしたことは、もちろん問題である。しかし実際に現場で実施されていた「ILU基準」にも一定の合理性があり、また、補助検査員の訓練期間についての工長らの意見にももっともな点があるとするならば、現場は基準の見直しを会社に要求すべきであり、経営者・管理者はこうした声を受け止め、よい実態に即した体制を構築すべきである。監査役は、現場の声を受け止めるよう心がけなければならない。

FILE 25

哀しき品質保証部門

―子会社のデータ改竄事件―

　2017年11月28日、「東レも品質不正―車向け補強材、子会社がデータ改ざん―」(『日本経新聞』夕刊)の見出しが躍った。そして同年12月27日、有識者委員会による調査報告書が公表された。そこには、次のような記述があった。

　東レ株式会社(以下、東レという)の子会社東レハイブリッドコード株式会社(以下、THCという)と東レは、本件データ書き換え問題に関与した実行者は、データ書き換え問題が判明した当時のTHCの品質保証室長およびその前任室長の2名のみであり、品質保証室員および実行者以前の品質保証室長を含めた組織的な関与はなかった、と判断している。

　そして、次のようにデータ改竄の原因を挙げている。

①　品質保証に対するTHCの経営層の関心が薄く、適性に欠ける者が品質保証室長であるという現状の把握を怠った。本件データ書き換え行為のような不正が行われた際にそれを見抜くことができる強い体制作りや、誰かに見られているという意識を持たせるようにするなど不正を行うことができなくなる仕組み作りを怠った。

②　測定装置の保守・管理が不十分であるという現状において、品質保証検査の精度が低下した。

　また、再発防止策の筆頭に、「品質保証室長の交代及び組織変更」を掲げている。その内容は、以下の通りである。

①　2016年10月1日付で、品質保証室長を交代させる。

② 2017年1月1日に、品質保証室を品質保証部に格上げする。

③ THCの品質保証担当の常務取締役を同社の品質保証部長に選任する。

　まるで、適正に欠ける品質保証室長だけが悪い、といわんばかりの調査報告書に対しては、室長にもいい分があるだろう。なぜ、室長がデータの改竄に追い込まれてしまったのか。調査報告書から探ってみた。

1. コンプライアンスアンケートの回答中のたった1件のコメント

　H社は、2016年5月に判明した同社の日本貿易振興機構（JETRO）からの補助金不正受給の問題を受けて、親会社である東レ指導の下に、2016年7月、H社の役職員を対象としてコンプライアンスアンケート調査を実施した。

　アンケートの回答のうち、THCの品質保証室による検査成績表の数値の書き換えを指摘するコメントが1件あったことから、THCは、同室の全職員に対してヒアリングおよび検査成績表と実測データの照合を行った。その結果、検査成績表の数値の書き換えが判明した。コメントのあったたった1件のアンケートを生かしたことは評価されるべきである。

2. THCの品質評価室とは

　THCの品質保証室は、製品の品質管理（ISO9001対応等）および品質保証検査を行う部署で、社長直轄の独立した組織である。室の人員数は時期によって変動があり、2008年以降は5名から11名で推移している。品質保証検査とは、THCの主力製品であるタイヤコード（タイヤの骨格）や産業用コード（タイヤ以外の補強材）の一部をサンプリングし、発注元である顧客との契約上取り決められた仕様（規格）を満たしているかの検査である。

実測データを集約して検査成績表を作成する権限を持つ品質保証室長以外は、データの書き換えの機会はない。

3．なぜ室長は書き換えを行ったのか

調査報告書は書き換えを行った室長の動機として、次の2つを挙げている。

① 規格の上下限から僅差の外れであり製品への影響はないこと、および規格外れの原因が検査方法（測定装置の劣化等によるぶれ）にあり、製品の異常ではないことが確認されるため——発覚後の調査においても実証された——顧客が使用する製品への影響はないと考えた。規格から大幅に逸脱した製品等については現物廃棄または顧客へ相談するなど、適切な対応をとっていた記録が残っている。

② 検査を行った製品が規格を満たさなかったことをTHC内の他部署に報告しても、品質保証部の検査のやり方が悪いと反論され、検査の過程に関する調査を依頼されることもあった。それを避けたかった。

他部署への報告を怠った背景には室長の過重労働があった。品質保証室の管理者は室長のみで、その他は検査を行う室員で構成されている。ISO9001の認証を維持するための審査対応は室長の責務であった。室の人員不足は常態化し、室長自身も品質保証検査を行っていたため、その業務量は多く、時間外労働が常態化していた。夜が明けるまで残業することもあったという。

にもかかわらず、なぜ、長期間にわたり（少なくとも書き換えが確認できる2008年以降）データ改竄が発覚しなかったのか。

THCにおいては、実測データが規格外になった場合には、品質異常発生連絡書またはメールで関連部署へ連絡するルールになっている。規格外製品については品質管理会議で全社的にフォローされていたが、2012年以降は同会議の議題からそれが外され、状況を全社的に共有する場がなかった。また、品質保証室に対する社内監査では、実測データまでの確認は行

われていなかったという。

この事件から学ぶこと

■孤独な品質保証室長

　納期に追われ、与えられた古い検査器具で、深夜残業に耐えている室長の姿がある。

　社長の直轄組織でありながら、社長が品質保証室に対して直接指示することはなかった。

　なお、社長は2017年12月1日に辞任した（『毎日新聞』2017年12月1日）。

　THCは再発防止策として、品質保証室を部に格上げするという。つまり、これまでは部ではなく、課のレベルであったということであろう。

　また、品質保証担当の常務が、その品質保証部長に就任したとのことであるが、常務はそれまで室長が苦労している実態を知らなかったのだろうか。また、品質管理会議は一体何を審議していたのだろうか。

　ISO9001の重要性はわかるが、形式的な書類のつじつま合わせに終わっていないだろうか。ISO9001に織り込まれた品質管理の手順は本当に妥当なのか、妥当だとすれば、それがきちんと守られているかという原点に戻って品質保証のあり方を見直す必要がある。ISO9001を維持するのに忙しくて、データの書き換えのチェックをしていなかったというならば、本末転倒である。品質保証部門の独立性が重要だと私は主張してきたが、それに加えて権限と義務を明確にし、他の部署に対して堂々とわたり合うことができる体制を作ることが必要だと思う。

　「利益を生まない部署」だと軽視されがちな品質保証部門は、会社の大きな損害を防止する「会社を守る部署」なのである。

■品質監査の重要性

　監査役が自ら製品の品質監査をすることは、時間的にも技術的にも困難

である。ただし、最近では多くの企業でデータの書き換え等の品質を巡る不祥事が起きていることを見れば、監査役も品質の問題を放置できない。内部監査部門や全社の品質管理の統括部門があれば、そことも連携して、品質監査を行うようお勧めしたい。

　まず、各工場の品質保証部門の悩みを聞き、実測データと顧客に示した数値との差がないかを具体的にチェックすることから始める、また、各品質保証部門の従業員に対するからアンケート調査を実施する等、その方法や手段を検討してみてはいかがだろうか。

FILE 26

品質保証部門には勇気ある社員らがいた

―品質データ偽装事件―

化学品製造業の宇部興産株式会社（以下、宇部興産という）は2017年11月27日以降、子会社および関連会社を含む宇部興産グループにおいて、製品の品質保証に係る不適切行為の有無を調査すべく社内調査を行った。その結果、複数社で不適切行為が報告されるに至り、弁護士および社外取締役で構成する調査委員会を設置し、2018年6月7日、調査報告書を公表した。

この中で、何人かの社員が勇気ある行動を起こしていたことが記載されており、彼らの声が消されずに届くべきところ、例えば監査役に届いていたならば、もっと早く不適切行為を防げたのではなかろうかと思うと残念でならない。

勇気ある社員らのいくつかの事例を紹介する。

1. 勇気ある社員その1——品質保証グループリーダー

C石油化学工場は、生産しているポリエチレンにつき、顧客との間の仕様書に記載された試験項目のうちの16項目について、実際には試験を行っていないにもかかわらず、試験結果として規格を満たす任意の数値を記載した試験成績表を発行し、製品を出荷していた。なお、1998年頃には、品質保証チーム主任および係員ら現場の担当者の要望により、任意に選択した試験項目につき、実際に試験結果を入力しなくとも、システム上は、社内規格を満たす数値が試験結果としてランダムに表示されるというプログラムが追加されるに至ったという。品質保証チームはこれを「作文」と呼

んでいた。

2017年4月に着任した品質保証グループリーダーは、引張試験機材が故障しているにもかかわらず、試験成績表には引張試験の結果が記載されていることから、少なくとも一部の試験が行われていないとの疑いを持ち、独自に実態調査を行い、正常化のための施策を検討した。その上で、同年10月、同工場長および関連するグループ会社の代表取締役にその内容を報告し、同年11月から開始されたグループ挙げての品質不正の社内調査にも報告された。

発覚後は、試験結果がランダムに表示されるというプログラムは直ちに停止された。そして品質保証チームの試験担当者を5名増員し、仕様書通りに試験が行われることとなった。

2. 勇気ある社員その2——分析チーム副主任

宇部ケミカル工場は、製造しているs-BPDA（ポリイミドの原料として使用される）につき、特定の顧客との間の仕様書において試験項目とされている無水化率および全酸化率に関して、試験が行われていないにもかかわらず、任意の数値または別項目の試験結果を転用した数値を記載した試験成績表を発行し、製品を出荷していた。

s-BPDAの宇部ケミカル工場の品質保証業務は、2009年までは、品質保証第1グループ化学品チーム（以下、化学品チームという）が所管していたが、同年、機能品であるポリイミドを扱う第1チームに移管した。ただし試験業務自体は、U社から委託を受けていたUBR分析センター化学品分析チーム（以下、分析チームという）が引き続き担当していた。

2011年9月頃から同工場の化学品チームと分析チームとの間で定期的に開催されていた品質保証に関する会議において、分析チーム副主任は、s-BPDAに関し、検査手順書通りに試験を行っても試験結果に幅があり、安定的に正しい試験結果が得られないため、実際には試験を行わないまま試験結果を記載しているという問題がある旨の報告をまとめ、同会議での

議題とした。このとき、s-BPDAの所管部門は第1チームへ移管されていたため、化学品チームは自らこの問題に取り組むことなく、かつ第1チームにも情報提供はなかった。

2013年2月下旬、第1チームリーダーは、顧客による監査への対応の準備をしていた際、無水化率および全酸化率に関して、試験が行われていないことを認識し、化学品チームと分析チームおよびその上司のUBR分析センター長と協議を重ね、無水化率および全酸化率を規格とはせず、純度のみを規格とすることで足りる旨の説明を顧客にすることとした。そして、実際に純度と無水化率および全酸化率との相関関係を確認するための分析を依頼することとなったが、ここで第1チームの行動は止まっている。第1チームリーダーはこれを、分析チームへ依頼する窓口が化学品チームとされていたためであるとしている。

2016年4月頃、当時の同工場長は品質保証第2グループリーダーに対して、工場全体における試験に関して不正等の問題がないかを確認するように指示したところ、前述の問題が報告されたため、工場長は同リーダーに対し、本件不適切行為を是正するよう指示した。

同リーダーは、純度と無水化率および全酸化率との相関関係を分析したが、相関性は確認できなかった。また、s-BPDAの最大のユーザーはこれをポリイミドの原料として使用している宇部ケミカル工場であって、同工場で品質上の問題がなかったことに加え、仕様書変更は各顧客との窓口である営業担当に任せようとしたことなどから、本不適切行為は継続した。

2017年11月に社内調査で発覚後、検査手順書通りに試験を行っていくことが可能であるとの確認を得て、2018年4月19日、当該顧客に対し、無水化率および全酸化率については、これまで実測値を記載せずに純度の試験結果を転用した数値を記載していたこと、今後は仕様書どおりの試験を行った上で実測値を試験成績表に記載する旨の説明を行った。

3．勇気ある社員その3——監査役名義で作成した監査報告書を
   提出した監査役

　子会社宇部マテリアルズ美弥工場は、生産している生石灰につき、特定
の顧客に対し、硫黄分、リン等の成分検査の試験結果が仕様書の規格を満
たさない場合に、販売部において仕様書の規格を満たす任意の数値に改竄
した試験結果を記載した試験成績表を発行し、製品を出荷していた。

　本件不適切行為は、遅くとも2004年以降、内部監査などで数度にわたっ
て社内で取り上げられ、問題とされてきた。2004年、当時の工場長および
品質管理室長は監査役からヒアリングを受けている。また、2008年3月19
日付の監査役名義で作成された監査報告書には、「データ修正を要請する
販売部との間で十数年前から合意できず現在に至っている」などと指摘が
あり、当時の代表取締役および生産統括本部長ら幹部にも報告されている。

　実は遅くとも2007年以降、美弥工場では仕様書の規格を緩和するための
交渉を顧客と継続的に行っていた。その結果現在ではすべての顧客から規
格の緩和につき了承を得ている。

　監査役が品質問題で代表取締役に対して監査報告書を提出したことを評
価したい。

この事件から学ぶこと

■品質保証監査とアンケートの実施

　2016年4月、宇部ケミカル工場長が、工場全体に対して品質保証試験に
関する不正等の問題がないかを確認するように指示したこと、および2017
年1月以降、宇部グループ全社に対して品質保証に係る不適切行為の調査
を行ったことにより、各社で未解決のまま放置されていた問題が明るみに
出た。

　「今更顧客にはいえない」「正規の試験方法では安定した試験結果が求め
られない」「自分の担当ではない」などと放置されてきた不適切行為が明

るみに出ることによって、問題は解決に結び付いた。いずれの事例も「やればできる」「顧客に真剣に伝えれば、理解が得られる」ということを教えてくれる。監査役はまず、品質監査および品質保証に関するアンケートの実施を提起して、その不適切行為を明るみに出していただきたい。

■勇気ある問題提起を吸い上げる仕組み作り

トップから、不適切行為をやめろといわれれば真剣に取り組むというのは当然だろうが、末端の勇気ある社員の指摘をいい加減に扱い、放置し続けるのは、企業にとって大問題である。どの事例でも不正行為を見つけるきっかけは必ずある。

監査役は、製品の品質問題に関しては、現場の勇気ある問題提起を吸い上げる仕組みを構築する必要がある。ぜひ、品質保証部門と連携をとっていただきたい。内部通報をもっと利用しやすいように改善することも大切である。

弱い品質保証部門の強化、形骸化した品質管理委員会の活性化も重要なテーマである。

他のチームに移管されたから、自分の担当ではないから、というような理由で、せっかく解決手段が見つかっていながら放置されている事例が見られる。おせっかいといわれようと、一言声をかける大切さを共有したいものである。監査役は執行サイドの経営判断には口を出すなということをいう監査役仲間もいるが、何いわれようと一言いわせてくれという姿勢を持ちたいものである。

〔出所：宇部興産「調査委員会調査報告書」2018年6月5日〕

FILE 27

監査委員会と品質不正問題

―不適合製品出荷事件―

> 　球軸受用鋼球などの各種産業用精密ボール等を製造・販売している株式会社ツバキ・ナカシマ（以下、ツバキ・ナカシマという）のＫ工場が販売した精密鋼球製品の一部が、同工場の2016年11月27日の火災事故の影響により、その生産が追い付かなくなった。ツバキ・ナカシマはこの補填として、顧客の承認なしに同社の中国直営工場または仕入先の中国鋼球メーカーが生産した製品を輸入し、MADE IN JAPANの表示をした梱包に入れ替えて出荷していた。この事実が2017年12月に発覚し、2018年5月25日に外部調査委員会の報告書が公表された。
> 　このなかで、監査委員会の監査機能の脆弱性が指摘されている。

1．原産地の偽装発覚

　2017年11月頃、Ｋ工場で、入社間もない従業員がロットカード（ロットごとに発行するカード）の整理業務を手伝っていたとき、「支援品」と記載されたものを見つけた。他の従業員にこれは何かと聞いたところ、中国の工場で作った製品を国内製品のように偽装したものだというではないか。このことを、同年12月にＫ工場に来ていた丁常務執行役に「取引先との関係で問題はないのか」と問うた。同常務はCEOとも相談し、取引先への報告を開始し、順次、不適合製品の疑いのある精密ボールの出荷を停止した。そして2018年2月28日に、この事実を公表した。

　包装替え作業を手伝っていた従業員は「おかしいことをやっているのではないか」と感じたが、Ｋ工場内には「上にいってもしかたない」「利益

を上げることが第一だ」という考え方が蔓延していたため、「安心して」不適行為に関与していた。入社間もない従業員はまだ汚れていなかったのだろう。勇気ある発言にツバキ・ナカシマは救われたと思う。

２．品質の偽装

中国から輸入した製品、または海外の半製品を自社で加工して出荷する場合、最終的な品質検査は、Ｋ工場の品質保証課が行い検査データを入力する。合格品はロットごとに製造番号をつけ、Ｋ工場の梱包材で梱包し、MADE IN JAPANのラベルを貼り付ける。検査成績表には、ルートによってはミルシート（鋼材の材質を証明する添付書類）が入手できないので、無関係の日本材のミルシートの製鋼番号および化学成分を記入していたことが調査で判明した。

最終的な品質検査を自社内で行っていることから、「品質には問題のないことが確認されていて、不適切行為は、現時点における在庫不足が解消するまでの一時的なものである」という意識が、多くの役職員の中にあった。

３．ガバナンスと品質問題

（１）直接の不適切行為の動機

ツバキ・ナカシマには「取引先のラインを止めてはいけない」という方針が徹底していたから、誰もが不適合製品の出荷もやむなし」と考えていた。前社長時代は、各工場とも、欠品を出さないために比較的多くの製品在庫を抱えていたが、2014年、現社長の時代になり、適正在庫が各工場に要求されるようになった。不適切行為に関与した乙取締役および丙常務執行役も、大株主の信任を得て迎えられた新しい経営陣の要求にプレッシャーを感じていた。

（2）本社機能と生産現場のコミュニケーション不足

かつてのツバキ・ナカシマは、Ｋ工場にすべての本社機能があったが、2014年の新体制の下、コーポレート部門の拠点をＯ市内に移した。

社外取締役の１人は「Ｋ工場の視察に行ったとき、工場では丁重な案内によって決められた通りのルートで見学をした。すでに私が視察に来るから、ということで相当な準備をしていたようだ。まるでお客さん扱いであり、あれなら不正が起きていてもわからないだろう」と述べている。

パイプ役を務めるべき乙取締役や丙常務執行役が不適切行為に関与している以上、他の経営幹部がＫ工場の不適切行為を発見することは困難であった。

（3）置いてきぼりにされた品質リスクへの関心

① 取締役会による監督機能の脆弱性

ツバキ・ナカシマは、2013年に指名委員会等設置会社に移行して以来、取締役会で、不適合製品の出荷について報告されたことは一度もなかった。

大型Ｍ＆Ａ、同社大株主の株式売却、同社の今後の基本方針などの審議が頻繁に行われる一方、個別のコンプライアンス関連の議論はされていなかった。

指名委員会等設置会社における取締役会では、執行役の業務の執行を監督することが求められているので、不適合製品の出荷を裏付ける事実が報告されない限り、乙取締役以外の取締役は知ることができなかったのだろうか。

② 監査委員会による監査機能の脆弱性

ツバキ・ナカシマの監査委員会は、３名の監査委員全員が非常勤の独立社外取締役で構成され、常勤者はおらず、往査業務はない。常勤の補助人を置き、副社長直轄の内部監査室と連携している。

監査委員は当不適切行為について、2018年２月に報告を受けるまで気

付かなかったし、内部監査室からも製品偽装を疑わせる事実は報告されていなかったという。内部監査室は、海外子会社の買収等により監査対象が増えたため、品質問題には手が回らなかったようである。

なお、2016年11月のK工場の火災事故についても、監査委員会議事録には議論された記述が一切ない。火災の原因の1つは、消防法が定める量の57倍もの危険物を使用していたことであった。また、火災後に在庫が逼迫したことについてどう対処するのか、詳細に調査すれば、中国からの輸入の可能性を突き止められたのではなかろうか。

③ **コンプライアンス軽視の企業風土**

ツバキ・ナカシマは2014年9月、自動車用ベアリングに使われる鋼球の販売価格についてのカルテル事件を起こし、約13億円の課徴金を納付した。その事件に関与した乙取締役がその後も要職に就いていたこと、過去に多くのパワハラ疑惑が起きたが表面化されずに現場で処理されてきたことなどから、多くの従業員は「余計なことは上司にいわない」という意識を持ち続け、「コンプライアンス意識は低いまま」だという。

この事件から学ぶこと

この事件から学ぶことは、次の4点である。

▶ K工場での「梱包替え」は、現場作業を持たない課長や係長の輪番制によって、工場内やテント倉庫で平然と行われていたという。常勤監査委員による往査が行われていたならば、不適合製品の出荷を見つけられたのではなかろうか、と調査報告書は述べている。

▶ 指名委員会等設置会社では、取締役会の報告事項や付議事項は限られたものになり、監査委員は従来の監査役に比べ、コンプライアンスに関する情報は十分に得られなくなっている。指名委員会等設置会社や監査等委員会設置会社は、これをカバーする方策を構築する必要がある。

常勤の監査委員設置は、会社法上は義務化されていないが、筆者は必

須であると考えている。

　また、内部監査部門による各部門からの情報収集力を強化し、監査委員会に漏れなく報告する仕組みを作る必要がある。

　品質問題については、品質、特に顧客と交わした仕様書通りのものが出荷されているかの監査を急がねばならない。品質検査の実態について、アンケート調査と現場調査を行う必要がある。

▶監査を巡る最近の風潮は、細かいことは執行側に任せ、監査役は大所高所からの意見を述べることだというようにうかがえる。本当にそれだけでよいのだろうか。

　なおツバキ・ナカシマでは、1988年にK工場の班長の過労死事件があった。これがアメリカに伝えられ「karousi」が国際語になった。調査委員会が行ったアンケート調査には「サービス残業が当たり前のように行われている」との回答もあった。監査委員会はこのような状況を見逃していいのだろうか。

▶内部通報が、ツバキ・ナカシマでは機能しなかった。なぜ、通報しなかったのだろうか。調査委員会のアンケート結果の第1位は「問題のある行為だと確信が持てなかったから」、第2位は「通報しても会社が動いてくれないだろうと思ったから」であった。第1位については、問題のある行為ではないかという疑問を持ったら、その段階でも構わないから通報するように周知する必要がある。

　「証拠があるのか。証拠もないのに取締役会で発言したら名誉毀損になるぞ」などといっている監査役は、まさかおられないでしょうね。

〔出所：ツバキ・ナカシマ「一部不適合製品の出荷に関する外部調査委員会報告書（開示版）」2018年5月24日〕

子会社の監査役が立ち向かった事件

FILE 28

複数社を兼務する監査役の悲劇

―子会社における架空売上事件―

> 株式会社ジーエス・ユアサコーポレーション（以下、ジーエス・ユアサという）の子会社である照明機器製造販売会社株式会社ジーエス・ユアサライティング（以下、GYLという）の千葉営業所の所長Tの循環取引による架空売上と架空仕入計上事件である。2008年7月、親会社のジーエス・ユアサの社内会議にて千葉営業所の売り上げが事業規模に比べて大きいとの指摘が発端となり、調査が行われた。同年10月、外部調査委員会の調査結果が発表され、GYLの監査役（何と親会社グループに属す12社の子会社の監査役兼務）に対しても損害賠償請求をすべきという指摘があった。
>
> GYLは社長と営業部長および千葉営業所のT所長に対して損害賠償請求訴訟を起こした。監査役は訴訟を免れた。

1．発覚

　2008年7月、親会社であるジーエス・ユアサの子会社を集めての月次販売会議において、照明機器製造販売会社GYLの千葉営業所の売掛金残高が増え続けていることが指摘され、調査が必要であるとの指摘があった。そしてその調査によって、千葉営業所のT所長による多額の架空売上が発覚した。T所長は過去11年間にわたって、循環取引を繰り返していた。最近3年間で見ると、毎年80億円もの架空売上を出していた。

2．発覚が遅れたのは

実はこの間、千葉営業所の売り上げに疑いを持っていた者が何人かいる。まず、親会社ジーエス・ユアサの内部監査室である。ランプとセットで販売される他社製品の照明ポールが、ランプと比較して異常に大量に仕入れ、販売されていた。

売上伝票はしっかり揃っていた。売掛債権の残高確認もちゃんと合っていた。それもそのはず、取引先はＴ所長にいわれるまま、残高が不一致でも押印していたのである。

ジーエス・ユアサの内部監査室には1000万円以上の取り引きは、仕入・販売ともに精査するという内規がある。不思議なことに、千葉営業所は1000万円以上の取り引きがほとんど発生していない。もちろん、Ｔ所長が巧妙に取り引きを分割していたのはいうまでもない。そしてジーエス・ユアサの内部監査室の担当者は「千葉営業所の仕入れについて、親会社の資材部が関与すべきである」と監査報告書で指摘した。しかし、ジーエス・ユアサとGYLともに、誰も動かなかった。

また、GYLの社長と営業部長は、千葉営業所の取引先に対する売掛金が与信限度額を超えていたのを知っていた。しかし、調査はしなかった。

3．外部調査委員会での監査役

事件が発覚してから、親会社のジーエス・ユアサに外部調査委員会が設置され、弁護士や会計士が委員に名を連ねた。関係者のヒアリングがあり、GYLの社長と営業部長、千葉営業所のＴ所長、ジーエス・ユアサの内部監査室長などが次々に呼ばれ、これまでの実態が明らかになっていった。そして、GYLの監査役が呼ばれた。

GYLの監査役は、「非常勤監査役の自分１人しかおらず、しかも、毎月開催される取締役会に出席する以外にはほとんど何の監査もしていない」と述べた。その理由は、この監査役は何と12の子会社の監査役を兼務していたからである。

外部調査委員会は、GYLの社長と営業部長、千葉営業所のT所長および監査役に対し、損害賠償請求をすべしと指摘した。

2009年4月14日、ジーエス・ユアサは、すでに辞任または解雇されているGYLの元社長と元営業部長に対し連帯して8億円、千葉営業所の元T所長に対しては5億円の損害賠償請求を地裁に提訴した。監査役は訴訟を免れた。

ジーエス・ユアサ（上場会社）は監理ポスト入りを免れた。外部から不正を指摘されたのではなく、自社の社内会議で問題提起し、直ちに調査して不正を開示した。そして外部調査委員会の調査結果を受けると同時に、対策および責任の所在を開示した。[J社の不正に対する積極的な姿勢が効を奏したと思う。]

〔出所：株式会社ジーエス・ユアサコーポレーション「外部調査委員会調査報告書」2008年10月28日〕

この事件から学ぶこと

このような多数社の掛け持ちの監査役の例はまれではないが、いくらなんでも12社の監査役を担当させられ、「監査機能が働いていない」「任務懈怠」であると判断されたのではたまったものではない。監査役は「無理です、できません」というべきだし、親会社の監査役も子会社の監査体制に問題がないかを調べて、改善を執行サイドに求めなくてはならない。

なお架空売上は、架空仕入を行って資金を回し、これ代金回収に充てることが多い。架空仕入があれば架空売上があるに違いないと思って監査に当たる必要がある。今回のケースでも内部監査部門との情報交換を行っていれば、架空売上に行き着いただろう。

FILE 29

子会社の監査役監査体制を見直した親会社

―売上の前倒計上事件―

> 近畿日本鉄道（以下、近鉄という）では、子会社である近鉄ビルサ
> ービス株式会社の経理部員による業務上横領事件が発覚したのを受け
> て、他の子会社にも同様の問題がないかを調査したところ、株式会社
> メディアート（以下、メディアートという）からは必要な書類が出なか
> った。調査から2日後、メディアートの社長が親会社近鉄の執行役員
> に不正行為を告白。メディアートの社長は前総務局長時代に経理部長
> に対し、「1回赤字を出すとずるずる悪くなる。従業員にはきちんと
> 賞与を払いたい、何とかならないか」と相談したのがそのきっかけだ
> った。不正は2002～2009年、7年間にわたった。
>
> 近鉄の監査役の監査および内部監査は機能していなかった。

1．売上の前倒計上

　メディアートの経理部長は、利益計上のために、翌期に売り上げが計上
される案件を独自に抽出して財務伝票で売り上げ等を前倒計上する方法を
社長に説明し、社長はこれを承諾した。前倒した売り上げは翌期首月に振
り戻していた。当然、営業数値（業務システム）と経理数値は一致してい
ない。

　このボ一致を見破られないようにするために、業務システムで得意先別
売掛金残高の一覧表は出力しておらず、監査役や会計監査人の監査の際は、
データベースから当該データを別途ダウンロードして作成しなければなら
ない旨を述べ、直ちに印刷できないと回答していた（合計表出力のための

印刷キーを画面上削除していた)。

売掛金について回収不能となる事実が発生した場合、その発生した事業年度で貸倒損失を計上しなければならないが、メディアートでは社長承認の下、一旦売掛金を仮払消費税に移してから、最終的には買掛金をマイナス処理する方法等で、貸倒損失を隠蔽した。

売上原価を前払費用に振り替えることにより、原価計上の繰り延べも行われていた。

これらの操作には、メディアートの広範囲の役員・社員が関与していた。彼らは社長の厳しい叱り声と粛清人事に反論できなかった。途中から常務会で見込売上のリストが配られていた。社長は「ドレッシング」という表現を使い、常勤取締役らの前で利益操作をほのめかす言動をしていた。

2．監査役の監査

監査役は親会社近鉄の従業員で非常勤だったこともあり、その業務内容は3か月に1度の取締役会の出席と年2回の決算監査のみであった。メディアートの（内部）監査室は、社長の指示に基づく業務監査のみで会計監査は実施していなかった。会計監査人は、メディアートが近鉄からすると重要性のない連結子会社のため、隔年で「親会社の連結決算に係る監査」のみ、約2日をかけて行っていたが、不正の隠蔽を見破れなかった。

3．関係者の処分

この事件の関係者の処分は、次の通りである。

メディアート：社長は解任。専務ら取締役（元メディアート在籍者含む）
　　　　　　　は辞任、または報酬一部返上。

近鉄：会長、社長、全専務、一部の常務取締役および一部の執行役員ら
　　　は報酬を一部返上。監査役は社外を除く全2名が報酬を一部返上。

４．再発防止策

メディアートにおいて、当該不正処理が実行され、発覚が遅れた原因としては、次のことが考えられる。

① 取締役による経営者監視機能と監査役・内部監査部門の監査機能が不足していたこと

② コンプライアンスの徹底が不十分であったこと

③ 内部通報制度が整備・運用されていなかったこと

④ 全社的観点による決算・財務報告プロセスと売上に関する業務プロセスの一部に不備があったこと

⑤ 近鉄において、グループ会社管理体制の一部に不備があったこと

また、このような不正行為の再発を防ぐために、メディアートならびに親会社Ｋ社では次のような対策を立てた。

（１）メディアート対策

メディアートの対策は、全社的な内部統制と決算・財務報告プロセスの不備に対する是正措置であり、具体的には次の通りである。

① 常勤監査役の設置による監査体制の強化

② 取締役会付議基準を改定の上、取締役および監査役に配布して周知

③ 内部監査部門による会計に関する業務監査計画の策定および実施

④ コンプライアンス研修を定期的に実施

⑤ 法令倫理相談制度の社内周知による活性化

⑥ 債権・債務管理について残高および明細の照合確認の徹底

（２）親会社近鉄グループ対策

近鉄の対策は、グループ会社管理体制の不備に対する再発防止策として、具体的には次の通りである。

① 連結子会社監査の強化

監査部増員の上、連結子会社の会計・業務監査のための監査チーム

を監査部に設置し、問題の早期発見と対応を図るため定期的・計画的に巡回監査を実施する。監査チームに、連結子会社に対しての必要書類等の提出指示・事情聴取・臨検等の権限を付与し、連結子会社の監査協力義務・改善指摘事項に対する連結子会社の対応義務等を規定化し、連結子会社の内部監査部門への指導・支援体制を整備する。

② 監査法人によるグループ会社への外部監査の強化

往査日数を増やす。

③ 連結子会社の情報システム統括機能の強化

不正行為等の早期発見と早期解明のためにIT統制と支援部門を強化する。

④ 当社および連結子会社のコンプライアンス等の教育研修の強化

特に役員に対しては、法務・会計・内部統制などの知識と経営上のリスクに関する意識を高める内容とする。

⑤ 連結子会社出向社員含む社員への経理教育の実施

⑥ 連結子会社の統一会計処理ガイドラインの整備と連結子会社担当者に対する経理教育の実施

社内担当部署によるものに加え、外部講師によるものも継続的に実施する。

⑦ 連結子会社社長との定期的面談によるモニタリング

当社グループ会社担当部門・人事担当役員・監査役との定期的面談を実施する。

⑧ 人事ローテーションの推進

グループ会社の社長等の人事ローテーションを実施する。

⑨ 常勤監査役の設置範囲の拡大

売上や総資産、従業員数等の規模による一定の基準を設けた上で、常勤監査役を設置する連結子会社の範囲を拡大するとともに、監査役のローテーションを適宜実施する。なお、グループ会社の外部からの監査役選任も検討する。

⑩　連結子会社に対する経理・総務担当者の派遣

　　中堅クラスの社員を一定期間ごとのローテーションで派遣し、計画的に連結子会社全体の経理・総務機能の強化に努める。

⑪　グループ内部通報窓口の設置

　　通報窓口は当社内に加えて法津事務所、専門機関等の外部に委託することも検討する。

⑫　連結子会社のコンプライアンス相談窓口への教育指導

　　定期的な教育指導を行うほか、当社担当部署において、各連結子会社のコンプライアンス相談窓口からの個別の相談等に対応し、適宜、必要な指導等を実施する。

〔出所：近鉄「当社連結子会社における不適切な経理処理に関する（第三者調査委員会）調査結果等について」2010年3月12日〕

2011年10月26日の「ビジネス法務の部屋」にはメディアートに関して、次のような記載がある。

　　元社長さんもとくに私利私欲のために粉飾をしていたのではなく「かわいい部下たちに、ボーナスを支給してやりたかった」と述べていることが報じられておりました。

そして近鉄は約50の子会社のうち、新たに12社（合計24社）に常勤監査役の設置を決定した。また同社は監理ポスト入りし、財務内部統制は有効でないとの評価結果を開示せざるを得なくなった。

5．親会社に告白した元社長の罪

2013年3月26日、大阪地裁において、メディアート（解散）の違法配当事件で会社法違反の罪に問われた元社長に懲役1年6月（執行猶予3年）の判決があった。

　　株主資本を大幅に上回る累積損失があり、配当できないのに、架空売上・原価削減等の巧妙な方法で利益を水増しし、近鉄に1000万円の違法な配当

を実施した。ただし粉飾を親会社に告白しており、執行猶予とするとの内容である。（『旬刊 商事法務』№1998 5月5・15日号 2013年）

この事件から学ぶこと

　子会社メディアートの監査役監査体制の見直しを行ったことは評価されてよい。会社法362条4項6号および会社法施行規則100条1項5号・3項4号に、企業集団の業務の適正を確保するための体制の整備が取締役会に求められている。事件が起きる前に、近鉄のような体制整備を行っておくことが求められている。

FILE 30

非上場でも、子会社でも、監査役は訴えられることも

―魚市場のグルグル回し―

> 親会社である株式会社福岡魚市場（非上場。以下、福岡魚市場という）の常務Dは、100％子会社である株式会社フクショク（食品販売。以下、フクショクという）の非常勤監査役を兼ね、同じく福岡魚市場の代表取締役Bおよび専務Cはフクショクの非常勤取締役を兼ねていた。福岡魚市場の株主の1人がこのB・C・Dの3人に対し、18億8000万円を会社に支払えと代表訴訟を起こし、1審（福岡地裁2011年1月26日）・2審（福岡高裁2012年4月13日）・最高裁（2014年1月30日）ともその請求を認め、3人連帯して同額の支払いを行えとの判決がなされた。訴えの内容は、福岡魚市場から子会社Hに対する融資は十分な調査をせずに行ったもので、その結果、18億8000万円もの損失（未回収）を親会社の福岡魚市場が被ったというものである。

1. ダム取引とグルグル回し

2004年12月には、子会社フクショクの「実際の含み損」は22億6000万円に達していた。「実際の含み損」というのは、不適切な取り引きにより、簿外の預け品を含め、発生した時価と帳簿残高の差額のことである。まず、最初に「ダム取引」が行われた。これは、漁の最盛期に魚を仕入れてそれを順次加工や販売にあてていく場合、資金力の豊富な仕入業者が資金力のないフクショクに代わって仕入れ（輸入し）た魚を預り、フクショクがそれを順次引き取るが、一定期間満了時に残った魚も買い取るという取り引

きである。そして残った魚を捌くために、その仕入業者または他の業者に一括して買い上げてもらい、フクショクが再び順次魚を買い取って、また一定期間後に残った魚を同じように仕入業者や他の業者に一括して買い上げてもらい……を繰り返す「グルグル回し」が行われるようになった。仕入業者も、保管料や金利・手数料などを上乗せし、取り引きのたびに引取価格は上昇する。その一方で、鮮度の落ちた魚の価値は下落し、帳簿価額と時価の差額は拡大する。最初の段階である仕入れて預かってもらう「ダム取引」では会計上、許されるかもしれない（これも確認が必要）が、「グルグル回し」に至っては不適切な取り引きであるといわざるを得ない。この「グルグル回し」は、フクショクの取締役営業本部長Jがフクショクの取締役会に諮らずに無断で実行した。ただし、判決文をよく読むと、フクショクではJが行う以前にも不正取引が行われていたようである。

2．貸し倒れに至る経過

　1999年1月、在庫品の帳簿残高が異常に大きいことをフクショクのP常務が見つけ、上司であるフクショクの代表取締役Qに報告、Qの指示で調査したところ、在庫品は商品価値のないものばかりであった。P常務は福岡魚市場代表取締役兼フクショクの非常勤取締役Bに「在庫商品が異常である」旨を報告し、取締役会でBはPの指摘をきちんと調査するよう発言した。

　同年4月の取締役会で、フクショクの代表取締役Qは、調査委員会（第1次。委員長はフクショクのP常務）より「約1000万円が今期の不良在庫として処分の必要があり、その他については今後の営業努力の中で吸収処理できると報告を受けている」と述べた。福岡魚市場代表取締役兼フクショクの非常勤取締役Bが、他にまだ疑わしい在庫がないかと確認したところ、Qは、「（後に不正実行者と判明する）Jが最終報告として提出した不良在庫総額約3400万円以外にはない旨返答した」と判決文にある。この調査は、フクショクの取締役営業本部長J等からの聞き取り調査が中心であった。

2000年から2002年にかけてフクショクの取締役会において、銀行借入の増額が審議されるたびに在庫増が指摘され、早期に改善するよう福岡魚市場代表取締役兼フクショクの非常勤取締役Bや福岡魚市場常務兼フクショクの非常勤監査役Dが発言している。

　2002年11月、福岡魚市場において、監査を行った公認会計士より、フクショクを含む在庫管理に関する指導がなされた。一方、福岡魚市場専務兼フクショクの非常勤取締役Cは、2004年3月上旬にフクショクの在庫が過大でありおかしいと聞き、福岡魚市場代表取締役兼フクショクの非常勤取締役Bに報告、Bは調査委員会（第2次。委員長は福岡魚市場常務兼フクショクの非常勤監査役D）をフクショク内に立ち上げたが、当委員会は契約書、帳票、棚卸一覧表などを確認せず、フクショクの取締役営業本部長Jから聴取したことを信頼して、それ以上の調査はしなかった。Bは、本調査委員会に対し、具体的な調査方法を指示せず、またどのような調査を行ったのかも確認しなかった。

　2004年3月末、第2次調査委員会から含み損は約13億8000万円と報告されたが、6月に至り、フクショク再建計画では14億8000万円に修正、福岡魚市場は再建策としてフクショクに対する20億円の貸付枠を承認し、2004年12月までの間に合計19億1000万円を貸し付けた。この資金は福岡魚市場が銀行借入し、これをフクショクに貸し付けたものである。

　2004年12月、フクショクの調査委員のKは福岡魚市場代表取締役兼フクショクの非常勤取締役Bに含み損は22億6000万円であると報告し、2005年2月、これに基づく再建計画がF魚市場に提出され、これを受けて、福岡魚市場の取締役会は未回収の貸付金15億5000万円の債権放棄を決議した。その後、新たに貸し付けた3億3000万円を加えた合計18億8000万円が未回収になった。個々の貸し付けはフクショクの返済能力等を検討することはなかった。フクショクは2007年3月期で8億1000万円、2008年3月期で約20億円の債務超過に陥った。現在、フクショクは業務用スーパー1店舗だけを残している。

福岡魚市場代表取締役兼フクショクの非常勤取締役Bは、かつてフクショクに出向し、取締役営業部長で今回の不正実行者であるフクショクの取締役営業本部長Jの上司であった。フクショクの取締役会には取締役・監査役、つまりB・C・Dの3人は出席していた。福岡魚市場常務兼フクショクの非常勤監査役Dは、売掛金等の残高証明および在庫証明の帳簿との照合はしっかり行ったが、在庫の内容や売上日報の確認は行っていない。買付販売与信稟議書を見ると、同一品名で異なる単価のものが存在した。

3. 株主代表訴訟の判決

福岡魚市場の株主の1人が代表取締役ら取締役3名に対し、子会社フクショクに対する不正融資等により18億8000万円の損害を被ったとして株主代表訴訟を提起した。1審・2審とも請求を認め、3人連帯して同額の支払いを行えとの判決がなされた。

判決文はいう。

　Bらは1999年1月、不良在庫を認識し、2002年11月には公認会計士からの指導があったのだから、一般的な発言だけでなく、福岡魚市場および子会社フクショクの取締役会を通じ、契約書や請求書等の帳票の確認、在庫の検品、買付販売与信稟議書等の記録の検証等具体的に指示すべきであった。そうすれば、不当に高い単価の取り引きや同一商品で異なる単価などが明らかになり、不適切な取り引きを中止することができた、そうすればこれほどの損害にはならなかった。

　また、経営判断の前提となる子会社フクショクの経営状況の調査が不十分なまま、再建策を決めなければいけない緊急の対応が必要だったという事情はうかがわれない。結論として、18億8000万円をもって、本件貸付についての（被告らの）善管注意義務違反によって生じた損害と認めるのが相当である。

〔出所：「福岡魚市場事件の判決」1審福岡地裁 2011年1月26日、『金融・商事判例』1367号 41頁〕

この事件から学ぶこと

　この事件が注目されるのは、『月刊監査役』599号「福岡魚市場株主代表訴訟事件—福岡地裁2011年１月26日—」（久保田安彦）で解説されているように、「子会社の不正事件について、親会社の取締役が当該不正を疑わせる事情を知っている場合には、子会社の不正を調査すべき義務が課せられる」と判示したことであり、「そのままだと子会社に損害が生じて親会社にも損害が生じる危険が大きいのであるから、そうした親会社の損害を回避するためには、親会社取締役をして子会社の不正の是正・発見に尽力させる必要が大きいといえる。これらの意味で、本判決の基本的立場は支持されるべきであると思われる」「子会社の取締役・監査役を兼任していた親会社取締役のみが責任追及の対象とされている。ただし、そのことは兼任取締役以外の親会社取締役・監査役の責任が問題にならないことを意味するわけではない」という部分にある。

　最終完全親会社（企業グループのトップに立つ会社）の株主は、一定の要件のもとに、子会社・孫会社の役員等の責任に対して直接株主代表訴訟を提起することができるという、いわゆる「多重代表訴訟」（会社法第847条の３）の創設を機に、子会社の役員は、ますます油断のできない時代になった。

FILE 31

親会社との連携で会計不正を正した
子会社監査役

―締め後売上計上事件―

> 親会社である東京コンピュータサービス株式会社（以下、TSCという）は非上場の情報サービス会社、子会社の株式会社アイレックス（以下、アイレックスという）はジャスダック上場のシステム開発会社である。アイレックス監査役は会計監査人の指摘を受け、締め後売上の調査をする中で売り上げの実在性に疑義を持ち、アイレックスの社長に迫ったところ、営業部課長代理が社長の指示を受けて回収できない締め後売上があると監査役に報告、監査役は「事の重大性に鑑み」、TSCの社長に報告、TSCグループで内部調査委員会、次いで第三者委員会が立ち上がった。アイレックスの社長は辞任した。
>
> 締め後売上とは、例えば、準委任契約で、毎月20日までの作業分を売り上げに計上した場合、締め後の21日以降の作業分については、得意先の検収日が翌月になるため翌月の売上になってしまうところ、当月作業分を当月の売り上げに追加計上する（翌月に一旦取り消し、翌月の検収日到来時点で翌月分の実績売上に含めて計上する）ことをいうが、その際、21日以降の作業について継続する旨の注文書がないにもかかわらず売上計上したものは、架空売上として問題となる。

1. 事件の経過

2012年11月のアイレックス監査役会にて、監査法人からの第2四半期のレビュー結果を受けた。監査法人の指摘は、締め後売上の計上が前年より

増大、見積書や注文書のないものが散見され、未検収売上が存在するなどであった。監査法人は今後、見積書、注文書のない締め後売上の計上を禁止するとアイレックスに伝えた。

アイレックス監査役は経営会議および社長との定例会議で、注文書がなく売上計上した締め後売上の回収状況を質問したが、明確な回答がなかった。担当部署に状況確認を実施、売上の実在性に疑義を持ち、社長に至急報告してほしい旨を伝えた。

2013年3月27日、営業部課長代理はアイレックス社長の指示により回収できない締め後売上1億4000万円があると監査役に報告した。監査役は「事の重大性に鑑み」、親会社TSCの社長に報告した。その後の流れは次の通りである。

2013年4月1日：アイレックスは「適切な会計処理が行われていなかった可能性についてのお知らせ」を開示し、その中で、監査役監査にて、売上計上につき、当社の計上基準に違反している旨を指摘した。TSCの助言によりTSCグループの社員6名（そのうち会計士2名）による内部調査委員会が設置された。

2013年4月26日：アイレックス代表取締役が引責辞任の申し出、その日の臨時取締役会で後任の代表取締役が決定。

2013年5月7日：TSCグループで第三者委員会を設置。公認会計士1名、弁護士2名。

2013年6月10日：第三者委員会の調査報告書受領。

【その内容】

アイレックス社長が外部公表値の達成を強く要請、これを受けて営業担当のシステム本部長らが、架空売上を実行した。また、仕掛品中に、勤務表の改竄等による実態のない原価が計上されていた。

・2011年度の売上修正：23億1000万円→22億4000万円

FILE
31
親会社との連携で会計不正を正した子会社監査役

・2012年度の売上修正：16億円→14億9000万円

同報告書には、アイレックス監査役について次のように記載されている。

　アイレックス監査役がアイレックス社長へ架空売上の疑念を指摘の上、親会社Ｔ社へ通報し相談したことは評価できる。ただし、2012年６月時点で前監査役からの引き継ぎ時には当件に関しては何もなかったとはいえ、同年11月に監査法人から指摘されたら、回収の推移を見守るだけではなく、即、具体的な調査に入るべきだった。

2013年６月11日：改善委員会設置に関するお知らせ。

　　　　　委員長は特別顧問に、副委員長は新社長、委員の１人は常勤監査役に就任。

2．2013年６月27日開催のアイレックス定時株主総会で報告された監査役会監査報告

　売上の一部につき不適切な会計処理がなされた件につきまして複数の取締役が関与しており、これら取締役の業務執行を監督すべき取締役会が有効に機能しておりませんでした。監査役会は、会計監査人より第２四半期レビューにおいて、注文書等がなく売上が計上されているとの報告を受けそれ以降担当部署に注文書等の受領状況を確認していましたが、３月中旬に売上の実在性に疑義を持ち、取締役会に調査・報告を求めたところ、３月の取締役会にて当該売上を減額するとの報告がありました。取締役会終了後親会社であるTSCと協議の上、親会社調査委員会を立ち上げることとし、会計監査人にも直ちに連絡いたしました。

　業務の適正を確保するための体制に関する取締役会決議の内容は相当でしたが、当該事業年度においては十分機能せず運用面で問題が生じました。取締役会はその改善に取り組んでおり、当該事業年度の計算書類およびその付属明細書ならびに連結計算書類の適正性に影響は生じておりません。

　当社は、第三者委員会等よりの指摘・助言に基づいて当社の経営体制の刷新、コーポレート・ガバナンス体制の強化、内部統制システムの整備および

コンプライアンスの見直しに取り組み、現在は、新しい経営体制のもとで具体的な施策を進めている旨の報告を受けております。

2013年6月25日、アイレックスは、「不適切な会計処理の再発防止策および改善計画のご報告について」を公表した。その具体的な内容は主に、締め後売上の廃止、工事進行基準の厳格適用、内部監査の強化、経理・総務の強化などであった。

この事件から学ぶこと

子会社の役員は、ともすると、親会社に自社の不祥事を申し出ることにためらいがちである。特に、子会社のプロパーの役員にとっては辛いことである。しかし、少なくとも監査役は、勇気を持って立ち上がらなければいけないのである。

不正の額は少額であったが、その少額のうちに対策が打たれたことはアイレックスにとってよかったのではなかろうか。

山口利明弁護士は「プロパーの常勤監査役としては、よくやった」とコメントしている（「ビジネス法務の部屋」『ブログ』2013年6月13日）。

会社法改正で、企業集団の（会社法）内部統制（業務の適正を確保するための体制）の1つに次の規定が設けられた。親会社と子会社の監査役が連携をとることが義務付けられたのである。

・会社法施行規則98条4項4号ロ・100条3項4号ロ

　子会社の取締役、会計参与、監査役、執行役、使用人等またはこれらの者から報告を受けた者が親会社監査役に報告をするための体制

〔出所：アイレックス HP「（第三者委員会）最終調査報告書」2013年6月10日、「第71回定時株主総会招集ご通知」2013年6月12日、「不適切な会計処理の再発防止策および改善計画のご報告について」2013年6月25日 など〕

FILE 32

親会社に立ち向かった
子会社の社長と監査役

―株主名簿偽装事件―

　2004年3月、株式会社コクド（非上場。以下、コクドという）の傘下
にある西武鉄道株式会社（東証一部。以下、西武鉄道という）は無償の
利益供与違反事件により、急遽、国土交通省の出身の専務Yが社長に
昇格した。同年6月の西武鉄道の株主総会で承認された常勤監査役B
は、就任するとすぐに、とかく噂のあった「名義偽装」について調査
を開始した。電算化された株主名簿を調べたところ、コクドの保有で
あるが個人名義に偽装された株を西武鉄道が区分管理していた事実を
把握し、Y社長に報告、次いで取締役会で明らかにした。コクドはグ
ループの株式を束ねる会社で西武鉄道の筆頭株主であった。大株主10
社でその持ち株が80％（当時の基準）を超えると上場廃止基準に抵触
するため、コクドの持ち株の一部を社員の名義（以下、「コクド管理株」
という）に書き換え、西武鉄道の上場廃止を免れるようにしていた。

　「コクド管理株」に登録された名義分の大量の印鑑が一括保管され、
株主総会招集通知および議決権行使書は各名義人には配布されず、配
当もコクドに一括納付されていた。西武鉄道は株主名簿管理を証券代
行会社へ委託せず自社内で一切完結させ、これらの事実は長年、ごく
一部の関係者にしか知らされていなかった。

　2004年6月29日の西武鉄道の株主総会で、監査役の顔ぶれが大きく
変わった。3人の退任監査役中の1名はS社の長年の顧問弁護士でコ
クド監査役兼務、新任の3人のうちの常勤のBは管理本部システム開
発部長であった。彼はいかに立ち向かったのか。

1. 西武鉄道の取締役会で監査役が指摘

2004年8月20日、取締役会が西武鉄道で開催された。Y社長の就任以前は、取締役会は事実上開かれていなかった。常務会および部長会の議事録を編集して取締役会議事録を作成していた。

全議題終了後、Y社長が「他にありませんか」と皆の顔を見回した。B監査役を含めて出席していた3名（1名は社内、2名は社外）の監査役は、独自に調査した結果として、名義偽装の全容を詳細なデータで説明し、「直ちに適法に処理してください」と述べた。Y社長は「調査します」と回答した（『asahi.com』2004年12月1日、『日本経済新聞』2005年3月13日）。また、事実を公表する前に西武鉄道の株式を売買するとインサイダー取引になるので、株式には手を出さないことを申し合せた。

Y社長は翌日、親会社であるコクドのO専務に取締役会の状況を伝え、事実を報告するよう求めた。コクドの幹部の中には「その監査役をやめさせよ」といったことが伝えられている。

グループの実質オーナーであるコクドの会長T（西武鉄道の会長を2004年の4月14日まで兼務）は、上場廃止基準を免れようとコクドの所有する西武鉄道社株の売却を急いだ。西武鉄道のS常務もT会長の要請で、この株式の売却に協力させられていた事実がある

コクドから「個人名義の社員株式はコクドが実質的に所有している」との回答が来たのは、それから1か月以上経過していた。10月13日、Y社長は西武鉄道の有価証券報告書の虚偽記載を公表した。同日、コクド会長Tが辞任した。

S常務は、新たに設置された倫理委員会で「同社株式の売却に関与しないようにという社長指示に反した」として辞任を余儀なくされた。

2. 自殺したY社長

実は、Y社長は就任とともに人事異動を実施、株式業務を所管する新たな部長・課長を置き、従来は「コクドの指示に基づいて処理するように」

と引き継がれていた株式業務の再点検を指示していた。そして「疑義のある株式の存在」の報告を受け（西武鉄道HP「コクド管理株の発生の原因・経過等について」2004年11月12日）、2004年3月期の有価証券報告書の作成に当たり、「このままでは虚偽記載になる」とコクドのO専務に伝え、O専務はこれをT会長に報告、T会長が具体的な改善指示を出さなかったことを受けて、O専務は「従来通りに」とY社長に伝えていた（『日本経済新聞』2005年3月5日）という事実があった。そのため有価証券報告書は訂正されることなく、虚偽のまま提出されていたのである。

翌2005年2月20日、前社長Y（2005年1月28日社長辞任）は首吊り自殺した。同3月3日、コクド前会長Tが逮捕された。有価証券報告書虚偽記載およびインサイダー取引の容疑であった。

この事件から学ぶこと

実は、事件が発覚する前の2003年、上場企業の株式電子化（ペーパーレス化）に備えてのグループ対策会議において、1948年の上場時から連綿と続けられてきた「借名株」をどうするかという議論があり、その会議に西武鉄道から2名の常務が出席している。しかし、西武鉄道の社内ではその議論を表に出していない。

これを表に出そうとしたのがY社長、とどめを刺したのがB監査役だった。2004年8月26日、コクドのT会長は同社のO専務と都内のホテルで対応策を協議した。その際、O専務が、西武鉄道のB監査役が取締役会で名義株の違法性を指摘した文書を示したため、表面化（公表）は不可避と伝えると、T会長は驚いたという（『日本経済新聞』2005年6月17日）。

超ワンマンのT会長の「巷間伝わるように、役員会で部下を殴った、ゴルフクラブで殴り付けた」といった話が真実味を増してくる（七尾和晃著『堤義明 闇の帝国』光文社、2004年、144頁）中で、B監査役は、本当に勇気を持って疑義を報告したのだと思う。

Y社長の自殺の理由は不明であるが、2004年6月に提出された同年3月期の有価証券報告書の虚偽記載について、当時の社長としてどこまで把握していたか、証券取引等監視委員会と東京地検特捜部から再三事情を聴かれ、ほとんど自宅に帰ることはなかったという。

　救ってあげたかった。

〔出所：七尾和晃著『堤義明 闇の帝国』光文社、2004年、『日本経済新聞』ほか〕

FILE 33

海外子会社社員の奮闘は親会社監査役に伝わらず

―リース取引―

2017年6月13日、『日本経済新聞』の一面に「富士ゼロックス会長ら解任 不適切会計375億円 上層部が隠蔽」の見出しが踊った。富士フイルムホールディングス株式会社（以下、富士フイルムという）の子会社である富士ゼロックス株式会社（以下、富士ゼロックスという）のニュージーランド子会社である富士ゼロックスニュージーランド（以下、FXNZという）が、プリンター等の事務機のリース取引に関する売り上げを過大に計上したため、富士ゼロックスは累計375億円の決算修正を余儀なくされたという。オーストラリアでも同様のリース取引の不正会計事件が起きていた。

その前日の2017年6月12日に公表された「第三者委員会調査報告書」（2017年6月10日付。以下、調査報告書）と同時に発表された「人事上の措置」に、富士ゼロックスの現会長（前社長2007年6月〜2015年6月）と不正を隠蔽し続けたy副社長とw専務ら計6人の退任に交じって、S常勤監査役の名前があった。

なぜ、監査役が責任ありとされたのか、調査報告書に当たってみた。

1．リース取引の売上過大計上

事務機のリース取引は、一般に貸し手が事務機を一定期間にわたり使用する権利を借り手に与え、借り手は使用料を貸し手に支払う取り引きである。米国会計基準では、リース取引は、キャピタルリース（販売タイプリ

ース）とオペレーティングリースが存在する。会計処理上、キャピタルリースは、リース取引開始時に最低支払リース料（ミニマムペイメント）総額の現在価値が一括で売上計上される。それに対し、オペレーティングリースは、取引開始時に会計処理は発生せず、実際に顧客からリース料の支払いを受けた時に売り上げが発生する。つまり、キャピタルリースでの取引は、売上計上が早期にかつ多額に発生する代わりに、いくつかの条件を満たす必要がある。オセアニアの両子会社は、その条件を満たしていなかったにもかかわらず、プリンター等の事務機はキャピタルリース取引であるとし、かつ、その他の販売促進費用相当額を売り上げに計上するなど、その水増しを行っていた。

2．子会社の監査体制

　富士ゼロックスには監査役および経営監査部が存在している。シンガポールには、アジア・オセアニア地域の販売会社を統括する富士ゼロックスアジアパシフィック（以下、FXAPという）と、富士ゼロックスの内部組織として、アジア・パシフィック地区全体のマーケティング戦略立案・各販売会社の販売計画・利益計画達成支援のためのAPO（富士ゼロックスのアジア・パシフィック営業本部）がある。FXAPには監査役はおらず、APOには内部監査部門があり2名（管理職および一般職各1名）体制で、FXNZ（ニュージーランド販売子会社）等多数の販売子会社の内部監査を行っている。

3．2009年9月のAPOによるFXNZへの内部監査

　この監査において、APOの内部監査部門のマネージャーsはDSG（FXNZで行われているリース取引の一形態）という契約方式は、ミニマムペイメントの設定がなく、かつ解約不能というキャピタルリースの要件を満たしていないリース契約であることを見つけ、オペレーティングリースとすべきであるとTop PriorityとしてAPOのv経理部長に伝えた。しかし状況は

改まらなかった。それどころか、DSGと同様にミニマムペイメントのないターゲットボリューム（リース機器の目標使用枚数）を設定し、これをもとに売上計上し、料金が設定されるという契約方式（MSA）についても、キャピタルリースとして売り上げが計上され続けた。

sはそれでもなお、DSGやそれに類似したMSA契約のキャピタルリース売上は認められないと食い下がったようであるが、sはフィリピンに異動となった。sの後任のtもv氏から監査レポートを修正せざるを得ないほどの「助言」を受けたという。

なお、sの指摘を受けて、APOのv経理部長は、監査法人からの意見を求めるようにFXNZに指示したところ、キャピタルリースでよいとする回答を得たというが、実は、監査法人には別の標準契約書に基づくリース契約のみ提供していたことが後に判明した。

また、APOの内部監査レポートは、APOのトップである営業本部長に直接提出することになっていたが、前年の2008年4月にAPOの営業本部長としてw（後に富士ゼロックス専務）が着任した後は、事実上、APOの内部監査レポートはAPOのv経理部長の許可を得てからでなければ営業本部長およびX本社に提出できなくなっていた。

第三者委員会は次のように述べている。

> 2009年当時はAPOの内部監査部門のマネージャーであったsのように、当時の経理部長に対してもいうべきことはいうという人材がいたのである。富士ゼロックスにおける内部監査部門の独立性、増員を含めた優秀な人材の確保が急務である。

4．売上至上主義の蔓延

2010年4月から4年間、FXNZは業績目標を達成、当時FXNZのMD（マーチャンダイザー）であったAは、DSGに次いでMSAという契約方式を、キャピタルリースとして積極的に推進し、多額のインセンティブ報酬を得、3回表彰された。APOの経理部長は、Aに対し、APOの内部監査レポー

トがAPOの営業本部長および富士ゼロックス本社に提出される前によく
レビューするようにと「suggest」した。

後にAが富士ゼロックスオーストラリア（オーストラリア地区の販売・フ
ィナンシャル会社。以下、FXAUという）に異動後、FXAUにおいても同様
の不正が行われた。

日本国内の売り上げが伸びない中で、FXNZやFXAUの売り上げに対す
る大きな期待があり、目標達成に対するボーナス（インセンティブ）が売
上至上主義につながったと考えられると、第三者委員会はコメントしている。

5．Tony Nightからの告発メールと2015年8月の上海会議

MSAについて、2015年7月8日、Tony Nightと称する者から「FXNZ
はターゲットボリュームを水増しして売り上げを過大計上する不正会計を
行っている」等の指摘がなされた告発メールが富士ゼロックスのy副社長
と米国Z社（富士ゼロックスの25％の株式を保有する株主。元親会社）幹部に
届いた。

APOの内部監査部門のxはFXNZの監査を行い、当告発メールの指摘
通りの事実を把握し、T FC（Financial Controller）に監査レポートを送付
した。

当監査レポートには、MSA契約の10件のサンプルチェックの結果、ミ
ニマムペイメントの無効化、Rightsizing条項（ターゲットボリュームに達
しなかったときは、機器の撤去・変更・単価改定を行うことができる）の無効
化および2013年第4四半期から2014年にかけて締結されたMSA契約529
件中7割強で実ボリュームがターゲットボリュームを下回っていた旨が記
載されていた。そして、ターゲットボリュームに単価を乗じて一括売上計
上するのは不正であるとした。

2015年8月10日、富士ゼロックスのy副社長、w専務（元APO営業本部
長）、APO R営業本部長、同CC経理部長、同T FCが参加して上海会議（中
国成長戦略レビュー）が開催され、席上APOのT FCは監査レポートを報

告した。

それを受けてｗ専務は「悪い部分をつまみ食いした記載にするな」「オーディットは通っているんだよね」と述べた。ｙ副社長は監査報告書および米国Ｚ社には「まずは問題ないと書け」と指示し、「ニュージーランドの第2章はちゃんとやる（その後の対応はきちんとやるとの意）」と述べた。

そしてAPOのＴFCがｙ副社長の指示を受けて修正した監査報告書は、「匿名メールにあるような不正会計、売上過大計上はなかった」「ただし、サンプルチェックの結果、1件リース要件を満たしていない疑いのあるものがあった」と修正され、富士ゼロックスの新社長（2015年6月就任）および米国Ｚ社に送付された。

「ニュージーランドの第2章はちゃんとやる」との方針に基づき、2015年9月3日、APOはターゲットボリューム方式によるキャピタルリース扱い（MSA契約方式）の中止をFXNZおよびFXAUに通達した。

6．X社の監査役、報告を受ける

「Tony Nightのメールについては、少なくとも富士ゼロックスの監査役は、2015年8月頃にその報告を受けている」と調査報告書にはある。

次いで、「時期は不明であるが、APOのＴFCから、MSAのターゲットボリューム未達のものが6〜7割ほどあったために、MSAを中止したとの報告を受けた」との記載もある。この報告について富士ゼロックスの監査役は「会計上のリスクについては認識していなかった」と述べている。

7．2016年3月期決算は損失減額のまま

APOのＴFCとFXNZの新任のＫ経理部長は、2016年3月期にMSA禁止等により損失処理すべき額を算出した。これを受けて2016年2月25日、APOのＲ営業本部長とCC経理部長がｙ副社長とｗ専務に説明したところ、ｗ専務は不機嫌な態度を露にして「どこまで保守的に見ているんだ」と述べ、損失処理の大幅な減額処理を指示した。

168

翌日、富士ゼロックスの会長および社長に対しては、損失処理額が減額された資料のみに基づき説明した。

一方、FXNZとFXAUで生じた多額の損失の原因については、富士ゼロックスのy副社長の指示で、会計上の調査ではなく、あくまで多額の損失の原因および誰が主導したのかに限って、シンガポールの弁護士事務所に調査させた。弁護士事務所の2016年3月29日の報告書には「FXNZのMDであるAの醸成した売上至上主義はAPOからのプレッシャーも原因」と指摘し、MSAのターゲットボリューム水増しによる売り上げの過大計上についても証言がなされていた。

8．富士ゼロックスの監査役、決算の報告に疑義を持たず

「富士ゼロックス監査役への（第三者調査委員会の）インタビューによれば、同監査役は、2016年3月期のFXNZ決算において、大幅に減額修正された38百万NZ＄（約34億円）の損失の引当処理がなされることは富士ゼロックスの経理部からも報告を受けたが、MSAに関する報告を受けた記憶はないとのことである」と調査報告書にある。

同監査役は2015年9月に、APOのT FCから「MSA中止」の情報を得ていたが、その損失の持つ意味にまでは思いが及ばなかったのであろう。

9．富士ゼロックスの社長の疑念

富士ゼロックスの社長は経営監査部に対して、経理部と協力して2016年3月期と同様の事象が再発しないように、FXNZの現地調査をするよう指示した。富士ゼロックスw専務は経理部長に、2016年3月期決算に影響を与えないようにうまく調整するように指示し、経営監査部と経理部は、過去の部分は調査しないことで合意した。

2016年10月28日、富士ゼロックスの経営監査部と社長の定例会において、社長は「当事者は隠す。誰に聞いても『この件は複雑だからよくわからないかもしれないが問題はない』という。だから怪しい。だから経営監査部

に調べてほしい」と語った。

その後も、富士ゼロックスの社長は再三、経営監査部に調査を命じている。y副社長とw専務に間を阻まれた経営監査部から正直な報告が社長のところに上がるようになったのは、2016年9月7日のニュージーランドの新聞情報によって動き出した監査法人が、2016年11月8日、監査結果を富士フイルムの監査役に伝えて以降のことである。

この日、2016年11月8日、富士ゼロックスの経営監査部と同社y副社長の定例会において、y副社長は、この期に及んでも「確認は必要だが、不正は行っていない」「監査法人が認めている」と述べている。

真実を知りたいという社長の願いを、監査役がもっと積極的に受け止めていたらと思うと残念である。

10. 不正の発覚

2016年9月7日、ニュージーランドの新聞にFXNZの会計不正を告発する記事が掲載されたのを受け、監査法人（会計事務所）が動き出し、2017年2月に富士フイルムの経理部および監査役に調査結果を報告した。この中で初めて、過去に内部通報があったこと、他の会計事務所によるFXNZのオペレーション調査結果およびFXNZへの弁護士事務所のインタビュー結果の中に本事案を示唆する記述があったこと、ならびに実態調査のために富士ゼロックスから調査メンバーがFXNZに派遣されていたことが判明した。

11. 親会社富士フイルムと子会社富士ゼロックスの壁

2016年12月21日、富士ゼロックスのy副社長に対し同社経営監査部は、不正を知った富士フイルム監査部からの質問状に対する回答案を説明したところ、y副社長は「富士ゼロックスは独立した会社だ」「当社経営監査部が富士フイルム監査部に報告する必要がない」と述べた。

富士ゼロックスは、1962年、現富士フイルムと英国Z社（現米国Z社）

との合弁により出資比率50：50で設立されたが、2001年、富士フイルムが米国Z社所有の株式から25％分を買い取り、75：25になった。しかし、富士ゼロックスの社内にはいまだに米国Z社を親会社と見る空気がある。その上、富士ゼロックスは富士フイルムの売上高の5割近く、営業利益の4割を稼いでいて、グループ内でも独立心が強い。

12. 富士ゼロックス監査役に独自の動きがあった

　調査報告書には、2016年12月20日、「富士ゼロックス常勤監査役より、富士フイルム監査役に対して、FXNZ関連の報告をした」という記述がある。前述のように、翌12月21日に富士ゼロックスのy副社長が経営監査部に対して、富士フイルムに報告する必要がない、と述べた前日のことであった。

　次いで、2017年3月17日、富士フイルムの監査役らは同社社長に対して、監査法人から「不正監査を行うというFraud Letter」が出状される予定であることを報告した。

13. 調査委員会からの監査役への指摘

　調査委員会は、前述の6.と8.の報告および10.の事実があったことから、富士ゼロックスの監査役として、FXNZの経営および会計処理について疑念を抱き、社内調査を開始する契機があったにもかかわらず、富士ゼロックスの監査役が本事案に関する活動を本格的に開始したのは2016年12月20日、富士フイルムの監査役との定例会において本事案の報告を行ったのが初めてのようであり、監査役の活動が不十分であったという指摘がなされる可能性がある、と述べている。

この事件から学ぶこと

■海外子会社の監査体制を整備すること

　リース会計は確かに難しいが、もし、富士ゼロックスの監査役が、

171

FXNZに対するAPOの内部監査室のs、x、およびT FCらに面談し、リース債権が増加し、代金回収が遅れ、機器の仕入れの増大と買掛金の増大といった事象と、与信管理の実態を調査していたら、不正の端緒は掴めたはずである。

　特に、海外の監査部門から定期的に本社の監査役へ報告する体制を整備することが急務である。

■会計監査人に対する姿勢を正すこと

　「会計処理でグレーのものがあっても、監査法人にそれを積極的に告げる必要はなく、指摘されたら対処すればよい」と富士ゼロックスのy副社長とw専務はいう。監査役の中に、このような考えを持つ方はいないと思うが、いかがだろうか。情報は富士ゼロックスのy副社長とw専務に阻まれてしまっていた。監査役は会計監査人と真実の情報交換をしなければいけない。

■会計知識と英語力を補う方策を立てること

　監査役が、リース会計を正確に理解することは容易ではない。また英語力が乏しければ、現地への往査も消極的になる。監査役がその職務を果たすために、社内外の専門家や通訳を使うことを堂々と会社に要求したらよい。

■内部監査部門とは正直な会話ができるようにすること

　2015年6月に就任した富士ゼロックスの社長は、経営管理部に再三にわたり調査を命じているが、富士ゼロックスのy副社長とw専務に阻まれてしまった。正直な報告があがるようになったのは、ニュージーランドの新聞情報があってからである。監査役は内部監査部門から真実の情報を聞けなかったのだろうか。

172

FILE 34

監査役はなぜ社長への報告を怠ったのか

―循環取引―

2010年5月28日の『日本経済新聞』に「メルシャン循環取引か　社内調査に着手」の見出しで、メルシャン株式会社（以下、メルシャンという）は同月26日、養殖用の飼料を取り扱う水産飼料事業部の取引先から納品されていない架空の商品代金を請求されたとの苦情が同月10日にあり、同月21日付けでＵ社長を委員長とする社内調査委員会を設置、実態解明を進めている、との記事が掲載された。次いで6月11日にメルシャンにて第三者委員会が設置された。社内調査委員会の報告書は同年8月12日に、第三者委員会の最終報告は8月27日に公表された。不正を突き止めながら社長への報告を怠った監査役の苦悩が記述されている。

1．事件発覚と結末

　メルシャンは事件発覚当時、東証一部に上場していたが、キリンホールディングス株式会社（以下、キリンという）の子会社であった。出資比率は50.1％、注目すべきは親会社であるキリンもグループ会社の内部統制の状況を調査するため、第三者委員会を2010年6月11日付けで設置し（『朝日新聞』2010年6月12日）、同年11月5日に報告書を公表している。通常、子会社が上場会社なら子会社の第三者委員会だけで済ますところ、親会社も第三者委員会を設置し、親会社の役員に責任はなかったのかを検証していることに注目したい。

　同年8月27日、キリンによる完全子会社化が発表され、メルシャンは上場廃止となり、同日、事件に関与した専務が辞任し、社長ら取締役6人と

常勤監査役1人の報酬返上などの処分をしたほか、「民事・刑事の責任追及も検討する」(『朝日新聞』2010年8月28日)とも伝えられた。

　2011年4月1日に、水産飼料事業はS株式会社に譲渡された。水産事業を必死で守ろうとして起こした事件で、結局、水産飼料事業はメルシャンから消えてしまった。誰も、横領、着服したというわけでもない。

2. 監査役にとっての当事件の重要性

　この事件を取り上げたのは、監査役としての基本的な義務かつ最も重要な義務の1つである「取締役(会)への報告義務」を怠ったことによって起きた監査役の悲劇だからである。しかも、その原因が、親子会社で起こり得るよくある話だからである。

会社法382条(取締役への報告義務)
監査役は、取締役が不正の行為をし、若しくは当該行為をするおそれがあると認めるとき、又は法令若しくは定款に違反する事実若しくは著しく不当な事実があると認めるときは、遅滞なく、その旨を取締役(取締役会設置会社にあっては、取締役会)に報告しなければならない

---

3. 監査役の行動の概要

　この事件の中で果たした監査役の行動を、2010年11月5日に公表されたキリンの第三者委員会の報告書の記述から追ってみたい。

　　　2010年4月30日の回収期限が来ても、養殖会社Dへの飼料の売掛金10億円弱の入金がなかった。メルシャンの(新任の)水産飼料事業部長はD社に赴き、支払いを迫ったところ、D社の役員は「御社の水産営業部長さんによる飼料の架空売上です」と答えた[注1]。

(注1)　2010年8月28日付の『朝日新聞』の報道によれば、「取引先からクレームがあって初めて知った」ように見えるが、第三者委員会の報告書では、「(新任の)水産飼料事業部長はD社に赴き、支払を迫った」とある。メルシャンが内部で不正を見つけたことの意味は大きいと考える。

常勤監査役は約2年前の2008年3月に就任したメルシャンプロパーである。就任した時から、水産飼料事業部の過大在庫が問題となっており、経営戦略会議（社内取締役および常勤監査役で構成）でもたびたび議題として取り上げられ、在庫縮減が指示されていたにもかかわらず、状況は一向に改善されなかった。

　2009年半ば、常勤監査役と監査部長は、2008年度末に比べ2009年度第2四半期の在庫が増加していること、そして、おかしなことに大量の原料を購入していること、さらにその購入先が本来は飼料の販売先であるはずの卸売会社Bであることに疑問を持った。監査部長は関係帳簿等を調べた結果、循環取引の可能性と、製造委託先のA社からの架空仕入と一部在庫が架空であるという疑いを持ち、常勤監査役に伝えた。常勤監査役はこれをもとに不正取引のスキーム図を作成した（後に調査委員会の作成したものとほぼ一致している）(注2)。

　2009年9月4日の製造委託先のA社H倉庫（K市）の会計監査人による監査の実地立会の際に、常勤監査役は「ミール（魚粉）が4,300トンあるはずだが」と質問したところ、「8月中に製品製造のため鹿児島県T市の倉庫に送った」との回答があった。

　なお、H倉庫には帳簿上は、直前まで大量のミールが保管されていたにもかかわらず、ミールの匂いはまったく残っていなかった。

　「もともと、ミールはなかったのではないか」との疑念を持った常勤監査役は、一緒に立ち会った監査部長とY市にある水産飼料事業部に抜き打ちに赴き、鹿児島県T市の倉庫を見せるように依頼したところ、「営業部長でなければわからない。営業部長は出張中」との回答があったので、営業部長に連絡をとってT市で落ち合ったが、営業部長によると「倉庫管理

（注2）　循環取引を実行するためには、売上計上した代金をどうやって回収したように見せかけるかが極めて重要で、その1つの解決策が、売上先または他の取引先から、架空仕入を行い、その支払った代金をバックさせるという手法である。そのため循環取引によって、在庫が膨らむという現象が生じるのである。

会社の社長が鍵を持ったまま、遠くに出かけている」とのことで倉庫には入れなかった。

その後、そのミールについて確認したところ、「すでに製品として養殖会社Dなどに販売された」との説明があった。

これについて、常勤監査役と監査部長の2人は「当ミールが架空在庫であったことを隠すために養殖会社Dに売ったことにした。代金回収時に問題が起き、いずれ真実が明らかになるだろう」と考えた。しかし、それはなかなか起きなかった。水産営業部長が養殖会社Dに対し、架空仕入を起こすことによって資金援助をしていたからである。

2009年9月中旬から10月上旬にかけ、常勤監査役は監査部長を促し、2人で当事業部の担当であるC常務（2009年3月より）と、前任者であるB専務(注3)に2回にわたり、不正取引のスキーム図3枚を並べて、架空在庫の疑いが濃厚である旨を指摘した(注4)。

なお、第三者委員会の最終報告書には、「常勤監査役は疑われる循環取引の意味合い等について、『事業部がけしからんのは、長期在庫削減の手段としてこういう不適切なやりかたをしてめくらましをしていることであり、その結果、B卸売なんかに不当な利益を落として、当社の利益がかすめ取られていることだ』等とも述べたことが認められる」とある。

ここまで突っ込んで業務にあたる常勤監査役は多くない(注5)。ところが残念なことに、常勤監査役と監査部長の行動が、ここで止まってしまうの

（注3） 調査報告書にはBは常務とあるが、常務だったのは2009年3月までであり、その後は代表取締役専務になったので専務とした。

（注4） 報告書によれば正しくは「指摘したようである」とある。『朝日新聞』は「『架空在庫や循環取引などの疑いがある』などと説明した」といい切っている。報告書によれば、そのほか、「次のように」と述べたということからすると、「指摘した」と考える方が常識的だと判断した。

（注5） 監査役は、会計監査については、「会計監査人の監査の方法又は結果を相当でないと認めたときは、その旨及びその理由を記載する」（会社法計算規則127条）とあり、会計監査人に「特に問題はなかったですか」程度の質疑で済ませてしまっている監査役が、残念ながら実に多いのである。メルシャン監査役の調査方法については参考にしなければならない。

である。

　まず、不正のスキーム図をB専務・C常務に渡すことなく回収してしまった。次に、U社長には何らの報告をしていない。

　後に、常勤監査役はその理由を「社長に報告せずに専務・常務に説明したのは、いまだ確証に至っていなかったこともあるが、もし社長に報告した場合には専務・常務を窮地に追込むことになるし、担当役員において、自らの責任で事の解決と真相の究明を行った上で社長に報告するのが一番いい。お2人にはこちらの意図はわかるはずだと思った」と述べている。これは、同じ監査役として痛いほどよくわかるところではあるが残念である。常勤監査役は、経営会議にも取締役会にも報告しなかった。一方、監査部長も監査部の直轄の上司である社長に報告していない。その理由を「専務も常務もメルシャンの人間であり、ある程度の疑いの段階でも話してもいいし、担当役員に是正してもらえばよいと思った。社長に話せば（親会社である）キリンを巻き込んで大問題になってしまう」と述べている。

　その後、B専務・C常務から何らの反応はなかった。そのことについて、後に、B専務・C常務は「常勤監査役からY市に行ったか否かを尋ねられたので、『在庫の有無等の真相究明は監査役と監査部が行うので、担当役員として本事業部に対し余計な工作や妨害をするな』ということだと認識した」と回答している。

　2009年10月23日付け監査役監査調書（監査役会に提出）および同年10月29日の内部監査報告書には「架空在庫・架空売上の疑いあり」との記述がなされているが、これを社長が見たという証跡はない。また、監査役会が動いたという報告もない。せっかくの鑑査役監査調書が生かされていないのは残念である。

　ただし、常勤監査役は同年10月26日、会計監査人に内部監査報告書の内容を説明し、実地監査の経緯を述べるなどして、架空在庫の疑いがあるの

で「監査法人としても詳しく見てほしい」と依頼したようである^(注6)。

「業務監査は監査役、会計監査は監査法人」という誤解をしている監査役がおられるが、監査役が会計監査をしなくともよい、監査役が自ら調査してはいけないなど、どこにも書かれていない。重大な会計不正を自ら調査することはごく自然であるし、放置する方が責任を問われる。この常勤監査役は自ら疑義を調査し、会計監査人にもそれを伝えている。この点はよくやっている。

メルシャンの後の調査によると、一連の循環取引の首謀者は水産飼料事業部の前事業部長と前営業部長であり、異動後も取り引きに関与していたこと、またB専務もこれに関与していたことが判明している。

メルシャンの第三者委員会は、常勤監査役と監査部長が2009年10月段階で社長、経営会議および取締役会に報告していれば粉飾額（2005年度から2010年度第2四半期まで約64億8000万円）のうち、17億3000万円は救われた、しからばなぜ2人は報告を怠ったのか、その真の原因は、親会社のキリン出身者と旧来からのメルシャン在籍者との関係にあると指摘し、「単に社長とそれ以下の役員との間の意思・情報の連絡・疎通の問題の域を超えたものがあったように思われる」と述べている。

つまり、メルシャンはもともと大手調味料企業の味の素株式会社と深い関係を持ち、かつ「自身が長い伝統を有する会社」であったが、キリンの傘下に入ったことにより「キリン出身の社長」に対する「ある意味で屈折したともいうべき隔意」があったというのである。

メルシャンの元監査役は、自分がその常勤監査役だったとしたら「社長は横から来た人だから、やはり言わなかっただろう」と述べている。

また水産飼料事業は、1975年Y市の工場で、アルコール製造により発生

（注6）　日本監査役協会「監査役監査基準47条3項（会計監査人との連携）」において監査役は、業務監査の過程において知り得た情報のうち、会計監査人の監査の参考となる情報または会計監査人の監査に影響を及ぼすと認められる事項について会計監査人に情報を提供するなど、会計監査人との情報の共有に努めるとある。これに基づき監査役が会計監査人に疑義を伝え、これを受けた会計監査人がその疑義を放置したとすれば問題だと思われる。

する蒸留残渣を利用して養殖用飼料の生産を開始したのが始まりで、ワインを中心とする酒類事業中心のメルシャンの中では傍流であり、社長も同事業部に対してあまり関心は持たなかったようである。しかも業績は悪く、事業を他社に譲渡する検討もされており、同事業部従事者が精神的に追い込まれていたことは容易に想像できる。

4. 監査役への評価

　常勤監査役は、確証が得られていない段階での報告には抵抗があったようである。しかし私見ではあるが、これだけの証拠があれば、循環取引を疑うことは自然であり、また会社法には「取締役が不正の行為をし、若しくは当該行為をする『おそれがある』と認めるとき」には取締役会に報告する義務があると定められているのだから、遠慮はいらないと思う。不正をここまで追い詰める監査役は少ないだけに残念である。

　しかし、子会社の監査役は、これを報告した場合の親会社からの反応を考えてしまう、というのも経験からよく理解できるところであるが、会社を救うためには、取締役会で「勇気をもって報告する」ことの大切さをこの事例は教えてくれる。

　ちなみに、メルシャンの第三者委員会は、常勤監査役について「経営会議や取締役会はおろか社長に対してすら説明を行わなかったことは、監査役としての任務を果たしたとは到底いえないものであったことは明らかであろう」と述べている。

5. 親会社の役員の責任

　2010年11月5日のキリンの第三者委員会報告書において、親会社の取締役の法的責任については次のように概説されている。

　⑴　子会社の違法行為・不正行為の結果につき責任を負うべきは子会社の取締役である。ただし次のような場合は親会社の責任が生じる可能性がある。

179

① 親会社取締役が、子会社に指示したことにより違法行為・不正行為が行われた場合

② 子会社の業務執行が適正に行われているかどうかを監視監督する義務を役割分担や経緯から負っている場合

③ 子会社から親会社に問題を報告したのに放置した場合や、子会社からの報告から問題が発見できたのに見逃した場合

④ 財務報告内部統制報告書において、子会社の「開示すべき重要な不備(注7)」を知りながら報告書にその旨記載しなかった場合

⑤ 子会社を過度に自由放任した場合など、「企業集団における内部統制システム構築義務違反」に問われる場合(注8)

　この報告書の結論として、親会社において責任を負うべき取締役はいなかったとしている。

この事件から学ぶこと

■子会社監査役の「勇気」

　筆者が親会社からある子会社に転籍となり、常勤監査役を務めたとき、親会社の関連会社を統括する部門のスタッフが、その子会社の取締役会に役員として出席している中で、監査役として、当子会社の問題点を指摘するには相当の勇気が要った。ましてやプロパーの常勤監査役なら、より一層の勇気が必要であったことだろう。しかし、監査役には「その勇気が義務」なのである。

(注7)　この事件当時は「重要な欠陥」という用語が使われていた。

(注8)　会社法は、大会社に対し、「取締役の職務の執行が法令及び定款に適合することを確保するための体制その他株式会社の業務の適正を確保するために必要なものとして法務省令で定める体制(いわゆる内部統制システム)の整備」を決定または決議し、遵守することを義務付けており(会社法348条1項5号・362条4項6号)、その中に次の項目がある。
　当該株式会社並びにその親会社及び子会社から成る企業集団における業務の適正を確保するための体制(会社法施行規則98条1項5号・100条1項5号)

監査役の中には、重大なことしか取締役会でいってはいけないなどという人もいる。金額は小さくとも、基本的に重要なことは重大なこととして扱わなければいけない。親会社の人がいようとも勇気を出そう、その勇気が会社を救うことを信じて。

■監査役会で止まってしまわないように

　2011年に発覚したO社の不正会計事件でも、同じようなことが第三者委員会の報告書に記載されている。つまり、監査役会では「問題あり」とされながら、取締役会には報告していない。よくあることである。取締役会への報告は監査役の義務である。

■監査役の独任制

　筆者にとって気になる事実がある。2010年3月25日提出のメルシャンの有価証券報告書（2009年1月～12月）の役員の状況によれば、常勤監査役はメルシャンプロパーであり、非常勤監査役の1名はキリンの現常勤監査役であり、もう1人の非常勤監査役はキリンの現経営監査部長である。この2人は、常勤監査役が監査役会に提出した2009年10月23日付けの監査役監査調書は見ていたはずである。取締役会で常勤監査役が黙っていたとしても、非常勤監査役は独任制を発揮して発言しなければいけなかったのではないか。

会社法における独任制の規定
会社法390条2項　監査役会は、次に掲げる職務を行う。ただし、3号の決定
　は、監査役の権限の行使を妨げることはできない。
　3号　監査の方針、監査役会設置会社の業務及び財産の状況の調査の方法
　その他の監査役の職務の執行に関する事項の決定

　つまり、監査役会は調査方法など監査役職務の執行に関する事項につい

ては各監査役を縛ることはできない、いい換えれば、各監査役は他の監査役がどうであろうと、自分の義務を果たすべく行動しなくてはならないのである。これを監査役の独任制という。

Ⅳ

子会社の監査役が立ち向かった事件

FILE 35

若手会計士からの情報

—税効果会計—

　2000年から2003年頃にＸ製作所の関連会社Ｙ社（東証二部上場）の常勤監査役を務められたＡ氏からその当時の話をうかがった。今から20年弱前、税効果会計が導入された当初の話である。

　Ａ氏が監査役になって２年が経った頃、ある主力工場の実地棚卸の立ち会いに行ったときのこと、その工場の会議室で昼食後に雑談しているとき、同席していた若手の会計士がＡ氏に話しかけてきた。その棚卸の立ち会いには、監査法人の代表は来ていなかった。その監査法人は、３〜４名の会計士を抱える小規模な会計事務所であった。

1．会計士からのアドバイス

その若手会計士はＡ氏に次のようにいった。

　「今期の決算は赤字ですよね。そうすると、現在、計上している繰延税金資産は取り崩す必要がありますよね」

Ａ氏は、同じＸ製作所グループ会社の監査役仲間の勉強会で、親会社のＸ製作所の経理部門の担当から税効果会計の話を聞いたことがあった。

まだ税務上は損金に計上できないが、会計上は損失に計上しなくてはならない場合、税務上は「自己否認」して税務上は損金とはしない。つまり「有税」で損失計上することになるが、その額に対応する税金部分を「繰延税金資産」として計上（その分、「法人税等調整額」で当期純利益に組み入れられる）にして、その損失が実現した段階で、税務上の損金として認められ、先に有税処理した分の税金が控除されるという制度である。税金の

183

前払い的な意味を持っているので「資産」という扱いになっている。しかし、税金が戻せないような、つまり赤字が続いているような状況では、「繰延税金資産」には計上できず、また計上済みのものは取り崩さなくてはならない[注]。

A氏は、頭の中では税効果会計について知っていても、その期の決算を控えて、どのように対処したらよいのかまでは思いつかなかったという。いわれてみればその通りである、と納得した。Y社は、税金が戻せないような状況であると判断され、当期末で「繰延税金資産」を取り崩さなければならないが、その分、当期の損失は増加することになる。会社としては、受け入れがたいところである。

2．取締役会での発言

しかし、A氏は、Y社に戻るとすぐに状況を経理部門に伝えたが、決算には反映されず、決算短信では取り崩されずに発表されてしまった。多分、監査法人の若手会計士の意見は伝わっていなかったか、通らなかったのかであろうと推察した。決算短信は、取締役会に事後報告された。その席でA氏は、繰延税金資産は取り崩すべきであると指摘した。経理担当の専務も社長も異議は唱えなかった。取締役会が閉会後、すぐにA氏は監査法人の代表に電話し「今日の取締役会で、繰延税金資産は取り崩すべきと申し上げました」と伝えると、代表は「そうですか」とだけ応えたという。

A氏は、若手の会計士からアドバイスを受けたことは、監査法人にも社内の誰にも話さなかった。

取締役会後、決算短信の修正が行われた。

その後、半年ぐらいして、日付は定かではないが、『日本経済新聞』に税効果会計に関しての短い囲み記事が出ていたという。そこには、繰延税

（注）　税金が戻せる状況かどうかを判定する基準は、最新版は「繰延税金資産の回収可能性に関する適用指針」（「企業会計基準適用指針第26号」2015年12月28日）による。

金資産の回収可能性を判定し、取り崩さなければいけないことがあるとして、Y社の例が載っていたという。税効果会計導入後間もない頃であったから、注目されたのであろうとA氏は語っている。

後に、監査法人の代表に会ったとき、代表はA氏に「繰延税金資産を全額取り崩しておいてよかった、監査役のお陰だ」と語ってくれた。

この事件から学ぶこと

■若手の会計士の意見は貴重

これは、20年も前の話である。今日では、小規模な監査法人といえども、監査法人内の審査体制や、監査の品質管理体制が強化されており、公認会計士協会や金融庁からの検査等を受けていることを考えると、このような事例はほとんど起こり得ないと思われる。また、「監査法人の組織的な運営に関する原則（監査法人のガバナンス・コード）」（金融庁 2019年3月31日）には、「監査法人の構成員が積極的に議論を行う開放的な組織文化・風土を醸成すべきである」とある。

しかしながら不正会計の最近の事例を見ると、何人もの会計士が監査しているのに、本当に誰1人として不正に気付かなかったのだろうかと思うことがある。

若手の会計士は、正義感に燃えて、筋を通すというよい面を持っているように思う。若手の会計士と意見交換やら雑談やらをお勧めしたい。

■決算短信の取締役会での扱い

決算短信は速報であるから会社法上の決算書（計算関係書類）と違っていても構わない、というわけにはいかないだろう。違っていれば、それなりに株主への説明が必要となる。決算短信は決算書と一体になって作成されるのであるから、決算の方針を決定付け、しかも公表されるという意味で極めて重要である。したがって決算短信は、取締役会の付議事項、少な

くとも報告事項と位置付けるのが妥当であると考えている。

　会計監査人にとっては、建前上は「決算短信は会計監査人の監査の対象外」とはなっているが、会社法上の決算書の監査と一体のものであるから、責任の有無はともかく、監査役は、会計監査人と連携をとり合って、決算短信の監査に臨んでいただきたいと思う。

内部統制とは何か

FILE 36

内部統制システムの構築とは何か

―繰り返された社長の違法な出金―

> 　ジャスダック上場の不動産会社株式会社セイクレスト（以下、セイクレストという）の社長による会社資金の違法な出金事件で、破産管財人（以下、管財人という）が、公認会計士である非常勤監査役（以下、監査役Xという）に対して、任務懈怠を理由とする損害賠償請求権の額を8000万円とすることを求める「役員責任査定」案件について、裁判所は、Xの責任につき、責任限定契約（会社法427条）を適用して648万円（報酬の2年分）と査定したところ、管財人およびXの双方からこの決定に対して異議が出され、訴訟に持込まれたものである。

　管財人が、非常勤監査役Xに絞って訴訟を提起したのはなぜか。監査役会の職務分担で監査役Xは経営管理本部管掌業務を担当することになっており、したがって内部統制システムの構築も担当職務であると推測され、それを怠った監査役Xの義務違反であると判決文は述べている。しかしどうやら、社長ら取締役やXを除く監査役らは、管財人から破産法に基づく役員責任査定の申し立てがなされ、その査定の決定後に責任を認めて和解に応じたとのことである^(注1)。

　セイクレストは、2009年3月末に債務超過に陥り、上場廃止のおそれがある中で、代表取締役社長A（以下、社長という）が資金繰りのために、第三者割当増資（中には違法な増資案件もあった）等で得た資金を、使途の

(注1)　塩野隆史「セイクレスト監査役責任追及訴訟（第一審）の検討」『法律時報』第86巻第12号。

明確でない約束手形の振り出しや出金を繰り返し（その中には、取締役会の決議を経ずに実施されることも多かった）、2011年5月に破産した。

大阪地裁は、社長が違法な出金を繰り返していたのだから、2010年9月に行われた株主割当による新株（本件募集株式）による増資でセイクレストに入金があった場合も、違法な出金が行われることを予見できたはずであり、監査役Xがそれまで、取締役会において「出金に疑義ある」「反対である」または「今後もこのような出金を行うならば覚悟がある（監査役全員の辞任）」といった「意見」を述べていたことは評価するにしても、それでも社長はこれを無視していたのだから、一歩進んで、自ら日本監査役協会のひな型に準じて定めたセイクレストの「監査役監査基準」に従って違法な出金を防止するための「勧告」をすべきであるところ、これを怠っていたと結論した。ただし、監査役Xは意見を表明するなど不当な行為が行われないようにそれなりの活動をしていたと認められるから善管注意義務違反の程度は著しいと評価することは酷だとし、セイクレストと監査役Xとの間で締結されていた責任限定契約を適用し、損害賠償額を監査役報酬の2年分の648万円に限定することを認めた（大阪地裁判決 平成25年12月26日、『判例時報』2220号）。

この判決に対して、監査役Xは監査役としての義務を果たしていたとして決定の取り消しを、管財人は648万円ではなくあくまで8000万円の賠償責任をそれぞれが主張し、双方が控訴していたが、平成27年5月21日に大阪高裁が、双方の控訴を棄却（1審をおおむね支持）する旨の判決（判例時報2279号）を下した。ここに監査役にとって重要なテーマが出てきたので、紹介する。

1審では、違法な出金を防止するために監査役として具体的に次の2つを勧告すべきだったとしている。それは①内部統制システム（リスク管理体制）の構築、②社長解職のための取締役会の開催もしくは取締役解任のための臨時株主総会の招集である。なぜ、この2つができなかったのか、2審ではその間の事情が明らかにされた。

1. 内部統制システム（リスク管理体制）の構築がなぜされなかったのか

　違法な出金は、主として、約束手形の振り出しによって行われていた。そこで、会計監査人は「手形取扱規程」を設けるように指摘し、これを受けて社長は2010年11月15日の取締役会に同規程を提案し、取締役会はこれを承認可決した。その内容は、通常の営業活動による出金以外は、取締役会の決議がないと手形の発行を認めない、というものであった。これこそ内部統制システムの構築である。ところが制定された翌日の同年11月16日から、取締役会の承認決議を経ないまま、社長は多額の約束手形を振り出すに至り、同年12月7日の取締役会でそれが明らかになった。

　では、社長は規程違反をしたのか？　実はなんと「手形取扱規程」施行日は2011年1月1日であった。判決文は、即日施行することが必要であった、としている。

　監査役会は「約束手形の振出については、監査役会への報告なく進められたものであり、事前に監査役会への報告を確実に履行するよう」要請していた。判決は、このような要請では無視されるおそれがあることはわかっていたのだから、「手形取扱規程」は「即日施行」するよう「勧告」すべきだった、ということである。

　ところで、株主割当による新株（本件募集株式）による新株発行が2010年9月15日の臨時取締役会で決議され、同年12月29日、4億2000万円が入金された。使途については、同年12月20日開催された取締役会で、金融機関への返済や未払諸経費・給与の支払に2億7000万円、残りは今後の運転資金に充てるとの資金計画が了承されたが、社長は入金された数時間後に、来社した第三者に8000万円を交付した。今回は手形ではなく現金の手渡しであった。取締役会の決議もなく使途不明である。

　監査役Xは、「資金調達に奔走していた社長が、違法かつ不当な資金流出をしかも入金の数時間後に出金することは予見できなかった」と述べている。

判決文は、監査役Xは少なくとも同年12月7日時点で、社長が、違法な出金を繰り返すことが予見できたはずであり、とすれば、「手形取扱規程」の即日実施はもとより、「手形取扱規程」に準じた「現金・預金の管理規程」を制定し、日常的な支払程度の金額を超える出金については取締役会の承認なしにはできないように規定し、即日施行するよう「勧告」すべきであったと述べている。

2．社長解職のための取締役会の開催がなぜできなかったのか

　実は、取締役らは、2000年6月および11月の2回、社長の解職を具体的に検討したものの、セイクレストは社長個人が実質的に支配する会社であり、社長が代わっても株主や取引先が付いてくる保証はないし、後任者もいないことから解職措置をとらないという判断をしたとのことである。監査役Xはたとえ解職すべしとの「勧告」をしても、取締役らがこれに従う可能性はないとの判断で、「勧告」はしていない。それでも、判決文は「勧告」すれば解職される可能性はあったのだから、「勧告」すべきだったという。

　なお、違法行為差止請求権も監査役に与えられた重要な権限であり、管財人は、監査役Xは「社長は、取締役会の決議なしに、同社を代表して、1000万円以上の金額の債務負担行為または弁済行為を行ってはならない」旨の仮処分命令の申し立てをすべきであったと主張したが、判決文は、内部統制システムの構築の勧告および社長の解職についての勧告によって、かなりの効果を上げることができたと考えられるので、たとえ、差止請求しなかったとしても義務違反にはならない、としている。

この事件から学ぶこと

■監査役監査基準の重要性

　この監査役Xは、「比較的よくやっている」といえるだろう。それにし

ては、厳しい判決だと個人的には思う。

　監査役監査基準に則って「勧告」していないことで責任追及されるのであれば、日本監査役協会の監査役監査基準を「内部規程化」しないという後ろ向きの動きにつながるおそれがある。また、同基準は「ガイドライン」あるいは「モデル」にすぎず、それを監査役の法的義務とするのは行きすぎであるなどの意見がある一方で、同基準を前向きに捉え、同基準に沿った監査活動を行えば、特段の事情のない限り、法的責任は生じないと解してよいとの見方もある^(注2)。

■内部統制とは何か

　1審、2審通じての判決の意味するところは非常に重要で、監査役は、取締役会でただ意見を述べ、「あとは執行側の問題」ということでは済まされない立場にあり、意見が無視された場合は、執行権はなくとも、会社法で与えられた権限を行使して、違法行為や重大な損失を防止するために「具体的な策を勧告」し、「具体的な行動」を起こさなければいけないということである。そこまで、この判決は監査役に期待しているのである。

　高裁判決の意味するところは、内部統制システムについて、監査役の認識を変えなければいけないということである。つまり、具体的な重大なリスクが存在する場合は、そのリスクを除くために、規程を整備したり、マニュアルを作成したり、組織を見直したり、そういう具体的な「内部統制システム」を構築するよう「勧告」しなければいけない、これを怠った監査役は任務懈怠責任が問われるということである。

　また、社長解職の「勧告」をすべきだったとの判決は正論かもしれない。しかし、資金的に追い詰められ、倒産の危機にある会社の現実に直面したとき、社長1人で持っていた会社、しかも、後任の候補者も見つからない

(注2)　『金融・商事判例』No.1496、尾崎安央「セイクレスト役員責任査定決定異議申立事件控訴審判決」を参考にまとめた。

ときに、社長を切る決断は極めて難しかったと推察する。とはいえ監査役は、社長を切る（社長解識のための取締役会開催の勧告）という辛い決断をしなければならないときがあるということである。

なお、本事件で見る限り、監査役は会計監査人と連携し、会計帳簿等の監査によって、社長の違法な行為を確認した上で、「違法行為差止請求」を早い段階で出すべきではなかったか、この方が「勧告」や「社長の解職」よりも有効ではなかったかと私は思う。

【追記】

当事件では、実質5億円以下の山林を20億円と評価し、この山林の持ち主に対し、現物（山林）による第三者割当増資を行った件についても取り上げられている。監査役会および本件第三者割当増資の必要性および相当性に関する意見を求めるために設置された第三者委員会は評価額に疑義ありと表明したが、取締役会は20億円を認め、2000年3月8日開催の臨時株主総会にて可決された。監査役は、取締役会での反対表明だけではなく、株主総会でも意見表明すべきとの意見があり、傾聴に値する。

なお、社長は、後に、金商法違反（偽計取引）で逮捕・起訴された。

取締役の監査役への報告義務

FILE 37

監査役への報告義務違反を指摘した監査役

―社長による違法出金事件―

> ベビー・子供服製造販売の株式会社キムラタン（東証一部上場。以下、キムラタンという）のK社長が、取締役会に諮ることなくコンサルタント会社と自分に合計1500万円支払った事実が、2か月半経過した後に取締役から監査役に報告があり、監査役会は調査結果を取締役会に提出した。2007年12月21日、臨時取締役会（K社長出社せず）が開催され、当該利益相反取引を否決した後、K社長の解任を決議した。監査役会監査報告書には「K前社長の利益相反取引に関する違法行為」と「取締役の監査役に対する報告（遅延）義務違反」が記載されている。

2007年11月下旬、キムラタンの常勤監査役Mの元に同社の非常勤社外監査役で弁護士のJから次のような情報が入った。

> 「たった今、取締役Aから『社長Kが本年9月上旬に取締役会に諮ることなく、会社から780万円を借り、かつ必要性のないコンサルタント契約を締結し、コンサルタント会社に720万円を支払った』との連絡があった。ついては監査役会は直ちに調査に入るべきです」

M常勤監査役は、キムラタンの会社法対応内部統制取締役会決議では「取締役及び使用人からの監査役への報告は『常勤監査役への報告』をもって行う」こととなっているにもかかわらず、「なぜ、A取締役が私にまず教えてくれなかったのか」と残念に思ったと推察するが、それはさておき、調査の結果、A取締役の情報は事実であることが判明した。K社長は、3年前に経営再建のために外部から招聘され、その際、キムラタン株式を借金して取得したが、最近その返済を迫られていたようであった。今、株を

売却すれば、業績の悪いキムラタンの株価を一層引き下げることになるのを懸念したと思われる。

A取締役がこの事実を知ったのは、J監査役に通報する2か月半前であり、これは会社法357条（取締役の報告義務）違反である。取締役Nもほぼ同時期にこれを知っていたことも判明した。2007年12月17日、監査役会は調査結果を取締役会に報告し、取締役会として適切な対応をするよう要請した。K社長は、12月に入るや、出社しなくなっていて、この日も欠席した。

12月21日、K社長欠席のまま、臨時取締役会が開催された。監査役会は、K社長の利益相反取引^(注)（合計1500万円）の承認議案を付議するよう求め、議長代行のA取締役が採決を行った結果、全員がこれを否決するとともに、K社長に対し1500万円の一括返済を求める旨の決議を行い、さらに、K社長の解任および今後の報酬をゼロとする決議を行った。そしてA取締役が新社長に選出された。

東京証券取引所に出向き、情報の開示に付き相談したのは臨時取締役会の3日後であった。キムラタンは3日遅れを厳しく指摘された。12月25日、「代表取締役の異動に関するお知らせ」を開示し、「健康上の理由」とした。

翌2008年1月に前社長Kに対し、1500万円の返還と取締役の辞任を文書で求めたが、まったく応じることがなかった。そのため同年6月11日、取締役会にて正式に株主総会の決議事項として「取締役1名解任の件」を付議することを決議し、翌日開示したところ、証券取引所から呼び出され、「代表取締役の異動は健康上の理由というのは虚偽だったのか」と指摘され、キムラタンはこれを認めた。

同年6月27日の株主総会で「取締役1名解任の件」は承認された。この株主総会に提出された監査役監査報告書には、前社長Kの「利益相反取

（注）　会社法356条1項2号および365条1項には、次のように規定されている。
　　取締役が自己又は第三者のために株式会社と取引をしようとするときは株主総会（取締役会設置会社において取締役役会）において、当該取引につき重要な事実を開示し、その承認を受けなければならない。

引」に関する違法行為ならびに、取締役2名による「監査役への報告義務」違反について明確に記載されていた。

この事件から学ぶこと

　監査役にとって最も重要な会社法の条文の1つがこの357条である。「取締役は、株式会社に著しい損害を及ぼすおそれのある事実があることを発見したときは、直ちに、当該事実を株主（監査役設置会社にあっては、監査役）に報告しなければならない」とある。「著しい損害を及ぼすおそれ」には法令違反等も含まれ、また重要なのは、著しい損害が出ていなくとも、出るおそれがあると判断される場合も対象になるということで、監査役としては、「証拠もないのに取り上げられない」などと考えずに、自ら疑義を調査することを含めて真摯に対応すべきである。勇気をもって報告してくれたことに感謝しなければならない。

〔出所：キムラタンHP〕

経営判断原則の監査とは何か

FILE 38

経営判断原則の監査とは何か

―デューデリジェンスなしの買収議案―

オリンパス株式会社（以下、オリンパスという）は2000年頃、財テクで約1000億円の含み損を発生させた。時価会計で公になるのを避けるため、ファンドに含み損発生の資産を売却し、簿外とした。しかし、このファンドに抱えさせた損失補填のために、英国のジャイラス・グループPCL社（以下、ジャイラス・グループという）および国内ベンチャー企業3社の買収に際して、ファンドに対する法外な仲介手数料の支払いやファンドからの高額な株式の買い取りで穴埋めを行ったと、英国人のW社長が指摘した。

2012年1月17日、第三者からなる監査役等責任調査委員会は、損失飛ばしについて常勤監査役1名、損失補填については非常勤監査役2名を含む4名の責任を認定した。また監査法人については責任なしとした。オリンパスは監査役5名に対して計10億円の損害賠償請求訴訟を起こし、Y常勤監査役（2011年6月の就任前は専務や副社長を歴任）を含む取締役19人に対しては、すでに36億1000万円の損害賠償請求を提訴していた。それとは別にW社長を解任した取締役14名に対しては、株主代表訴訟も起きている。K前社長、M前副社長、Y前常勤監査役は刑事告訴（金融商品取引法：有価証券報告書虚偽記載）され、執行猶予付の懲役が確定した。（『日本経済新聞』2013年7月18日）

1．事件の概要

2000年頃、オリンパスは、財テクで約1000億円と見られる損失を発生さ

せ、その含み損発生の資産をファンドに売却し、簿外とした。この損失を消す（または補填する）ために、2008年2月、オリンパスは英国医療機器メーカーのジャイラス・グループの買収仲介者に買収額2150億円の3割の手数料を支払い、かつジャイラス・グループの優先株1億7700万ドルを発行し、2か月後に6億2000万ドルでこの優先株を買い取った。また2008年2月、国内ベンチャー企業3社の買収を実質価値の3倍の734億円でファンドを通じて買い取るなどの行為により、合計1400億円を不正に支出した。2011年4月に社長執行役員に就任したオリンパスヨーロッパ代表取締役社長だったWがこれを指摘し、K会長らに辞任を迫ったが、逆に2011年10月24日の臨時取締役会で「独断専行的経営」を理由に、Wは社長を解任された。

　T新社長は監査役会の判断をもとに、過去の処理は適正であったと繰り返したが、2011年11月8日、損失隠しを公表、K会長、M副社長およびY常勤監査役が関与したとした。同年12月6日、第三者委員会調査報告書（以下、調査報告書という）が出て、不正の実態が明らかになった。また、監査役に対しても厳しい指摘が行われた。

2．1998〜2000年のあずさ監査法人の監査報告に対する監査役会の対応（調査報告書より）

　1998年3月期から2年の間、5回にわたり、あずさ監査法人は「監査結果」の報告書で、財テクの失敗による損失（特定金外信託の含み損、金融資産評価損）について記載しているが、これを受けた監査役会がその実態、会計上の適法性、損失の額の妥当性、発生原因、開示の要否、解消に向けた具体的施策など質疑したり、検討したりした形跡はない。また、含み損の処理の先送りを質問した形跡も監査役会議事録等において見当たらない。

3．2008年の取締役会での監査役の対応（調査報告書より）

（1）2008年2月22日の取締役会

　国内ベンチャー企業3社の買収について、3社の当時の売上高は合計で数十億円しかないのにもかかわらず、732億円で買い取る決議を行った。ただし、外部の会計士が、将来の売り上げは急増するとした過大な事業計画に基づき（オリンパスからは「極力変更しないように」いわれていた）算定した「株主価値算定報告書」は同年2月29日付けとなっており、この日の取締役会では「外部に株価算定を依頼中」となっていた。この3社とも、M＆Aにおいて必須とされる「会計デューデリジェンス（会計調査）」と「リーガルデューデリジェンス（法務調査）」の報告がなかった。出席者からは、「価格がおかしい」「3社一緒でなくともよいのではないか」などの意見が出たが、「株主が他の者に処分してしまうので急ぐ必要がある」などの説明があり、最後に議長（当時の社長K）が「いいですか」と承認を求めたところ、誰も「絶対反対」とはいわず、可決された。議事録には質疑が行われた形跡はない。監査役が発言したという記述もない。

　ちなみに買収の対象となった国内ベンチャー企業3社の事業内容は、次の通りである。

　・a社：注射器等のプラスティックの処理と再資源化
　・h社：シイタケ菌糸体培養抽出物を利用した加工食品等の販売事業
　・n社：電子レンジ用の調理容器（軽圧力容器）の開発・販売およびその食材の販売

以下の表は、そのうちのa社の事業計画の例である。

（百万円）	2008	2009	2010	2011	2012
売　　上	631	4,405	7,824	13,796	19,375
経常利益	△5	1,481	2,561	5,180	7,006
資　本　計	126	1,351	2,889	5,996	10,200

（2）2008年9月26日および同年11月28日の取締役会

　2008年9月26日の取締役会において、ジャイラス・グループ優先株の発

行およびファンドに１億7700万ドルの割り当てを、同年11月28日、ファンドの申し出により１億7700万ドルのジャイラス・グループ優先株を５億3000万〜５億9000万ドルで買い戻す旨を決議した。第三者から入手したとされる価値評価算定書は評価者が不明であった。M副社長の「ファンドが現金を必要としている、優先株が他にわたる危険がある」という虚偽の説明に買い取りに反対する者はいなかった、監査役も。

その後、2010年３月19日の取締役会で優先株を６億2000万ドルで買い取ると決議した。この時点では、簿価と買取金額との差額は、2009年７月にあずさ監査法人に代わって選任された新日本監査法人から「のれん」処理が認められている。2010年６月30日、ファンドの登記が抹消された。

４．A監査法人からの金融商品取引法193条の３発動示唆に対する監査役会の対応と監査法人の交代

あずさ監査法人は、国内ベンチャー企業３社の買収金額とジャイラス・グループのフィナンシャルアドバイザーに対する報酬額が高すぎるとして、Y専務に対して金融商品取引法193条の３発動[注1]を示唆しつつ（結局、発動はされなかった）、オリンパスのガバナンスの機能不全を指摘し、K・Y・Mの３名の退陣に言及した。しかし「経営への介入」と反論されたため、2009年４月、監査役会に対し妥当性を検証すべきとの報告書を提出した。監査役会はこれを受け、同年５月、外部の専門家（弁護士・会計士・教授）に調査を依頼し、８日後に報告（2009年委員会報告書）を受領、監査役会として「取引自体に不正・違法行為は見当たらず」との見解を監査法人に提出し、あずさ監査法人はこれを受けて、「無限定適正」意見を出した。

（注1）「金融商品取引法193条の３」は、会計監査人が、法令違反や不適正会計を発見した場合は、特定発行者（監査役）に報告し、監査役は一定の期限までに、必要な措置をとらねばならない、という内容である。詳細はFILE 8 を参照。
　　金融商品取引法193条の３（法令違反等事実発見への対応）
3　前項の規定による申出を行つた公認会計士又は監査法人は、当該特定発行者に対して当該申出を行つた旨及びその内容を書面で通知しなければならない。

なお、2009年委員会のメンバーによれば「たったの8日間で2回しか委員会は開催されず、資料も満足に与えられず」という状態であったという（『NHK NEWS-WEB』2011年11月3日）。この時、当時のK社長とY専務の両者がA監査法人に赴き、「経営への介入」を理由に契約打切を告げた[注2]。

発覚後設置された第三者委員会は、調査報告書（2011年12月6日）の中で次の点を指摘している。

① 2009年委員会報告書には、専門家による調査の前提として、「オリンパスおよび監査法人から提示された事実、資料につき、独自の確認、調査を行っていない。ヒアリングも限られており、十分時間をかけ、より広く資料を検討すれば発見できたであろう事項が発見できていない可能性がある」と記載されているのに、監査役会は結論のみを鵜呑みにした。例えば、買収した国内ベンチャー企業3社の事業計画を検討すれば、買収価額がいかに実態とかけはなれたものであるかは理解できたと思われる。そうすれば、その買収資金が損失の補填に使用されたこともわかったはずである。

② 監査役会は社内法務部に対して、業務執行の適法性や締結された契約内容の妥当性につき、検証を求め、意見交換をすべきであった。

③ 監査役会は、2009年委員会報告書の内容および前後の経緯を取締役会に報告していない。

5. 海外の監査法人からの指摘に対する監査役会の対応

海外のオリンパスおよびその子会社の監査をしているKPMG（あずさ監査法人の業務提携先）、次いでEY（新日本監査法人の業務提携先）は、2009年3月期、2010年3月期決算において、「適切な監査意見を出せない」などと指摘している（『日本経済新聞』2011年11月11日）。

（注2） 2014年の改正会社法344条では、会計監査人の選任および解任および再任しないことに関する（株主総会）議案の内容は監査役が決定するとしており、取締役が監査法人に契約打切を告げるようなことは、今日では認められていない。

これを監査役会は把握すべき立場にあったのではないか。

6．W社長の指摘に対する監査役会の対応

　オリンパスの社員が『月刊 FACTA』（日本の総合情報誌）に情報提供し、同紙は2011年7月末にこの疑惑を掲載した。これを読んだW社長（2011年4月1日、Kに替わり就任。Kは会長に）は外国のPwCを使って調査を開始し、1400億円の不明朗な資金の社外流出が判明したとして、同年10月14日に解任されるまで6回にわたり、全役員および監査法人に「当社のM&A活動に関する深刻なガバナンスの問題」を送付した。同月12日夜、K会長らに辞任を求めるメールを発信したが、逆に14日午前の臨時取締役会で社長を解任された（就任後半年）ことから、英フィナンシャルタイムズ東京駐在記者に資料を渡し、15日同紙1面に疑惑が掲載され、全世界に知れわたった（『朝日新聞』2011年11月25日ほか）。

　これに対し、オリンパスは10月19日に「監査役会の見解として不正・違法行為は認められないとの結論に至っている」と発表している。

　[💡監査役会は、Kを擁護するのに利用された感がある。本来ならば、監査役会はW社長からヒアリングし、今度こそ、独立した「第三者委員会」の設置を提案すべきではなかったのか。]

　W社長がK会長に「FACTAの記事が出ているのに、なぜ、私に報告がないのだ」と迫ったところ、K会長は「W社長には伝えるな、と皆にいってある」と答えたという。

この事件から学ぶこと

　この事件から学ぶことは、次の3つの点である。

▶監査役会は、監査法人に対して敵対的とまではいわないが、少なくとも積極的に意見交換する状況になかったことが残念である。2008年頃から、国内外の監査法人が財テクによる損失およびその処理に対する疑義を報

告していながらこれを放置していた。そして、監査法人から金融商品取引法193条の3の発動を示唆され、形だけでしかも結論ありきの第三者委員会の報告書をまとめ、問題を封じ込めることに加担してしまったように思える。早い段階で監査法人と連携して、調査し、必要なら第三者委員会を立ち上げて徹底的に解明することが必要だったと思う。

監査法人に同193条の3を発動させる方法もあったのではないかとも考えられる。

▶監査役会が、取締役会で発言しなかったことが残念である。買収した国内ベンチャー企業3社の事業計画を検討すれば、買収価額がいかに実態とかけはなれたものであったかはわかったはずである。少なくとも「デューデリジェンスがないため審議はできない」ということは発言できたはずである。

▶監査役が取締役の経営判断が妥当であるか否かを監査する際、この事件のように、高度な専門的知識がなければ判断できないような場合は、社内の法務部門や外部の専門家の協力を得る等の対応策が必要である。Ｗ社長は、外国の監査法人を使って調査している。

FILE 39

他社買収時のデューデリジェンスはいかに

　2008年に、株式会社東芝（以下、東芝という）の米国原子力事業の子会社ウェスティングハウス・エレクトリック・カンパニー（以下、WHという）は、米国のシカゴ・ブリッジ・アンド・アイアン（以下、CB&Iという）と組んで米国内2基の原発の設計・建設に携わることになったが、福島原子力発電所の事故を受けて、規制当局の査閲の結果、設計の変更を余儀なくされたため、工事の遅延と大幅な原価超過を被ることになった。これはその後、電力会社、WHおよびCB&Iのどこが原価超過分等を負担するかで訴訟合戦となり、それを打開するために、WHがCB&Iの子会社で原発の建設工事を担当するストーン・アンド・ウェブスター（以下、S&Wという）を買収することにより、お互いの訴訟（デラウェア州仲裁裁判所）を取り下げることで合意し、2015年10月27日、買収契約書を締結した。この買収価額は0円であった。

　その1年後の2016年12月、S&Wの資産の減損が約7000億円発生することが判明し（この時の取締役会で早期の開示をためらう執行部に対して監査委員長のSらは「一刻も早い公表を」と押し切ったという（『日本経済新聞』2018年4月10日）、このままでいくと、東芝は債務超過になり上場廃止のおそれが出てきた。東芝は上場廃止を避けるために、稼ぎ頭の半導体メモリー事業（子会社。東芝メモリホールディングス株式会社、以下、東芝メモリという）の売却を決定した。

207

1．デューデリジェンスとは

　M&A（買収・合併）や事業譲渡などの際に企業価値を測るために資産を適正に評価する手続き。デューデリジェンスは、財務デューデリジェンスと事業デューデリジェンスの2つに大別され、必要に応じて、法務、人事、システム、環境なども含まれる。財務デューデリジェンスとは、主に資産価値の評価を行う手続きであり、事業デューデリジェンスとは、シナジー効果も踏まえた事業の収益力やリスク等を評価する手続きである。

2．2017年10月24日の臨時株主総会での一株主の質問

　その東芝メモリの全株式の譲渡契約の承認を求める議案を審議する東芝臨時株主総会において、次のようなやりとりがあった。

株主：監査委員長に質問する。2015年10月の取締役会で、S&Wをゼロ円で買収することを決議した（取得日は2015年12月31日）が、その約1年後、S&Wの資産の減損が約7000億円であると判明、社長もびっくりしたというが、私もびっくりした。その取締役会で外部会計事務所が調査した資産査定、つまりデューデリジェンスの報告はあったのか、もしなかったとしたら大問題である。また、取締役会でS監査委員長はどのような質疑を行ったのか。

法務部長：コスト上昇は想定された。電力会社から訴訟が起こされていた。3000億円の電力会社からの追加発注があった。デューデリジェンスは取締役会で報告した。

監査委員長：（取締役会での報告書提出には触れず）デューデリジェンスの手続きは十分に行われた。

これでデューデリジェンスの質疑は終わってしまった。

3．デューデリジェンスに関するその後の情報

　2016年11月、都内で開いた東芝の社内イベントで、リスクの大きいS&Wの買収に不信感を抱いていた東芝の大物OBは、当時東芝の会長だ

ったJに問いただすと、「買収した後にデューデリジェンスをやることに
なってました」と答えたという（「検証―東芝危機―」『日本経済新聞』2018
年1月10日）。

4．監査法人の「限定付き適正意見」の根拠

　2016年3月期決算までは、東芝の会計監査人は新日本有限責任監査法人
であったが、2015年4月に発覚した不正会計事件を受けて、2016年6月の
株主総会でPwCあらた監査法人に代わった。実は、新日本有限責任監査
法人はEYと、PwCあらた監査法人はPwCという国際的な会計事務所と
提携している。いずれも米国会計基準を熟知しているはずである。

　2017年8月10日、東芝は、PwCあらた監査法人による2017年3月期有
価証券報告書に係る監査報告書を開示した。結論は「限定付適正意見」で
あった。監査報告書は、その「限定付」の根拠について、次のように述べ
ている。

　　　会社は、特定の工事契約に関連する損失6522億円を……計上した。
　　しかし、当該損失の……会計処理は、米国において一般に公正妥当と
　　認められる企業会計の基準に準拠していない。当該損失が適切な期間
　　に計上されていないことによる連結財務諸表に与える影響は重要であ
　　る。

　　　……WHは2015年12月31日にS社を取得したため、会社は2016年3
　　月31日現在の連結財務諸表を作成するにあたり、Accounting
　　Standards Codification（アメリカの会計基準体系：以下、ASCという）
　　805「企業結合」に基づき、取得した識別可能な資産および引き受け
　　た負債を取得日の公正価値で測定し、取得金額を配分する必要があっ
　　た。

　　　ASC805は、公正価値の測定が完了するまでに期間中の決算期末に
　　おいては、暫定的な見積もりにより識別可能資産および負債を計上す
　　ることを要求している。また、ASC805は、公正価値による測定およ

び取得金額の配分を取得日から1年以内に最終化することを認めている。

　会社は、2016年3月31日現在の工事損失引当金の暫定的な見積もりに、すべての利用可能な情報に基づく合理的な仮定を使用していなかった。……適時かつ適切な見積もりを行っていたとすれば、当連結会計年度の連結損益計算書に計上された6522億円のうちの相当程度ないしすべての金額は、前連結会計年度に計上されるべきであった。……

そして、具体的に、次のような情報があったにもかかわらず、見積もりに反映していないとした。

① 　工事原価の発生実績が当初の見積もりを大幅に超過していた。

② 　取得のための調査を行った専門家が工事原価見積を分析した際、見積もりに使用された生産性を達成できないことや建設工事スケジュールを遵守できないことによるコスト増加のリスクを識別した。

さらに内部統制監査についても次のように結論付けた。

　……S&Wの取得金額配分手続に関連した工事損失引当金の暫定的な見積もりを再評価し、同引当金の認識時期の妥当性を検証する内部統制が適切に運用されていなかったため、内部統制の不備が認められる（東芝「独立監査人の監査報告書および内部統制監査報告書」2017年8月10日）。

5．東芝の反論

　前述の2017年8月10日付の監査報告書に続いて、東芝は次のような反論をしている。

　当社は、2016年12月から7か月にわたり、外部専門家による調査を始め、さまざまな対応を実施してまいりましたが、2016年度第3四半期連結会計期間以外の期で（つまり、2016年12月に数千億円の損失を公表するまで：筆者）S&Wに係る損失を追加認識すべき具体的な証拠は検出されませんでした。当社は、2015年度におけるS&Wの買収に伴

う工事損失引当金の暫定的な見積もりについて、2015年度の財務諸表作成時に入手可能な最善の情報に基づき、その時点での最善の見積もりにより算出されていると確信しております。

東芝は100人以上の聞き取りと240万件のメールをチェックしたが、前期に損失を認識していたという証拠は出なかった。新日本有限責任監査法人は、行政処分中であり、相応の覚悟で精査したとの自負があった。一方、PwCあらた監査法人は損失の相当程度か全額が2016年3月期に計上されるべきとの見方を貫いた。結果、「限定付適正」という玉虫色で決着した（「東芝決算―揺れた半年 監査法人に板挟み―」『日本経済新聞』2017年8月11日）。

6．S&W社買収を決議した取締役会

では、その買収を決めた取締役会の状況はどうだったのか。週刊東洋経済2017年4月22日「東芝が消える日」には、2人の社外取締役の証言が載っている。

> 「あれを買収したらすべてスムーズにいく。建設会社がタダで手に入り、訴訟がなくなり、全体としてコストも下がるという報告だった。監査法人も問題ないといっているという説明もあった。普通なら賛成する」

「取締役会でS&W社の買収を議論した覚えがない」

前者の社外取締役は「原発については（買収を報告したJ副社長を除く当時の取締役は）素人ばかりだったから」とも述べている。

この事件から学ぶこと

以上の経過を踏まえ、次のような点に注意しなければいけないと考えられる。

東芝がデューデリジェンスを行ったのは事実だとしても、それが形だけのものだったり、社内関係者のメンバーだけのチームで行ったとすれば問

題である。デューデリジェンスは、外部専門家チームに依頼すること、重要案件については複数の買収金額の評価鑑定書を取得する必要がある場合があること、また、子会社による買収であっても親会社の取締役会付議事項とすること、買収以前に原因があり、買収後発生した追加コストについては、被買収企業の負担とする契約を結ぶことなどに、留意する必要がある。

　政府の原発推進の方針を受け、東芝は社運をかけて米国のWHを買収したが、福島原子力発電所の事故により、原発事業が頓挫する事態に追い込まれた。私には理解できない困難の中でWHによるS&W買収の決断を迫られたであろうことは理解しているつもりではあるが、そうであっても、株主、従業員等に対し、よりわかりやすい経営判断のプロセスを明確にしていただきたかったと思う。

FILE 40

監査役会の意見書を無視した取締役会

―債務超過会社の買収事案―

> ジャスダック上場の時計バンドメーカーである日本精密株式会社（以下、日本精密という）の取締役会は、雑貨等の販売を業とする株式会社宝屋（以下、宝屋という）を完全子会社化した上で、宝屋に対して1億円の出資を決議した。その直後に宝屋を支援していたプラコム株式会社（以下、プラコムという）が民事再生手続を開始し、これに伴い、宝屋は不渡り手形を出して破産した。日本精密は取締役会決議に賛成した取締役5人に対し、損害賠償請求訴訟を起こした。2010年3月26日さいたま地裁は、「監査役会意見書を無視して、当買収議案に賛成したのは善管注意義務違反に当たる」として、約1億1000万円の支払いを命じた。取締役らは控訴し、東京高裁で和解した。

2007年5月1日の臨時取締役会において日本精密は、宝屋の発行済全株式を無償で取得して完全子会社とした上で、宝屋に対し、1億円の出資をするとの「宝屋買収議案」の審議を行った。

これに先立つ2007年4月、S取締役が取締役会の了承の下、子会社化を目的として、K公認会計士に依頼していた宝屋の財務内容および株式の評価に関する調査（いわゆる会計デューデリジェンス）結果が報告された。

この案件は、日本精密の筆頭株主であったXが持ち込んだもので、Xは日用雑貨品の製造・販売を業とするP社の代表取締役を務めており、宝屋への支援を行っていた。S取締役はXの推挙により日本精密の取締役に就任した経緯がある。

この調査報告は、財務状況が2億2000万円の債務超過でかつ不良資産を

抱えており、在庫の正確な受払記録がないことなどを考慮すると、宝屋の資産価値はゼロ円であると結論付けている。

経理担当取締役Zは、「1億円程度の増資ではT社の財務状況は改善されない、一方で日本精密の資金ショートの危険性もあり、当買収に反対である」と社長やS取締役らに伝えたが、社長らは「OEM事業から脱却するために販路の拡大が必要で、そのために販社として宝屋を買収する。ビジネスにはリスクがつきもの」と取り合わなかった。

監査役会は、同年4月27日、取締役会に対し、宝屋買収について十分なデューデリジェンスが行われていないことを理由に、「連結債務を背負い込む以上の実益が具体的に見込まれるとの確認を求める」などとした意見書を提出した。

5月1日の取締役会では、宝屋の2007年度および3か年計画書ならびに10か年計画書が提出され、併せて「プラコムの支援で再建に取り組んでおり、膿を出し切って再建スピードが上がるステージになっている」との説明がS取締役からあった。実はこの計画書は、S取締役自身が作成したもので、S取締役は宝屋の代表取締役に4月27日に就任している。

監査役会は、「当案件については危惧がある。債務超過の子会社にはリスクがある。取締役会として、買収の必要性、相当性が合理的に説明できるのか」と指摘したが、社長らは「OEM事業からの脱却のために販路と営業マンを得ることが目的である」として、宝屋買収を承認可決した。他の取締役からは、この計画書の真実性や実現可能性、およびプラコムの財務状況や支援の継続可能性等についての質問は一切なかった。

6月28日の株主総会は委任状合戦の末、社長が交代し、退任したZ取締役は経理財務担当部長として残り、S取締役らは退任、退社した。

翌6月29日、プラコムは家電品製造設備への投資や同業他社との競争激化で資金繰りに窮し、民事再生手続開始を申し立てた。何と5月1日の取締役会決議から2か月も経っていない。

7月17日、日本精密は、さらに宝屋を精査した結果、債務超過解消の見

込みのないことが判明したため、宝屋の全株式を他に譲渡し、1億円の特別損失が発生したことを開示した。また、外部調査委員会を立ち上げ、すでに常勤監査役が委員長になって進めていた社内調査委員会の調査結果を引き継いだ。

11月16日、外部調査委員会の調査結果および元取締役らに対する損害賠償責任追及をすべきとの同委員会の意見を踏まえ、さいたま地裁に元社長・S元取締役ら5名に対し損害賠償請求訴訟を、元社長の妻に対しては6月26日に自宅の名義を元社長の夫から変更された贈与契約の取消訴訟を提起した。経理担当のZ元取締役は訴えられなかった。

2010年3月26日、さいたま地裁の判決は、取締役会にて宝屋買収議案に賛成した取締役らの善管注意義務違反を認めた。その理由として、判決文は次のように書かれている。

　　「監査役会意見書において、監査役会から……会計デューデリジェンスとして、T社による回答内容の信憑性の検討、現金預金、有価証券の実査、債権債務等の相手方への確認等が行われていないためその内容の正確性が担保されておらず、ビジネスデューデリジェンス及び法務デューデリジェンスは一切行われていないのであるから、T社の買収という経営判断に当たっての資料としては不十分であるというほかなく、買収の必要性、相当性について取締役の責任を問われるリスクがあるとの厳しい意見を突き付けられているにもかかわらず、これらの調査及び分析、検証を補うことなく本件買収に至ったもので、T社について、中立的、第三者的な立場からの財務、経営状況等の把握、将来性等の検討が不十分であったといわざるを得ない」

さらに判決文では、社長は、宝屋がプラコムから多大の支援を受け、その経営はプラコムに依存していることを十分知りながら、プラコムの宝屋に対する支援の継続可能性について、裏付け資料の提出を求めるなどの調査・検討を一切行っていない、と指摘されている。

2010年12月15日、控訴した東京高裁で、元社長・S元取締役らは1億

750万円の支払義務を認め、1000万円を一時金で、2000万円を月50万円の40回の分割払いとし、これらの支払いを滞りなく行った場合は、残額の支払は免除する、との和解がなされた。なお、元社長の妻に対する自宅の贈与は取り消された。

〔出所：「日本精密株式会社外部調査委員会調査報告書」2007年8月24日ほか日本精密HP、さいたま地裁判決文 2010年3月26日〕

この事件から学ぶこと

　監査役会の意見書がいかに重要であるかを教えてくれる事件である。

　また、日本精密には筆頭株主派と反筆頭株主派の経営権争いがあったようであるが、その中で、監査役会が独立した立場で、「販路の拡大」とか「リスクはつきもの」というような抽象的な反論に屈せずに、取締役会で異議を申し立てたことに敬意を表したい。

　この1億円の宝屋への出資は、筆頭株主Ｘが代表取締役を務めるプラコム支援のためにＳ取締役らが仕掛けたと外部調査委員会は結論付けている。しかもＳ取締役は、宝屋の代表取締役に就任していた。つまり、2007年5月1日の取締役会では、「この出資は、利益相反取引ではないか」という議論がなされなければいけなかったと思う。

調査委員会と監査役

FILE 41

社内調査委員に選ばれた常勤監査役

―品種偽装事件―

2017年7月、種苗や肥料等を生産・販売する雪印種苗株式会社（以下、雪印種苗という）の内部者を名乗る人物から、北海道農業共済組合連合会に対して2回にわたり、雪印種苗が品種偽装行為を継続していると告発がなされた。告発状には、過去の偽装を指示していたのは当時の種苗課長で、その中には、現在の代表取締役や監査役が含まれていること、2014年の社内調査に関する内部資料を見て、関与した者の言い訳に愕然としたとも記載されていた。2018年2月15日、農林水産省は雪印種苗に対して、表示違反等について報告するよう命じた。

同年2月20日に第三者委員会が設置され、2002年以降も件数は減ったものの現在まで継続して偽装が行われていること、2014年の社内調査委員会には問題があったこと等が、2018年4月26日付の第三者委員会調査報告書で明らかになった。2018年5月1日、雪印種苗の社長は引責辞任し、同月25日、取締役と監査役の各1名の辞任が報告された。

2014年の社内調査委員会の委員の一員に任命されていたC監査役（常勤）はなぜ、辞任に追い込まれてしまったのだろうか。

1．新聞記者の来訪

事件は4年前に遡る。2014年8月1日、社内の者と思われる者から告発を受けたとして、1人の新聞記者が雪印種苗に来訪、総務課長が面談した。記者は「お客さんがAという商品をオーダーしたが、その商品が不足の場合はBという商品をブレンドしてAの商品として販売していると聞いて

いますが事実ですか。昭和40年（1965年）頃から続いていると聞いていますが」と尋ねた。

2.「口座替え」による偽装工作

実は、雪印種苗において行われた品種偽装行為の多くは、社内では「口座替え」と呼ばれる処理を利用したものだった。

「口座替え」の本来の目的は、海外の品種名を日本の品種名に変更する場合や、大袋に入っていたものを小分けにする場合などに使われるものであるが、品種Aを品種Bに「口座替え」をした上で、品種Bと表示して販売することにも使われ、それには次の3つのケースがある。

① 仕入計上の段階で、品種Aを品種Bとして仕入れる
② 品種Aを品種Aとして仕入れた後に「口座替え」により品種Bとする
③ 品種Aを品種Bに混ぜ込んで、品種Bとして販売する（ブレンド販売）

いずれも、品種Bが過少在庫で、品種Aを品種Bに偽称して販売する場合に行われる。その場合、顧客に気付かれるおそれのない極似品種を選ぶことが前提である。

3. 記者への回答

実は2014年8月4日の社内役員の打ち合わせの時点で、過去13年分の「口座替え」データの存在は確認されていたが、社内で関係者が集まり、記者への回答（8月13日、人事総務部長Eと総務課長P対応）は次のようになった。

管理資料の保管期限10年間の記録を調査したところ、指摘を受けた内容に関する事実は一切なかった。それ以前については記録が残っていないので、聞き取り調査をしたところ、注文された品種が品切れの場合、納期を優先させるために、担当部署である種苗課長の指示により、同課長と事務担当の2人によって、在庫のある同品種に類似した

品種を出荷していた。2002年1月の同じグループ会社の食品会社の食肉偽装事件（外国産牛肉を国産牛肉と偽って申告し、狂牛病対策費を不正に請求した事件）を契機に、コンプライアンス重視を再認識し、類似品種の出荷はそれ以降やっていない。行政官庁にも昨日報告した。

記者は、帰って行った。新聞記事にはならなかった。

親会社である雪印メグミルク株式会社（以下、雪印メグミルクという）の副社長から「顧客へ告知する必要があるのではないか」という意見があった。それに対して、O常務は「過去10年間来、社会的そしりを受けるようなことはしていないという事実が、外部の弁護士を含めた社内調査で確認され次第、HPに掲載したい」と回答した。

4．2014年社内調査委員会設置

同年8月20日、取締役会で社内調査委員会の設置を決定した。

同取締役会の席上、M監査役（雪印メグミルクの常勤監査役兼雪印種苗の監査役）から、客観的な調査をするために調査委員会は独立性が必要であること、および現在から過去10年間は品種偽装行為を行っていないことについて、外からの目でそれが間違いないという事実を、調査の中で再度しっかり行っていただきたいという指摘があった。

委員長は親会社である雪印メグミルクの社外監査役Fで委員は、弁護士G（副委員長）、雪印メグミルク監査部長H、雪印種苗取締役D、そして雪印種苗常勤監査役Cであった。その他に調査チーム4名（経理部長I、執行役員営業統括室長J、品質保証室長K、経営企画室主幹L）、陪席2名（雪印メグミルク常勤監査役兼雪印種苗監査役Mと雪印種苗監査役N）、事務局（当社O常務・人事総務部長E・総務課長P）と決定した。

5．社内調査の実態

後の2018年4月26日公表された第三者委員会の調査報告書には「その後、上記の指摘を受けて、社内調査委員会において、『客観的な事実確認』が

行われた事実は認められず、また、同調査委員会として実施した検証作業の具体的内容が委員会や取締役会の場で確認されることはなかった。同調査委員会の体制は、『外部への説明』のためのものにすぎなかったのではないかという疑問を免れ難いように思われる」とある。

社内調査では調査委員が調査を怠ったのみならず、ヒアリング相手に事前に質問内容を教えたり、ヒアリングした内容を改竄したりすることも行われていた。

６．Ｃ監査役による供述内容の改竄

2014年９月１日、元種苗課長（1984年10月～1998年３月）だったＵに、社内調査委員会事務局のＥ人事総務部長がヒアリングした。その記録をＵが加筆・修正を行った後、そのままＣ監査役に送付し、Ｃ監査役は次のアンダーライン部分の文言を削除した[注]。

　　　　販売計画を満たすために不足品種の特性に極似した海外流通品種をその品種として販売した経過がある。しかしこの行為は種苗部の考え（仕入会議）に基づくものだ。ただし、その極似品種も当社の基幹品種として仕入れしたのではなかったか（口座替えはしない）と思うが……。極似品種を不足品種として仕入れていたら（口座替えなし）わからないのではないか！

Ｅ人事総務部長は、Ｃ監査役による削除部分を削除したままにして、「私の最終版」と結論した。

実は、Ｃ監査役は2000年10月～2004年９月の間、種苗部課長次いで種苗部次長を務めており、2013年６月には種苗担当の取締役に就任している。

７．第三者委員会のＣ監査役に対する評価

2002年１月以前は、品種偽装行為が組織的・恒常的になされていた事実

（注）　削除した部分は、偽装行為の手の内を明かす内容である（筆者）。

を他の委員が共有していれば、社内調査委員会においても、過去の真実に迫ることができた可能性があると第三者委員会は指摘し、C監査役およびE人事総務部長の行為は「供述内容の改竄」だったと認定した。

後に改竄した理由について、C監査役は、自分も仕入会議に参加していたが同会議でそのような話が出たという記憶がないなど、供述内容が理解できなかったためだと述べている。しかし第三者委員会は、品種偽装行為が事実かどうかは他の供述や証拠と突き合せして、社内調査委員会の事実認定として検討されるべき事柄であって、ヒアリングを実施していない委員の1名がヒアリング記録を変更・削除することは正当化できない、としている。C監査役は、むしろ調査の対象者であり、委員としての適格性を欠いていたと評価された。それにもかかわらず、委員に任命されたのは、「監査役であり、種苗にも詳しいから」という程度の理由であったという。

この事件から学ぶこと

第三者委員会による、社内調査委員としてのC監査役に対する評価は、その通りだと思う。とはいえ、C監査役は、会社が記者に話した通りのストーリーに沿って内部調査報告書を作るという（暗黙の）方針に従い、組織ぐるみの偽装を証拠付けるような文言、および仕入時点で「口座替え」を行えば（誰にも）わからないという偽装を裏付ける文言を削除してしまったのであろう。委員として真実を明らかにするのか、会社の方針に沿って証言を偽装するのか、実に苦しい選択を迫られ、悩んだと思いたい。自ら「口座替え」を指示していたとしても、監査役になったからには、「手のひらを返すように」不正を正す側に回っていただきたかった。

内部調査委員会のメンバー選びは、特に慎重に行う必要がある。

なお、今回の第三者委員会によるフォレンジック調査の威力には驚かされた。

FILE 42

監査役が立ち上げた調査委員会は
拙速だったのか

宝飾品専門小売店チェーンを経営する株式会社ベリテ（東証二部上場。以下、ベリテという）において、特定取引先からの商品仕入2億4000万円に関し、架空取引の疑いがあり、また関連会社との取り引きに関しその必要性に疑いがあるとの内部通報が監査役にあり、監査役会は、監査役会の下に外部専門家（弁護士・会計士）による調査委員会を設置し、2012年4月27日調査結果を取締役会に提出した。

監査役会はその全文を開示するよう求めたが、取締役会は、2億4000万円は在庫の販売代金を回収予定であり、実質損害は出ていない、当調査結果は別途検証を要するとの理由から詳細開示は拒否し、概要のみの開示を行った。そして別途、自ら法律事務所に調査依頼をし、2012年5月17日に監査役会の調査報告とは異なる結果の報告を出しつつ、監査役会は「拙速」であったと非難した事件である。

親会社（議決権の52％所有）のディジコ・ホールディングス・リミテッド（香港のグローバルなダイヤモンド事業会社。以下、ディジコという）は2013年6月のベリテの第69期定時株主総会において、株主提案権を行使し、今回の混乱は監査役の業務監査が日ごろから適切に行われなかったためであるとした。そして現常勤監査役Oを解任し、代わりにディジコの現取締役グループ会社担当Jを選任する提案を行い、取締役会はこの提案に賛成、総会で98％の賛成率で可決された。なお、総会議案書には取締役会の意見およびO監査役の意見が、添付されている。

1．取締役会が開示した監査役会による調査委員会報告の概要

調査委員会の報告の概要は、次の通りである。

① 架空取引と断定できる事実・証拠は発見されなかった。

② 関連会社との取り引きの経済合理性は否定できない。ただし、一部に実在しなかった可能性のある取引がある。実質的には、関連会社に対する融資目的ではないかとの懸念は払拭できず、利益相反取引でありながら取締役会の承認がない。

〔出所：ベリテＨＰ2012年4月27日〕

2．取締役会による調査結果の概要

調査結果の概要は、次の通りである。

仕入取引は実在したと認められる。架空取引であると疑いなく認められる事実は発見されなかった。仕入先はベリテの親会社ディジコのグループとは何らの資本関係もない。本仕入取引は融資目的で行われたものではない。ただし、利益相反取引に該当するところ、取締役会での承認決議がなされていなかったことは十分に反省すべきである。

〔出所：ベリテＨＰ2012年5月17日〕

3．取締役会としての対応

取締役会としての対応は、次の通りである。

今回、当社監査役会は、まったく独自の判断に基づき、調査委員会の設置と調査委員会による調査実施を決定したものであるが、当社取締役会としては、その慎重さを欠く拙速な判断により、必要性を欠く調査の実施が決定され、また、その公表により、当社の名誉及び信用が根拠なく著しく傷つけられ、さらには、回復基調にあった当社株価の急落により投資家に甚大な損害を与える結果となったことは、遺憾の極みである。

また、調査委員会から、常勤監査役の増員が提案されているところ、当社取締役会としても監査役会の機能強化を図ることには何らの異論もなく、むしろ、本件に関する手続上の不備等について監査役からの指摘がなかったことや、これまでの監査役の当社のガバナンス及びコンプライアンスへの貢献度の低さに鑑みれば、現在の監査役会の体制で十分であるとは到底評価できないと考えるものであり、2012年6月開催予定の第68期定時株主総会において、常勤監査役を増員する（2013年6月の有価証券報告書では、常勤監査役の増員は見受けられなかった：筆者注）。

ただし、利益相反取引については反省すべきであり、コーポレートガバナンスおよびコンプライアンスの充実を図るため、次の4つの対策を実行することとした。

① 公認会計士の社外取締役選任
② 社外監査役含むガバナンス委員会設置
③ 内部監査部門の強化
④ グループ間取引の可視化等

〔出所：ベリテＨＰ 2012年4月27日〕

4．2013年6月定時株主総会議案書第4号議案「Ｏ常勤監査役の解任決議に関する取締役会の意見」

議案書45頁には、次のように書かれている。

　Ｏが日ごろから常勤監査役として期待される職務を適切に遂行していれば、（つまり取り引きのあった第66期の期末監査で指摘されるべきものであり）取り引きを数年経た後に調査委員会を設置し、これに伴う損失と混乱をＢ社に発生させるという事態は、回避できた。Ｏは、ベリテの監査役として十分な能力・適性を有しているとは認められない。

5．2013年6月定時株主総会議案書の第4号議案「常勤監査役の解任決議に関する常勤監査役の意見」

ベリテHP2013年6月12日（株主各位宛）「監査役O氏の第4号議案に関する意見」には、次のように書かれている。

> たとえ数年が経過したとしても、監査役としては「架空ないし不正な取引の疑義」が消えていない以上、調査等を行うのは当然のことである。昨年6月の総会で、取締役会付議事項でありながら、付議・承認されていないものがある。会社法で定める取締役会の招集手続が遵守されていないこと、グループ間取引が手続きや条件が不明のまま実施されていること、在庫仕入・在庫管理での内部統制無視、社内規則の不存在などについて、監査報告書で報告している。解任は不当である。

この事件から学ぶこと

監査役が、過去に特定の取引先からの商品仕入に関して架空取引の疑いがあるとの内部通報を受けた場合、これを放置すれば監査役の任務懈怠の責任を負わされるおそれがあり、しかも取締役が関与しているということならば、調査委員会の設置を取締役会に諮ることなく、自らそれを立ち上げるという行為に出たことは、監査役としての当然の職務である。そして、当初、取締役会も「今後の監査役会および調査員会による調査に全面的に協力してまいります」と公表していた。

ところが、「取引及び在庫の実在性を疑わしめる様々な証拠が発見されたが、（当該取引が）架空取引であると疑いなく認められるまでの事実又は証拠は発見されなかった」との報告書を受領すると、一転、取締役会は、新たに第三者に調査を依頼し、「仕入取引は実在した」との結論をもって、O監査役が拙速にも調査委員会を立ち上げ、会社を混乱に陥れ、株価を下げさせた、とした。そして株主1名から、O監査役の解任議案が提出され

ると、これに取締役会は賛同し、株主総会でO監査役は解任されることとなった。

　本事案では、最終的に、監査役が解任されるという残念な結果となってしまった。しかし、調査委員会を立ち上げない方がよかったと言えるだろうか。不正の疑惑を放置しておくことによるリスクもあることを忘れてはならない。

　山口利昭弁護士は当事件について次のように述べている（「ビジネス法務の部屋」『ブログ』2013年5月24日　6月21日）。

▶監査役が立ち上げた第三者調査委員会の全文をなぜ公表しなかったのか、公表すれば株主が判断できたのではないか。

▶昨年12月、株主からO常勤監査役解任のために早急に臨時株主総会の開催を求められたとき、ベリテは、「今後の監査制度の在り方を協議してから」と開示したが、協議結果はどうなったのか。

▶取締役に相談することなく、O常勤監査役が第三者委員会を立ち上げたことを取締役会は批判しているが、それは監査役への内部通報があったからであり、軽々に違法行為をやっているかもしれない取締役に報告・相談できるものではない。

▶O常勤監査役以外の2人の監査役の意見を聞きたい。

【関連事件】

　内部通報または内部告発を受けた監査役が主導して調査委員会を立ち上げた事例として、共同ピーアール株式会社社長の会社資金個人流用疑惑事件がある。

　この事件は、内部告発を受けた監査役3名全員と弁護士1名が内部調査委員会、次いで第三者委員会を立ち上げ、取締役に調査結果を報告した。流用資金は返還され、社長らは自主的に辞任した（共同ピーアール株式会社2012年2月7日第三者調査委員会調査報告書）。

談合事件と監査役

FILE 43

談合事件株主代表訴訟

―監査役も被告になるか―

N市の市営地下鉄談合事件など一連の談合事件に関し、株式会社大林組（以下、大林組という）は2007年6月の株主総会にて、原告代理人の要請によって定款に談合防止条項の折り込みを提案可決した。それを受けて同代理人は一連の代表訴訟を見送るはずであったが、談合を仕切った刑事罰を受けた元顧問2名に対し、大林組が保釈金の貸与、弁護士代の肩代わり、裁判所への車代などの便宜を図ったことが判明し、2007年11月および12月に、同代理人は大林組の現監査役に提訴請求書を送付し、この事件に関与した歴代取締役および善管注意義務を懈怠した歴代監査役に対し提訴請求すべしと迫った。現監査役は「二人の顧問が秘密裏にしたことで取締役は知らなかった」と回答、同代理人はこれを「コンプライアンスが整っていなかった証拠」として、2007年6月に代表訴訟を提訴した。

1. 株主オンブズマンの提訴請求書

2007年11〜12月に3回にわたり、オンブズマンより大林組に対して提訴請求が出ており、これはそのうちのN市営地下鉄談合事件に係るものである。

提訴請求書

冠省、益々ご清栄のことと存じます。

当職らは貴社の株式を6ヵ月以上前より1000株保有している××氏の代理人です。

　貴社は、2005年12月になされたN市営地下鉄6号線の延伸工事の入札にあたり、貴社の元顧問であったS氏が決めた共同企業体の構成、工区ごとの落札予定者を合意する独占禁止法違反の行為をなし、2007年10月15日名古屋地方裁判所で罰金2億円の刑に処せられ、同判決は確定しています。

　この談合行為により貴社は罰金2億円を支払い、罰金額相当の損害が生じているとともに、この行為により指名停止・営業停止、並びに信用失墜したことによる損害は5億円を下まわるものではありません。

　この談合行為は、談合行為がなされた当時の役員（取締役、執行役、監査役）が、この行為に関与、又は善管注意義務を懈怠したため未然に防止できなかったことによりなされたものであり、これら役員に対し計7億円の損害賠償請求の訴えを貴社において提訴されるよう請求します。

　この提訴請求書が送達されたのち60日以内に貴社において前記損害賠償の訴えを提訴しないときは、当職ら本人を原告として株主代表訴訟を提訴することになりますので、御了承ください。

　なお、既に送付している平成19年11月30日付け提訴請求書の……工事について、貴社に提訴を求める請求額は、……その旨訂正することを通知します。以上、要用のみにて失礼致します。

平成19年12月3日

××代理人　弁護士　○○以下2弁護士　略

株式会社大林組
監査役　××殿　以下4監査役　略

2．責任追及等の訴えを提起しない理由書

　これに対して大林組が責任を追及しない旨を回答したところ、オンブズマンから「責任追及等の訴えを提起しない理由」の通知を求められた。それに対する大林組による理由書（部分）は次の通りである。3件について一括して記載されている。

責任追及等の訴えを提起しない理由書

平成20年2月15日

当社株主××代理人　弁護士　○○以下2弁護士　略

株式会社大林組

監査役××以下4監査役　略

　　拝復　益々ご清栄のことと存じ上げます。

　　さて、貴職らより、会社法847条4項に基づいて、「責任追及等の訴えを提起しない理由」の通知を求められましたので、同条および同法施行規則218条に基づき、下記の通り、通知いたします。

記

・　……

　　そこで、提訴請求書に記載された当社取締役（取締役であったものを含みます）の責任を追及する訴えの提起請求について、私共監査役は、調査並びに検討をした結果、全員一致をもって不提訴とすることが相当であると判断いたしました。

1　当社が行った調査の内容

（1）調査の時期

　　　平成19年12月5日から平成20年1月30日まで

（2）調査の方法

　　　関係文書の検討及び関係者からの事情聴取による。

（3）判断の基礎とした資料

　　　・当社組織及び受注決済権限に関する規程等

　　　・独禁法遵守委員会に関する活動状況等

　　　・関係者からの事情聴取内容

　　　・　……

2 請求対象者の責任又は義務の有無についての判断

(1) 「旧顧問であるY、M両氏の刑事事件についての供与について」……

会社が両元顧問を擁護しようとして行ったわけではないものの、コンプライアンスの徹底を図っている最中にあって、適切さを欠く行為を行ったことは会社として反省すべき点がある。しかしながら、善管注意義務違反があったとまでは認められない。……

(2) 提訴請求書記載の各工事における談合行為の有無、及び談合行為があったとされる場合における取締役の関与の有無及び善管注意義務違反の有無

……

⑥ 「N市営地下鉄6号線延伸工事について」(12月3日提訴請求書記載のもの)

当該工事の受注に関しては、N支店管内における土木工事であったため、当時は、N支店土木担当副支店長(従業員)が業務執行上の権限及び責任を有していた。

提訴請求書が指摘する談合事件に関し、当社及び元顧問の刑事事件においては、元顧問が入札前に行われた談合行為に関与していた事実が認められたことから、法人としての当社も有罪判決を受けたが元顧問は上記行為を秘密裏に行っていた。

このため、N支店長(専務取締役)や土木担当副社長は上記行為を知らされておらず、上記行為を知り得ない状況にあり、ましてや他の取締役は、土木工事において談合が行われていたことを知りえない状況にあった。

よって、全ての取締役は、本事件に関与しておらず、かつ、善管注意義務違反も認められない。……

(3) 各事件発生当時における内部統制システムの構築・運用にあたっての取締役の善管注意義務違反の有無

ア 法令遵守のために取締役が行ってきた措置

内部統制システムの構築と周知徹底、独占禁止法遵守委員会の設置、社外監査役(弁護士)の就任、大林組企業行動規範の策定、内部通報

制度の設置等を列挙（略）

イ　内部統制システムの構築・運用にあたっての取締役の善管注意義務違反の有無の判断

　　以上からすれば、当社における法令違反の発生を防止するための内部統制システムの構築と運用は適正になされていたものと認められ、……各工事に関する談合行為発生時の取締役には、この点に関する善管注意義務違反はなかったと認められる。

3　現在の当社における法令遵守体制の徹底状況　略

4　当社監査役全員一致による結論

　提訴請求書記載の各工事における談合行為については、そのいずれにおいても当時の取締役は関与しておらず、また、これらの談合行為はいずれも元顧問らにより秘密裏に行われていることから、取締役の善管注意義務違反は認められない。

　……当時の一般的な水準に照らして十分な内部統制システムを構成していたものと認められ、この点でも善管注意義務を果たしていたものと認められる。……

以上

3．2008年2月23日、株主オンブズマンのコメント

コメントは、次の通りである。

　回答は、談合は実行担当者が「秘密裡に行なっていた」ために、取締役は「知り得ない状況にあった」、したがって会社としては責任追及はしない、というものです。これは取締役が管理者としての注意義務を怠り、取締役が責任を負うべきコンプライアンス体制が機能してこなかったことを物語っています。

　本会はこの回答を受けて、近く株主代表訴訟に踏み切る予定です。

4．その後の経過

2008年6月25日、原告代理人は大阪地裁に、当時の取締役15人に対して総額12億8000万円の損害賠償請求を提訴した。監査役は除かれている。

2009年6月1日、当株主代表訴訟は大阪地裁で次の内容で和解した。

① 被告は連帯して会社に対して2億円を支払う。

② 会社はこの金を談合防止コンプライアンス検証・提言委員会（新たに設置する）の費用等、談合防止のための費用に使う。

③ 4つの談合事件の原因調査と再発防止策を提言する。

④ コンプライアンス検証・提言委員会には3名の外部委員を入れ、うち1名は原告の推薦する弁護士とする。

この事件から学ぶこと

これを事件簿に掲載した理由は、確かに監査役は提訴されなかったにしても、提訴請求書には「この談合行為は、談合行為がなされた当時の役員（取締役、執行役、監査役）が、この行為に関与、または善管注意義務を懈怠したため未然に防止できなかったことによりなされたもの」として監査役も対象にしていたという事実を、監査役が知らねばならないからである。と同時に、提訴請求を受けるのは監査役で、提訴をするしないは、60日以内に監査役が判断し、提訴しない場合は株主からの請求があれば、「不提訴理由通知書（責任追及等の訴えを提起しない理由書）」を株主に提出しなければならない（会社法847条4項）。

〔出所：「株主オンブズマンの提訴請求書」2007年12月3日、「大林組監査役からの不提訴理由通知書」2008年2月15日、「株主オンブズマンの訴状」2008年6月25日、株主オンブズマン「大林組談合株主代表訴訟の和解に関するコメント」2009年6月1日〕

反社会的勢力に対する監査役

FILE 44

監査役は恐喝事件にどう対処するか

―「ヒットマン（殺し屋）が来ている」―

> ミシンの製造・販売を業とする東証一部上場の蛇の目ミシン工業株式会社（以下、蛇の目ミシンという）の株式が仕手集団を率いるＫとＫが支配する会社に買い占められた。Ｋは蛇の目ミシンの筆頭株主となるや蛇の目ミシンの役員への就任を要求し、1988年6月の株主総会で取締役に選任された。
>
> 1989年、Ｋは蛇の目ミシンの株式を暴力団の関連会社に売却したと述べ、これを取り消したいのであれば、自身が所有する不動産会社の株式会社ナナトミ（以下、ナナトミという）に300億円を用立てるよう要求した。副社長らが反対したところ「大阪からヒットマン（殺し屋）が来ている」などと脅迫され、蛇の目ミシンは、臨時取締役会において300億円の融資を決定した。これ以外にも、Ｋは自分の関係する企業等への融資を強制した。
>
> 1990年、Ｋは別件の株価操作の容疑で逮捕され、ナナトミが破たんした。貸した金は回収できずに、多額の損害が蛇の目ミシンに発生した。
>
> 元蛇の目ミシンの取締役であった株主が、当時の社長・取締役・監査役29名に対し、1520億円を請求する株主代表訴訟を起こした。最初、監査役も訴えられたが、控訴の段階で29名が5名に絞られ、監査役も除かれた。

1．300億円の融資の受け入れ

1989年7月29日、蛇の目ミシンの社長らはＫから、暴力団関係者への蛇

の目ミシン株式の売却を示唆されたが、同月31日、売却はやめてほしいと懇請したところ、Kは自ら保有する蛇の目ミシン株の全部を暴力団の関連会社に譲渡した旨を述べ、さらに、「新株主は当社にも来るし、メインバンクの埼玉銀行（蛇の目ミシン社長、副社長は埼玉銀行の元副頭取および常務）の方にも駆け上がっていく。とにかくえらいことになったな」とも述べた。

　翌日、副社長らがKに対して蛇の目ミシン株の売却の話を元に戻すよう懇請したところ、取り消したいのであれば300億円を用立てるよう要求した。副社長は、蛇の目ミシンに暴力団が入ってくれば、さらなる金銭を要求され、経営の改善が進まず、入社希望者もいなくなり、他企業との提携もままならなくなり、会社が崩壊してしまうと考えたが、他方で、蛇の目ミシンから300億円を出金してKに交付すれば経営者としての責任問題になると思い悩んだ。

　Kは8月4日、副社長らに対し、300億円を用立てる件がまとまらないことを非難し、「大阪からヒットマンが2人来ている」などと述べて脅迫した。

　副社長は8月6日、社長の一任を受けた上で、300億円の融資について専務・常務らの同意を求めたところ、専務の1人を除いて同意した。同月8日の臨時取締役会において、埼玉銀行系列のノンバンクである首都圏リース株式会社から蛇の目ミシンのミシン以外を取り扱う株式会社ジェー・シー・エル（以下、ジェー・シー・エルという）に対する300億円の融資について、蛇の目ミシンが債務保証をしてその蛇の目ミシンの本社の土地建物を担保として提供すること、さらにジェー・シー・エルからの貸出先を他の副社長が代表を務める先進にまた貸しし、それを先進からK所有のナナトミに迂回融資することが出席した取締役全員の賛成により議決された。反対していた専務の1人は同会議を欠席したが、最終的には300億円の融資に同意した。

　Kには当初からこの融資金を返済する意思がなく、蛇の目ミシンもこれを取り戻せる具体的な見込みもなかったから、その全額の回収は困難な状況にあった。しかもこの300億円は、蛇の目ミシンとしてはまったく支払う必要のない金員であり、債務保証や担保提供をする必要がなかったこと

も明らかであった。その融資の実質は、Kに対する巨額の利益供与であったし、取締役らも、これがKに対する巨額の利益供与であって、経営者として本来してはならない性質の行為であることは十分認識していた。

２．Kの逮捕と代表訴訟

1990年7月19日、Kは別の会社の株価操作の容疑で逮捕され、同年9月19日、蛇の目ミシンの取締役を辞任した。Kの逮捕により、ナナトミ等が破たんし、ジェー・シー・エル等に対する入金も停止となった。貸した金は回収できずに、多額の損害が蛇の目ミシンに発生し、株主代表訴訟となった。

（1）東京地裁・高裁の判断

東京地裁・高裁の判断は、次の通りである。

　　副社長らはこのまま放置すれば、B社の優良会社としてのイメージは崩れ、多くの企業や金融機関からも相手にされなくなり、会社そのものが崩壊すると考えたことから、そのような会社の損害を防ぐためには、300億円という巨額の供与もやむを得ないとの判断を行い、他の取締役らもこれに同意したものである。前記のごときKのこうかつで暴力的な脅迫行為を前提とした場合、当時の一般的経営者として、副社長らが上記のように判断したとしても、それは誠にやむを得ないことであった。以上の点を考慮すると、社長、副社長らが300億円の供与を決め、専務らが同意したことについて、取締役としての職務遂行上の過失があったとはいえず、被上告人らは（旧）商法266条1項5号（会社法423条1項　任務懈怠責任）の責任を負わない。

　　また、Kに対する300億円の供与は、暴力団の関連会社に売却した蛇の目ミシン株を取り戻すためには300億円が必要であるとKから脅迫されたことに基づき、Kの支配するナナトミに対し、う回融資の形で300億円を融資したものである。蛇の目ミシン経営陣の認識としては、暴力団の関連会社に譲渡された株式を、Kの下に取り戻すために利益

供与をしたものであり、実際には、300億円を喝取されたものであって、商法295条1項（会社法120条1項）の「株主の権利の行使に関し」財産上の利益を供与したことに該当しないことが明らかであるから、副社長らは利益供与の責任を負わない。

（2）最高裁の判断

最高裁の判断は、次の通りである。

　　前記事実関係によれば、Kには当初から融資金名下に交付を受けた約300億円を返済する意思がなく、被上告人らにおいてこれを取り戻すあてもなかったのであるから、同融資金全額の回収は困難な状況にあり、しかも、蛇の目ミシンとしては金員の交付等をする必要がなかったのであって、上記金員の交付を正当化すべき合理的な根拠がなかったことが明らかである。被上告人らは、Kから保有する蛇の目ミシン株の譲渡先は暴力団の関連会社であることを示唆されたことから、暴力団関係者が蛇の目ミシンの経営等に干渉してくることにより、会社の信用が毀損され、会社そのものが崩壊してしまうことをおそれたというのであるが、証券取引所に上場され、自由に取り引きされている株式について、暴力団関係者等会社にとって好ましくないと判断される者がこれを取得して株主となることを阻止することはできないのであるから、会社経営者としては、そのような株主から、株主の地位を濫用した不当な要求がされた場合には、法令に従った適切な対応をすべき義務を有するものというべきである。前記事実関係によれば、本件において、副社長らは、Kの言動に対して、警察に届け出るなどの適切な対応をすることが期待できないような状況にあったということはできないから、Kの理不尽な要求に従って約300億円という巨額の金員をナナトミに交付することを提案しまたはこれに同意した被上告人らの行為について、やむを得なかったものとして過失を否定することは、できないというべきである。

また、会社から見て好ましくないと判断される株主が議決権等の株主の権利を行使することを回避する目的で、当該株主から株式を譲り受けるための対価を何人かに供与する行為は、商法295条1項（会社法120条1項）にいう「株主ノ権利ノ行使ニ関シ」利益を供与する行為というべきである。

　前記事実関係によれば、蛇の目ミシンは、Kが保有していた大量の蛇の目ミシン株を暴力団の関連会社に売却したというKの言を信じ、暴力団関係者が蛇の目ミシンの大株主として蛇の目ミシンの経営等に干渉する事態となることをおそれ、これを回避する目的で、株式の買い戻しを受けるため、約300億円というおよそ正当化できない巨額の金員を、う回融資の形式をとってKに供与したというのであるから、蛇の目ミシンのした上記利益の供与は、「株主ノ権利ノ行使ニ関シ」されたものであるというべきである。

　そして、最高裁は2006年4月10日、高裁に差し戻しを命じ、高裁は583億6000万円の損害賠償を元社長ら5人に命じ、5人はこれを不服として上告したが、2008年10月3日、最高裁はこれを棄却し、代表訴訟ではこの時点における過去最高額の損害賠償責任が確定した。

この事件から学ぶこと

　実は、この300億円のKに対する供与を決議した臨時取締役会には監査役も当然出席していたが、監査役が質問や異議を申し立てたとの記述はない。したがって、東京地裁に1993年8月に提訴された時には、常勤監査役2名を含む29名（請求総額1520億円）が被告となった。原告の株主は「当時常勤監査役だった両名は、この違法行為に関して、何ら監督・是正の措置をとらず、これを漫然と放置したが、これは善管注意義務に違反するものであることは明白である」として、Kおよびナナトミの債務の肩代わりおよび担保提供による損失と合わせ、両名で連帯して300億円の損害賠償

を請求したが、当代表訴訟は1審で敗訴になり、東京高裁に控訴するときは監査役を含む24名に対しては取り下げられ、被告は取締役の5人に絞られた。

　1審で、最高裁のような判決が出ていたならば、監査役にも多額の損害賠償金が課せられることになっただろう。

　この訴訟を提起した株主（元蛇の目ミシンの取締役）は、Kの恐喝に対してテープレコーダーで音声もとらず、警察にも通報せず、会社が被る多額の損害を「やむを得なかった」とする後輩の取締役らに、「K氏のみ悪者にして済む問題ではない」という姿勢を貫いた。

　裁判の途中、「悪意」の提訴であるとされ、裁判所から1億1000万円の担保提供が命じられたため自宅が差し押さえられ、これを受けて被告側から「不当な訴訟」と7000万円の損害賠償請求を提訴されるなど、当初は「K氏のみが悪い、取締役は被害者」というような一般の論調だったが、「脅迫されたことを免責の理由としては、企業にとって重大な時ほど取締役が何の責任を果たさなくてもよくなってしまう」（上村達男早稲田大学大学院教授『日本経済新聞』2006年4月1日）との見方が出てきたりして、裁判所も判決に対する社会の受け止め方に一定の配慮をするようになってきたようである。メディアにも「最高裁、社会常識に目配り」との見出しが出た（『日本経済新聞』2006年5月1日）。

　監査役も、「法的には問題なし」ということと併せて、「社会常識ではどうなのか」を重視しなければいけない状況になってきた。

　それにしても、「ヒットマンが来ている」という脅迫の中で「この貸し付けに異議あり」と発言するのは、並々ならぬ勇気と覚悟が必要であり、それは監査役に求められるものである。

〔出所：「蛇の目ミシン工業株主代表訴訟上告審判決」最高裁 2006年4月10日、『週刊ダイヤモンド』2009年1月10日 17日、「逆転勝利蛇の目ミシン株主代表訴訟」『資料版商事法務』No.113 125頁〕

FILE 45

「反社」の疑いのある会社の代表と交際している社長に対して監査役は？

　日本を代表する通信機器メーカーである富士通株式会社（以下、富士通という）の社長Ｎは、ファンドＡ社の代表Ａに依頼し、富士通の子会社であるニフティ株式会社（以下、ニフティという）とフリービット株式会社（以下、フリービットという）との経営統合を画策していた。富士通の役員らが、Ｎに対して、Ａ社は反社会的勢力と噂される会社であり、その代表のＡと緊密な関係にあることにより、会社の評価を著しく損なうとして、Ａとの交際をやめるとともに、代表取締役および取締役の辞任を迫った。その辞任を迫る席で、元裁判官の監査役Ｙが大きな役割を果たしていた。

1．辞任を迫る会議

　2009年9月25日8時30分より、富士通最上階の会議室にて、名誉会長・相談役・会長・取締役Ｏ・法務本部長・社外監査役Ｙの6人が、社長Ｎを取り囲んで辞任を迫った。富士通による録音記録が2012年4月11日の東京地裁判決文（『判例タイムズ』1386号 245頁）に記載されている。以下、紹介する（一部、簡略化、省略している）。

　まずＹがＮに対して、Ａとの取り引きや交際の内容を聞き出すことから始まった。

　　Ｙ：フォーマルな質問だと思ってください。会社法に定められた監査役の権限に基づいて、取締役の職務に関する調査の一環として質問させていただきます。

———————

Y：（A氏とは）どんな付き合いですか。

N：実は昨年、ニフティですね。ああいう形で問題を解決するために、ニフティに対して資本の投下をお願いしたということで、XXという人がいるんですけれど、この方に対する仲介をやっていただいたという経緯がございます。

———————

Y：Nさん自身がA氏に電話することはありますか。

N：ええ、時々あります。

———————

Y：かなり長い時間、電話で話すことはありますか。

N：あります。

———————

Y：A氏とB氏がどういう関係か知っていますか。

N：元の上司と部下の関係だと思いますが。

———————

Y：A氏の背後にB氏がいるというのはわかっている。

N：B氏がロンドンにいるはずですから、家族で。それについての中継を日本側でAさんがやっているということは知っています。

———————

N：まあそのときに、B氏との、まあ関係はできあがりましたが、その後一切、富士通のビジネスの中に入れたということについては一切ありません。

———————

Y：そうですか。……暴力団○○の人との付き合いもあるそうですが。

N：まったく知りません。

———————

Y：A氏またはA氏が所属する会社・団体、あるいはA氏個人から金銭

245

やモノを貰ったことがありますか。N社長自身が。

N：モノを貰ったことはありますね。お祝いとか。……え、そりゃ、商品券5万円とか。

————

Y：比較的最近になって、ニフティをA社に売却したいということを、凍結していたのを、解凍という。

N：あのー、誤解があるといけないのですけれども、私は売却するといったつもりはまったくありません。

————

N：ただ、X社、Y社、Z社からの申し出もありますんで、おそらく今、3案くらいが検討されていると聞いております。

————

Y：ファンドA、それほど馴染みはないとおっしゃいましたがファンドAというファンドはまことに危険だというのは、まあ、業界では相当強く噂されている。……A氏と富士通の社長がお付き合いをしているというのは、これはどう思われますか。……つまり、ファンドA、A氏とB氏というのが、さっきのような状況であるとすれば、そのA氏と付き合いを続けるということ自体、由々しき問題だと、こう思われませんか。

N：思いますね。

————

O：私どもの得た情報では、金融業界の判定のなかでは、ファンドAは完全なブラックだと。……反社会的勢力とかかわりをもったという、そのことだけで企業は倒産してしまう。当社をそのような危険にさらすわけにはいかないと思っています。したがって、これは結論でありますが、大変厳しい要求ですが、あなたは、代表取締役および取締役を辞任してもらいたい。これは取締役会の意思であります。……もし辞任してもらえるという場合には、対外的には病気ということで発表

させていただくし、病名、入院先等はプライバシーを理由に一切公表
しない。

————

N：……ただ、何回も申し上げておりますように、私は、バックにそう
　いうファンドがいるという前提で付き合ったつもりはありませんし、
　私自身はニフティのありかたなり、富士通という企業をできるだけシ
　ンプルな構造にしていく、強さを作りたいという思いで、やったつも
　りでございますので、この問題について、私自身が指示を間違ってや
　ったとか、悪いことをやったというつもりはまったくございません。
　……私自身の行動が、そういったリスクを持っていたということ、ま
　あ、事前に教えていただくわけにはいかなかったでしょうか。

————

Y：２月のニフティの問題のときに、かなり強い警告があったのではな
　かったのですか。

相談役：D君だとか、そういう人たちは、この件、ファンドAがいかに
　怪しいところなのか、重々承知しています。

N：そうですか。

————

会長：この１年３か月、Nさんには本当によくやっていただいたと思い
　ます。社員からも、会社のOBからも、お客さんからも、メディ
　アからも大変評価が高かったという風に思います。しかし、我々は、
　会社をマモラナケレバならない。……そういうわけで決断いたしまし
　た。

————

　Nは辞任届を確認して、署名した。

2．その後の経過

（1）取締役会で代表取締役の異動について決議

　2009年9月25日に開催された取締役会は、Nが病気療養のため代表取締役社長および取締役を辞任する旨を申し出て、同取締役会がそれを受理したと公表した。代表取締役会長Mが兼務で社長に就任し、Nは同会を欠席した。

　翌2010年3月6日、取締役会は公表したNの辞任理由「病気療養のため」を取り消し、Nが好ましくない風評のある企業との関係を継続していることが判明したためであると訂正し、公表した。

（2）2010年3月30日、N、常勤監査役宛てに、会長と相談役の2名に対して株主代表訴訟の提訴請求書を送付

　その内容は、不当に辞任させられたために、すでに実現が確実だったニフティの売却により得られた利益が失われたためとしている（富士通HP「元社長N氏の辞任の経緯と当社の見解」2010年4月14日）。これに対し、監査役会は、調査チームを設置し、調査・検討の結果、請求書面で主張されている事実は認められず、訴えを提起しないことを全員一致で決定、同年5月21日、Nに会社法847条4項[注]に基づき、提起しない理由を通知した（富士通HP「元社長Nからの提訴請求に対する不提訴理由通知書の送付について」2010年5月21日）。

（3）同年8月24日、N、東京地裁に損害賠償3億8000万円と謝罪広告を求めて提訴

　社長（前会長）・相談役・取締役・監査役の計4名に対して、NはA社（ファンド）が反社会的勢力との虚偽の事実を告げられ、辞任を強要され、

（注）　取締役に対する責任追及の株主からの提訴請求は、監査役が会社を代表してこれを受け、請求の日から60日以内に訴えを提起しない場合は、請求した株主に対して、提起しない理由を通知しなければならないと定めている。

病院やホテルの一室に幽閉されたとして、共同不法行為に基づき、富士通に対しては逸失利益（子会社ニフティとフリービットとの経営統合後売却）等の損害賠償請求を提訴した。

3．双方の主張

（1）Nの主張（Nのブログから）

Nの主張は、次の通りである。

反社会的勢力との関係が問題になった場合に、直ちに警察に相談し、調査すべき義務および調査の結果得られた事実を公明正大に取締役会に報告し、対応方針を協議・意見交換すべき義務のいずれをも果たさないまま、密室で、突然、6人の多数で取り囲む形で、私に対し、直ちに辞任しなければ会社が上場廃止になるおそれがある、辞任に応じなければこの後の取締役会で代表取締役の解職が決議される等の脅し、かつ、詐言を用いて辞任を強要したのであり、その行為は決して許されないものだと思う。

金融機関による反社会的勢力への対応問題が騒がれる中で、全国銀行協会が暴力団など反社会的勢力にかかわる情報について警察庁との連携を強化する方針を正式表明している。企業が反社会的勢力を正しく排除するためには警察との連携強化が不可欠であるということ、反社会的勢力との関係が疑われる者については、直ちに警察に相談して調査すべきであるということ、いわば、反社会的勢力対策の基本を示しているものと考える。ところが、相談役らは反社会的勢力との関係が問題になった場合に直ちに警察に相談して調査すべき義務があったのに、これを履行しなかった。

私自身、辞任を迫られるまでの間に、富士通の取締役および監査役らから、一度として、当該ファンドについて反社会的勢力との関係が疑われるとの警告を受けたことはない。

また、監査役と取締役は、一昨年の9月、私に辞任を迫った際、当

該ファンドと反社会的勢力との関係について、○○組という具体的名称を出し、警視庁情報があるなどとしてその関係を断定し、そのようなファンドの人間と付き合っているという事実が辞任を求める理由であると言明した。にもかかわらず、富士通が今さら上記の通りの主張（下記、富士通の主張）をしているのは、論理のすり替えであり、詭弁以外の何ものでもない。

　ファンドが反社会的勢力に関与していたという情報を裏付ける警視庁情報があると主張して、私に代表取締役社長の辞任を強要しておきながら、結局、警視庁情報の存在を自ら否定した。

（2）富士通の主張（富士通HPから）

　富士通の主張は、次の通りである。

　本件における問題の本質は、Nと交流のあったファンドが実際に「反社会的勢力に関与している」かどうか、ではない。

　ファンドをニフティ案件に関与させてはいけないとの警告を受け、一度は関係を絶つ旨を約束したにもかかわらず、そのような（反社会的勢力との関係が疑われる）企業グループとの関係を継続するという、F社の代表取締役社長としての適格性の欠如、具体的にはリスク感覚の欠如、が問題の本質である。

　富士通は日本を代表する企業グループの1つと評価されている。したがって、富士通が望めば、国内の大手証券会社やコンサル会社は勿論のこと、世界的に著名な証券会社やコンサル会社であっても、喜んで依頼を引き受けることはいうまでもない。

　したがって、富士通としては、わざわざ当該ファンドなる新興ファンドの日本における代表者を、（Nの言によれば）「仲介者」としてニフティ案件に関与させ続ける必要はまったくなかった。それどころか同ファンドに好ましくない風評があり、しかも反社会的勢力との関係すら疑われるのであれば、ニフティ案件に関与させてはならないとい

う結論に至るのが富士通の代表取締役社長としての当然の判断である。

4. 判決

(1) 東京地裁判決 (『判例タイムズ』1386号 240頁 2012年4月11日)

判決の概要は、次の通りである。

① A社が反社会的勢力に関与していることが客観的に真実か否かがNの社長辞任の意思決定を左右したとは認められない。

② A社が反社会的勢力とのかかわりが疑われた以上、この代表者と親交していたNに辞任を求めることには十分な理由がある。

③ Nは会長らの辞任要求の趣旨を受け入れて自ら辞任の意思決定をしたと認められる。

④ 反社会的勢力との関係を徹底的に遮断する社会の動きに中で、Nが社長の地位にとどまることに大きな危惧の念を抱き、Nに対し、辞任要求を行うべきとの結論に至った経緯に不合理な点は見当たらない。

さらに判決文は、面談においては、A社らが反社会的勢力と関係があることが真実であるか否かは何ら問題とされておらず、むしろ、A社らと反社会的勢力との関係が疑われたことから、その代表者であるAと深い親交を有していた原告が被告会社の代表取締役社長の地位にあり続けることによって、被告会社が上場廃止等の危険にさらされるリスクを回避するために、被告らは原告に辞任すべきとの判断を下したことを受け、原告はその趣旨を受け入れ、自らの意思で辞任に応じたと認められる、としている。

(2) 東京高裁判決 (2012年11月29日)

控訴棄却、1審を支持。

(3) 最高裁決定 (2014年7月9日)

上告棄却、上告申立てを不受理とする。

（4）専門家の意見それぞれ

専門家の意見は、次の通りである。

T弁護士：元裁判官の監査役の行為を評価「社外役員の有効性が如実に
現れた事案」（「ビジネス法務の部屋」『ブログ』2012年4月24日）。

H弁護士：「反社」で辞任させられたN社長の損害賠償請求を「反社」
の立証を求めずに棄却した東京地裁の不条理。元裁判官の監
査役がN氏を「尋問」する生々しい記録。証券会社2社から
「反社」の風評を聞いたから、それOK、「反社」かどうかは
関係なし、との判決（『現代ビジネスオンライン』講談社 2012
年4月19日）。

この事件から学ぶこと

私には、Nの主張にも理解できるところはある。しかしながら、Y監査
役としては、辞任していただくという判断をせざるを得なかったのだろう
と思う。

限られた情報から推測するに、Nは独断先行をせず、スタッフに調査さ
せ、周りに理解者を作りながら、取締役会などで提案し、意見を求めなが
ら進めていけば、違った展開になっていたのではないだろうか。

この事例に関しては不明な点も多く、どちらの言い分が正しいのかはわ
からない。しかし、社外監査役が社長にはっきりと意見を述べるという行
為そのものについては、重要なこととして受けて止めていただきたい。

違法融資と監査役

FILE 46

監査の基本姿勢とは？

—金融機関の不正融資事件に学ぶ—

> 経済産業省は2017年5月9日、株式会社商工組合中央金庫（以下、商工中金という）に対して業務改善命令を出した。災害や景気悪化などで一時的に業績が悪化した中小企業等向けの「危機対応融資」は、商工中金などが窓口となって低利で貸し出し、日本政策金融公庫（以下、公庫という）が利子補給し、返済が滞ったときの損失の80％を公庫が補償するという国の制度融資である。
>
> 商工中金は融資実績を増やすため、全国の取引先の書類を改竄して、融資条件に合うように取引先の財務諸表の売上高や純利益を減額し、書き換えていた。全国35支店で99人が不正行為に関与し、760件の不正口座があり、そのうち348件が制度融資の要件に該当しないにもかかわらず198億円が貸出されていたと、第三者委員会は認定した（『日本経済新聞』2017年5月9日、2017年4月25日「第三者委員会調査報告書」）。

1．闇に葬られていたＩ支店の事案

話は2014年12月に遡る。

（1）Ｉ支店の自店監査

2014年12月19日、Ｉ支店の自店監査（全国8か所の拠点に自店監査専担班を設置、監査対象になる営業店に対し、その店長の指揮命令の下、自店監査業務に専担する）が、営業担当者3名に対して、顧客3社の危機対応融資（同年11月実行分）の稟議に使用した顧客名義の試算表について次のような不

自然な点を発見した。

① 顧客3社の会計事務所が異なるのに、3社の試算表の様式が同一であること。

② 3社の試算表には月末でない日付（8月30日、10月30日）が記載されており、会計事務所がこのような誤りをするとは考えにくいこと。

③ うち1社については、試算表の数字が、当該顧客の「取引先ファイル」に保管されていた顧客名義の試算表の数字と異なること。

自店監査専担班からの指摘により、支店長らが3人を追及したところ、全員が試算表の自作・改竄を認めた。最終的には、課長を含む4名が改竄を認めた。これを受けてコンプライアンス統括室長らは社長Sに報告、監査部の特別調査実施の了解を求めた。S社長は「隠してはいけない」「クビや報酬返上もいとわない」とし、第三者委員会の設置とマスコミ公表が必要だと述べたが、副社長らは、第三者委員の選定をしていたら、不祥事件届出期限の30日には間に合わないから、まず社内で監査部の特別調査を実施すべきと主張し、S社長も同意した。

同年12月26日、総務部長は、S社長の指示を受け、中小企業庁金融課長に対して、本件疑義についての第一報をメールで送信した。

（2）改竄の例

改竄の例は、次の通りである。

① 危機対応融資の条件として、売上・粗利益・営業利益・経常利益または当期利益が直近3か月、前年同期比、前々年同期比いずれかで5％以上の減収または減益であることが条件となるが、これをクリアするため、顧客の試算表を改竄ないし自作し、あたかも減収減益であるかのように装い、この試算表を稟議書に添付して危機対応融資を受ける。

② 利子補給を受けるためには「雇用維持」（例えば、危機対応融資実行の6か月後に従業員数が減少していないことなど）が条件として付されることがあるが、これを満たすために、顧客が提出した雇用維持の証

明書の従業員数を書き換える。

（3）不祥事発生時の届出を回避した、Ｉ支店における監査部特別調査
① 不祥事回避のためのロジック作成

　商工中金のような政府系金融機関において、不祥事発生を知った場合は主務大臣等への届出が義務付けられている。ところが、ここで、コンプライアンス統括室および組織金融部から、監査部の特別調査に横やりが入った。

　コンプライアンス統括室が監査部の特別調査の結果を受けて、「顧問弁護士の助言を踏まえて」次のような不祥事か否かの基準を作成した。

　顧客の試算表の書き換えは、私文書偽造罪となるが、私文書偽造罪は、故意に①他人（顧客）名義の文書を②名義人（顧客）の承諾なしに作成した場合に成立する。したがって、①顧客名義の試算表について、「同金庫作成（名義）資料」（同金庫内部資料）と認識して作成した場合は故意がない、②試算表の自作については「顧客の承諾を得ていたと思っている場合」や「顧客の承諾を得られると思っている場合」には故意がない。

　この基準に基づき、コンプライアンス統括室は、監査部に対して、「商工中金作成資料と認識して作成したこと」および「顧客の承諾があったこと」の２点の回答を営業担当者各人から得るために、「誘導尋問の方法」を記載したペーパーを作成し、特別監査メンバーに「うまく聞いてください」と要請した。

　監査部はこの基準を基にヒアリングした結果、110件すべてにおいて不祥事の該当性を否定した。しかし客観的事実は、顧客の承諾なしに改竄ないし自作したのであって、不祥事件に該当することは否定できない状況だったと、後に第三者委員会は述べている。

② 危機判定要件不適合回避のためのロジック作成

　一方、組織金融部は、顧問弁護士の助言を踏まえて次のような危機要

件判定ロジックを構築し、判定した結果、110口座すべてにおいて危機要件を満たすとした上で、Ｉ支店管理職に対して、差替作業を指示した。差し替えによって、110件の稟議書類は、当初から「稟議申請」されていたかのように書類が整った。

ⅰ 既存資料（取引先ファイルに綴じられている他の試算表・決算書等）により判定する。

ⅰで判定できない案件は組織金融部が「顧客ヒアリング」を実施し、自作試算表の数値が「事実と大きく異なるものではない」との回答を得たら、危機要件を満たすと判定する。

ⅱ ⅰで「事実と大きく異なるものではない」との回答を得られなかった場合は、顧客から別の資料（稟議実行後の決算書等）を受領し判定する。

しかし、後に第三者委員会は、組織金融部が改めて判定しなおしたところ、52口座が危機要件を満たさないものと判定した、と述べている。

③ **届出回避と監査役への報告**

2015年1月13日以降、監査部長から副社長・Ｓ社長に110口座すべてについて問題はなかったとの報告を行った。社長らからは特段のコメントはなかった。1月20日および1月22日、監査部長、コンプライアンス統括室長らが常勤監査役に報告した。常勤監査役から、危機要件充足性についての確認、外部への報告、当事者への処分についての質問があり、また「取引先から受領した資料を当金庫が改竄したものではないという理解でよいか」との質問があり、同室長は「そのとおりである」と回答した。1月13日および2月2日の監査役会において、社外監査役に常勤監査役から状況が報告された。社外監査役から「危機要件充足性について確認できたことをもって問題なしとの結論に至ったのか」との質問があり、常勤監査役は「その通り」と回答した。

所轄官庁へは、総務部長らが1月19日、Ｉ支店の要確認口座について危機要件非充足案件は確認されなかった等を報告したところ、具体的な

確認方法について質問があり、1月30日ごろ、総務部長は110口座中7口座の例をペーパー2枚にまとめ説明した。

所轄官庁は、「書類は顧客の合意に基づいて作成しており、不正はなかった」との報告を受け、自ら検証することなしに「問題なし」と判断した（『毎日新聞』2017年5月25日）。

3月2日、人事部は、Ｉ支店の本件に関する行為者および上長に、「通牒に定められた顧客提出資料を受領せず、顧客へのヒアリングにより確認資料を自ら作成するという内部規定に違反する行為を複数回行いました」とする始末書をひな型に添って自筆で書き写して押印するよう指示した。行為者へは厳重注意と賞与減額、上長へは口頭注意で終わった。

Ｋ支店で改竄が発覚しなければ、Ｉ事案はこれで幕を閉じていたのである。

2．暴かれた2年前のＩ支店事案

2年後の2016年10月、Ｋ支店において、営業部次長は危機対応融資の稟議に添付された試算表が自作された疑いがあるとして、稟議書を課長に差し戻した。課長が担当者全員に確認したところ2名の担当から試算表を改竄したとの発言があり、支店長はコンプライアンス統括室に報告し、社長の知るところとなった。

このとき、社長はＳからＡに代わっていた。事態を重く見た商工中金は、監査部による特別監査を実施するだけではなく、Ｓ社長のときと違って、2016年12月12日に第三者委員会を立ち上げた。

第三者委員会は、役職員4,887名に対するアンケート調査を行った。回答書の送付先は委員長の法律事務所とし、案内文には次のことを記載した。

　　アンケートにおいて、危機対応融資に関して自主申告した事項に処分の対象となり得る事項があった場合であっても、自主申告によって調査に協力していただいたことを積極的に評価し処分の減免が行われます。逆に、後日の調査において虚偽申告や新たな不適切行為が発覚

した場合には、処分の対象となり得ますので、ご留意ください。

　回答率は99.8％だった。このアンケートおよびヒアリングにより、Ⅰ支店において、2014年12月〜2015年1月に行われた監査部特別調査で、複数の営業担当者による110件の試算表の自作・改竄を把握しながら、最終的には「不正行為は認められない」と、単なる内部規定違反として処理されたことを委員会は把握した。そしてⅠ事案として徹底調査した結果、前述の「不祥事件届出回避」ロジックの存在を見つけた。

3．第三者委員会の見解　役員の関与は？

　第三者委員会は、危機対応融資は顧客からの要請に基づく融資であるにもかかわらず、その実態は「ノルマを達成するために、顧客に頼み込んで危機対応融資を実行させてもらう」ことが行われ、過大なノルマが「不正の要因」になっていたと結論付けた。なおこれは、経営陣による直接的な隠蔽の指示、指揮命令の存在は認められないが、明確な形での決断や指揮命令のないまま「場の空気」で「なんとなく」行われる「集団的」な隠蔽であったとした。だからといって、本店幹部による誤った処理は、極めて悪質かつ深刻であるとコメントしている。

　その後の商工中金による危機対応融資22万件の全件調査の結果、不正口座数は4,609件（全体の2.1％）、融資実行額2647億円、不正行為者444名、国内100営業店のうち97店舗で発生したことが公表された（商工中金HP「継続調査の結果等について」2017年10月25日）。

　A社長は2018年3月末に交代した。経済産業省は危機対応融資のみならず、商工中金は完全民営化への移行を含め、今後どうあるべきかという議論を重ねている。

この事件から学ぶこと

■ I 支店事案が隠蔽されたことの弊害

I 支店事案について、2015年2月のコンプライアンス会議では「内部規定違反」とだけ報告され、具体的な内容は封印された。I 支店事案の反省は行われず、また隠蔽はK支店で行われただけでなく、全国で繰り返されたのである。繰り返し起こり得る不正は、隠蔽すれば再発し、より大きな事件となることを教えてくれる。

■ コンプライアンス統括室は、何のためにあるのか。監査部への社員の期待は

コンプライアンス統括室は隠蔽のロジックを作り、監査部に「誘導尋問」をするよう要請した。このようなコンプライアンス統括室は不要であるだけでなく有害である。

また、「監査部が調べているのだから大丈夫だろうと思った」という I 支店担当者の声は、監査に対する期待と、それが裏切られたときの無念さを表している。

■ 監査役会は隠蔽を知らなかったのか

社長Sは「何でいってくれなかったのかなあ……」と第三者委員会のヒアリングで述べている。監査役は、コンプライアンス統括室などから誤った報告を受けており、実態は知らなかったということだろうが、I 支店に出かけるなり、もう一歩、自らの手で調査してほしかったと私は思う。

第三者委員会はいう。取締役や社外監査役の存在だけで、過度の「同質性」を克服することには限界がある。何らかの「職業倫理」に裏打ちされた確固たる判断軸を持ち、組織の論理に流されることなく、違うものは違うといい切ることのできる「職位」に強い権限と責任を付与することが必要だと考えられる、としている。

それこそ監査役のプロ意識であると思う。

FILE 47

融資に反対する審査部長退席後の
融資常務会における監査役

　1992年の8月11日8時30分に株式会社阪和銀行（以下、阪和銀行という）の融資常務会が開催された。頭取が議長で、出席者は、いつものように副頭取、専務（総務部・検査部・事務部担当。大蔵省出身）、常務（審査部・国際部担当）、常務（人事部・経理部担当）、取締役（審査部長）および常任監査役の7人であった。

　本日の議案はi社に対する融資のみであった。いつものように審査部長が配布した資料をもとに説明し、出席者が協議した上で頭取が承認した。これで今日の会議は終わるはずであった。審査部長は最初に退席した。これを待っていたかのように、副頭取が突然、「もう一件緊急で審議願いたい」と発言、退席した審査部長を除く全員が副頭取の説明に耳を傾けた。監査役は、審査部長退席のままの審議を止めたのだろうか。

1．融資常務会に先立つ経過

　事の発端は、「月刊XX」1991年9月号に阪和銀行役員に対する誹謗中傷記事が掲載されたことである。阪和銀行はこれ以上の記事を掲載しないように地元不動産会社のK社長に仲裁を頼んだ見返りとして、Kの依頼で、Kの関連会社に融資をすることを求められた。この誹謗中傷記事というのは、前頭取の長男の常務（1992年株主総会で辞任）の私生活など、経営陣への批判記事である。

　融資常務会から遡る6日前の8月5日に、阪和銀行の本店営業部長（取

締役）から審査部長（取締役）に相談があった。審査部長は、そのような反社会的組織が関与する会社に対する見返り融資には反対であると述べ、6日、副頭取にもその旨を伝えると、副頭取は頭取の了解も得ている旨を説明した。しかし審査部長は納得しなかったため、副頭取は「融資をやめたら、このような端金では済まなくなる」と激高するに至った。審査部長の上司の常務は、明確には反対意見を述べなかった。7日、審査部長は頭取に対しても、融資を実行すべきではない旨を述べたが、頭取は「本店営業部長に任せてある」と返答するのみであった。10日、稟議書が本店営業部長から審査部次長に上げられた。次長はすでにこの件について上司である審査部長から受けた指示の通り、上層部の決定したものであることに配慮することなく、この融資を否決すべきであるとの意見を明確に記載した。

　その理由は、次の通りである。

①　従前取引がない相手に対する貸し付け、いわゆる「トップ貸し」である。

②　役員構成より見て関係者が芳しからずと思われる。

③　資金使途が曖昧である。

④　返済財源の時期が不確実であり、返済財源を確保できる物件が担保とされていない。実はこの融資先はKの会社ではなく、Kの会社所有の土地を関連会社が購入する資金であった。

2．審査部長退席後の常務会

　1992年の8月11日の融資常務会はi社に対する融資について承認され、議案はこれのみのはずであった。しかし審査部長が退席すると、それを待っていたかのように、副頭取が他の出席者を引き留め、K関連企業への融資案件を提案した。副頭取は、融資先は和興開発の関連会社であり担保はとってあると説明したが、具体的な貸付先が三共土地開発であることや担保の内容などについては一切触れなかった。

　審査部担当の常務は、このような融資は後で大蔵省の検査で問題になる

から、慎重に審議すべきと発言し、専務はこのような融資は他行でもよくあることだが、融資の経緯を正しく記録すべきと述べた。「これらの意見のほかには特に意見がなかった」と、後の和歌山地裁の判決文にある。

そこで頭取が「Ｋの会社はｇ銀行が支援しており信用がある」と発言し、この融資を承認し、融資常務会は終了した。

先に退席した審査部長は、次長から稟議書を受け取り、「役員構成より関係者芳しからず」の下に「Ｊ組暴」、融資先役員のＮおよびＬの次に「ｋレンゴー（右翼）」および「暴の妻」と追記し、決裁欄に「否」と記載して押印した。

審査部長はその後、審査部担当の常務からこの融資が融資常務会で承認されたことを聞いた。稟議書を受け取った同常務は、これに押印せず、他の融資常務会出席者には回覧しなかった。

3．その後の経緯と結果

この事件の経過と結果は、次の通りである。

1992年10月：Ｋの関連会社に対する第２融資が実行された。何と、持ち回りの融資常務会であった。

1993年８月５日：副頭取は何者かによって射殺された。

1996年９月２日：第１および第２融資総額５億9000万円のうち、２億9000万円が未回収である。

1996年11月：阪和銀行経営破綻。

1997年11月：特別背任の罪で、頭取ら旧経営陣、Ｋおよび暴力団組長等が逮捕された。（後、頭取のみ起訴、1999年３月、懲役２年執行猶予３年の判決）

2003年９月９日：和歌山地裁にて、債権回収のための特別法人が旧経営陣５人（監査役なし）に対し起こした損害賠償請求訴訟判決。うち４人は善管注意義務違反で合計約２億6000万円の損害賠償の支払いを命じられた（内２人は

和解による支払い)。請求を免れたのは、反対を貫いた
審査部長のみであった。

〔出所：和歌山地裁判決文 2003年 9 月 9 日〕

この事件から学ぶこと

　このような融資常務会が実際に起こり得るのである。

　監査役には、情報が入っていなかったのだろうか。審査部長は、反社会
的組織への融資は認められないものであり、会社法に則り、会社に重大な
損害を与える（法令違反も含め）おそれのある事実を知った取締役は、直
ちに監査役に報告しなければならないはずである（会社法357条１項）。こ
のことは、取締役職務執行確認書（一般社団法人監査懇話会でひな型公開）
で、監査役は、毎年、念押ししなければならない。監査役は、報告を受け
て、これを取締役会で報告し、また、違法行為差止請求や取締役会の招集
も可能であった。監査役の業務には、審査部長のような正義感のある役職
員との連携は欠かせない。

　ところで、この異常な融資常務会で、監査役が発言した形跡が、少なく
とも判決文には見当たらないのは残念である。審査部長抜きで、説明資料
もなく、具体的な融資先および担保についても説明のないまま、しかも審
査部長の退席を待って、突如、当案件を諮るという異例の状況の中で融資
が決議されようとしていた。

　当時は、監査役に対する責任追及は極めて少なかったのだろうが、今日
では、そのおそれは十分にある。

FILE 48

監査役はどうしたら不正の兆候を察知できたか

—不正融資事件—

　2018年10月15日、日本監査役協会の岡田讓治会長から「最近の企業不祥事について」と題する会長声明が発表された。

　その内容は、スルガ銀行株式会社（以下、スルガ銀行という）の不正融資に関する調査報告書（2018年9月7日スルガ銀行第三者委員会調査報告書公表版：以下、A報告書という）において、常勤監査役の監査の実態につき次のような指摘がなされた、として、次の3点を挙げている。そして「監査役がその職務を果たすためには、不正等の兆候に直面した場合、躊躇せずに経営陣に対して毅然とした態度で臨む覚悟が求められる」と述べている。

- ・不祥事の兆候を知りながら適切な調査をしなかった
- ・経営会議での重要な決定や経営会議での決定を非公式会議で覆す等の事実を知りながら、取締役会や監査役会で報告をしていない
- ・監査が形式化し、監査役監査基準の定めに沿った監査が実施されていない

　一方、2018年11月14日に公表されたスルガ銀行監査役責任調査委員会報告書（以下、B報告書という）は、「……監査役の善管注意義務違反の有無を判断するにあたっては、監査役において違法行為等の兆候を認識し又は認識し得たか否かが重要な要素であるところ、本件一連の問題に係る事実関係を詳細に調査・検討した結果、新旧監査役については これらの兆候等を認識し又は認識し得たと認めるには至らなかった」との結論を出した。会社はこれを受けて、2018年11月12日、現旧取締役8名および旧執行役員1名に対し、35億円の損害賠償請求訴

訟を静岡地裁に提起したが、監査役については提起を見送った。

　B報告書は、監査役は不正の兆候を認識できなかったから責任追及はしないという。では監査役はどのような監査をしたのか、そしてなぜ不正の兆候を掴むことができなかったのだろうか。AとBの報告書をもとに考えてみたい。

1．シェアハウスローンとは

　株式会社スマートライフ（シェアハウス取扱業者。以下、スマートライフという）は不動産投資を希望するサラリーマン等に、次のようなセールストークで、シェアハウスへの投資を勧めており、シェアハウスローンとは、その投資資金の貸し出しを行うものである。

　シェアハウスは交流の場であるラウンジの他にキッチン・浴室・トイレなどの共用スペースがあり、入居者にとっては、アパートよりも割安となる。土地・建物等の物件取得に必要な資金はS銀行から融資を受けられる、自己資金は1割あればよい。当社がオーナーから一括で借り上げて入居者に転貸し（サブリース）し、30年間の家賃収入を保証する。したがってオーナーになれば、何もしなくとも、毎月の銀行への返済金を補って、手元に利益（利回り10％という話もある）が残る。

2．シェアハウスビジネスの流れと破綻

　このビジネスは、まずスマートライフが不動産業者等から物件を購入してオーナー（個人投資家）に高額にて転売し、次にオーナーはスルガ銀行から9割の融資を受け自己資金を足してスマートライフに支払い、スマートライフは物件をオーナーから一括借上してその保証賃料をオーナーに支払うという流れで行われていた。しかし空き室が多いと入居者からの家賃収入で保証賃料が賄えず、その穴埋めに、次の新たな物件を高額で個人投資家に売るという「自転車操業」となる。

2015年2月3日、スルガ銀行のお客様相談センターへFAXによる内部告発があった。「スマートライフの実質的経営者は詐欺の前科がある」「スマートライフの30年サブリース保証は、家賃相場価格より倍以上の（賃料）設定で収益シュミレーションし、高額のシェアハウスを販売している。（保証している）サブリース（賃料）の支払いは（入居者からの）現行家賃では回収できず、到底賄えない状態」「スルガ銀行のコンプライアンス規定に問題がないか判断した上で取り引きをした方がよいのではないか」というものである。この情報を得たO副社長（当時）は、直ちに営業部と審査部にスマートライフとの取引停止を指示したものの、監査役にも経営会議や取締役会にも報告せず、具体的な調査も行わなかった。

2018年1月、スマートライフはシェアハウスオーナーに対する賃料支払いを停止するに至り、事件が発覚した。実は、スマートライフの同業者であるサクト・インベストメント・パートナーズ株式会社（以下、サクトという）が、2017年2月、租税債務滞納により差し押さえを受け、保証賃料のオーナーへの支払いを停止していた。このときはスルガ銀行でも「サクト会議」が4回開催され、重要な課題も論議されたが、2017年4月の信用リスク委員会で、サクト破綻の原因はサクト固有の問題である[注1]、との報告が営業部Aよりなされ、シェアハウスローンの抱える問題は報告されなかった。

3．シェアハウスローンを巡る不正事実と監査役の気付き

次の3つの不正行為を取り上げ、監査役はどう対応したのかを検証する。その上で監査役はどうすればよかったのか、をコメントする。

(1) 自己資金ゼロでも融資を受けられるようにするための偽装

(2) 入居率を高く見せる偽装

(注1) I監査役およびH監査役は、K社は沖縄の不動産投資に失敗し破綻したとの説明を受けたと述べている。

⑶　審査部門への圧力

（１）自己資金ゼロでも融資を受けられるようにするための偽装への対応

　スマートライフは、自己資金がなくともオーナーになれると個人投資家にシェアハウスへの投資を勧めた。スマートライフの手口は、二重契約と通帳の偽装、源泉徴収票の偽装および「自己資金確認書」の虚偽記載である。スルガ銀行では、個人投資家の自己資金の確認においては、投資家の預金通帳や源泉徴収票等の原本を確認せず、代わりに「自己資金確認書」を提出させて済ますことがあった。

　二重契約とは、実際の契約書とは別に、実際の売買価格よりも高額の売買価格を設定し、銀行から増額した融資を引き出し、その増額分を自己資金のない投資家の見かけ上の自己資金に充てるという虚偽の契約書を銀行用に作成、提出するというものである。

　担当の行員のほぼ全員が所得資料の改竄・偽装を知りながら、融資していたと認めている。偽装の多くは、行員が見て、「即、おかしい」とわかるものが多かった。この偽装の事実は監査役にも伝えられていたが、どのように対処したのか。

①　経営会議等の情報

　2015年1月の経営会議（常勤取締役・常勤監査役・執行役員で構成）の「投資用マンション融資に係る苦情について」という議題の中で、苦情のうちの4件は、所得確認資料の改竄の疑いを指摘したものであることが報告された。社長が「原本確認を怠っていることが問題」と主張したのに対し、審査担当の執行役員は「現場では原本確認を実施している」と反論した。

　R監査役は、本件に関して「監査部が調べに行って、行員の関与はないことが確認され、チャネル（スマートライフ等シェアハウス取扱業者）の管理を厳しくして対応することになった」と述べている。

　T監査役は、2017年8月の経営会議や同年9月〜10月頃の稟議書において、同年5月にチャネル先の不動産業者による二重契約や自己資金確認資

料の改竄・偽装について内部通報があったが、調査の結果、いずれも行員の関与は認められなかったとの報告を受けた。

　いずれの監査役も不動産業者の従業員が書類の改竄・偽装を行っている事案があることは認識していたが、行員の関与は認められないとの報告を信じ、経営会議でもその情報に接したが、何も調査しなかった。

② 　2017年11月13日の審査部への往査

　常勤監査役HとTは審査部を往査し、審査部内の融資管理部長から行員6名のリストを受領した。そこには、「要注意」「業者との癒着？」「グレー」「いけいけ」などの記載があった。T監査役は、同リストには、業者との癒着等が疑われるとする根拠の記載や当該行員による不正行為の具体的な記載がなかった上、いずれも個別の行員からの情報に過ぎなかったとして調査はしていない。H監査役は、リスト記載の行員の1名が所属する営業店に往査し、同人および支店長と副支店長に対しヒアリングを実施した。またリスト記載の行員のうちの2名に関しては、直前に営業店往査を行い、支店長等にヒアリングを実施したが、いずれも不正が疑われる事実は判明しなかった。

この対応から学ぶこと

　経営会議等で偽装の疑いの情報と融資管理部長から誰が関与しているかという情報がありながら、スルガ銀行の監査役は対象者と上司のヒアリングのみで関与の事実なし、と判断した。通常の監査で不正を「やりました」という回答を相手に期待するのが無理だろう。審査部や監査部と共同で担当取締役をはじめ関係者に対して、疑いを持って調査しなくてはいけなかった。

　また、原本確認をすれば「即、おかしい」とわかったはずだが、その確認をしていない。

　チャネルによる偽装を知っていて行員が黙認すること自体が「行員の関与」である。

（2）入居率を高く見せる偽装への対応

　シェアハウス融資の返済は、ひとえに家賃収入にかかっている。審査部は、入居率70％未満の物件については報告を義務付けた上で実態調査も行っているが、調査者が現地に向かう前に、行員が業者に連絡し、ドアの保護材を外し、カーテンをつける等による入居の偽装が行われており、外観から入居状況を確認することは困難であった（電力メーターも部屋ごとに設置されていない）。しかし少なくとも2015年中ごろの時点で、入居率が50％未満であることは審査部の物件担当者レベルでは明らかになっていた。営業部は2016年1月の信用リスク委員会で、「目視の入居状況確認が困難なので、口座への振込金額で対応している」と報告している。

　このような状況の中で、各監査役は入居率に関する報告を受けずに終わっている。審査第二部への往査においても、入居率の質問をしていない。

この対応から学ぶこと

　　シェアハウスの最大のリスクは入居率の確保である。監査役が出席する信用リスク委員会で入居率について話題になっていたにもかかわらず、各監査役は入居率の質問をしていない。審査部の調査者の協力を得て実態を把握することはできたはずである。

（3）審査部門への圧力に対する対応

　スルガ銀行は1875年創立。創業家が5代にわたり経営トップを務めてきた。法人よりも個人をターゲットにするビジネスモデルという独自の戦略は2003年、「業界において高い収益性を達成・維持している企業」としてポーター賞^(注2)を受賞している。個人への融資はアパートやマンションのローンであり、そして2015年からはシェアハウスの取り扱いが急増した。

（注2）　一橋大学大学院経営管理研究科が運営。独自性のある戦略によって競争に成功した日本企業や事業部に贈られる。

表：2016年～2019年の業績の推移

2016年３月期連結	経常収益1394億円	経常利益564億円
2017年３月期連結	経常収益1476億円	経常利益582億円
2018年３月期連結	経常収益1563億円	経常利益105億円
2019年３月期第２四半期	経常収益750億円	経常損失857億円

注）2016年および2017年は有価証券報告書、2018年および2019年は決算短信による。

　業績は2017年３月期まで順調に拡大したが、この事件を受けて、2018年と2019年の業績は悪化した（表：2016年～2019年の業績の推移）。

　この個人向けの収益不動産ローンを担当するのが、営業本部の中のパーソナル・バンク（個人投資家向け融資）部門で、融資実行額は2017年度3323億円中の75％、そのうち収益不動産系は91％を占める。

　スルガ銀行の収益の大部分を稼ぎ出す営業本部のパーソナル・バンク部門は、部下に対し、人事考課や表彰の対象になる公式の営業数値目標をさらに積み増した「ストレッチ目標」を課し、パワハラまがいのプレッシャーを掛けた。審査部門が偽装疑義などを指摘すると、所属長が登場して威圧的に反論がされ、最終的にパーソナル・バンク部長（のち営業本部長兼務）のＡが審査第二部長（審査部の一部門）や審査部長に対し、恫喝的な言葉で稟議を押し通し、承認率が99％を超えるようになった。Ａは、専務執行役員で、取締役でもないのにCo-COOに任命され、創業家をはじめ経営陣は、Ａに営業現場を任せきりにし、Ａは審査部門の人事にまで介入するに至った。

　審査部に上がって来る書類には、Ａが認めた案件には「パーソナル・バンク協議済」と書かれ、この記載があれば審査はほぼパスされた。審査担当は、「『審査部限り』の特記事項とし審査意見を残した案件数は200件を超える。このような実態は監査役には報告されていなかった」という。

　監査役は毎年、往査の際に、審査部担当者に「営業の圧力に負けて審査基準を緩めるようなことはないか」と尋ねたところ、審査を適切に行っているとの回答を得たと述べている。

この対応から学ぶこと

　審査部へのヒアリングで「営業の圧力に負けた」との証言を得ることは困難であろう。しかし、審査記録を閲覧するだけで、審査担当の特記事項や「パーソナル・バンク協議済」などの文言を見つけることはできたはずである。自ら閲覧しなくとも、監査部の協力を得ればよいのである。ＨもＴも監査役に就任する前は監査部管掌取締役であった。

　また、承認率に関する調査は、基本中の基本ではなかろうか。何より、Ａの言動についての噂は入ってこなかったのだろうか。

この事件から学ぶこと

✅ 監査役は不正の兆候を見つける監査体制を整備すること

■事業の内容およびリスクを把握することは監査の基本である

　各監査役が、シェアハウス融資とは何か、を理解していない。Ｈ監査役は、スルガ銀行がシェアハウスローンを実行している事実を、2011年の同ローン開始から2015年1月頃までは知らなかったという。Ｔ監査役は、2015年7月、ある支店への往査でシェアハウス等を中心に融資しているとの説明を受けたが、シェアハウスの仕組みやそこに問題があることを認識しておらず、入居率・実際の賃料収入についての資料の提出を求めていない。また、2017年4月の経営会議で初めてサクト案件の説明を受けたが、シェアハウスのビジネスの仕組みやチャネルの関与の態様等について具体的な認識を持っていなかったため、サクト以外にも同様の問題が起きることに思いが至らなかったという。監査役が、最大の収益源の事業内容を把握していなかったことが事実だとすれば、任務懈怠といわれかねないだろう。

　商品開発時にはコンプライアンス規程に基づき、各部署による商品設計の評価が行われることになっていたが、シェアハウスについてはアパートローンの一類型であるとされ、評価手続はされなかったという。シェアハ

ウスの最大のリスクは、アパートと異なり入居状況を外部から確認することが困難なことである。

監査役としては、当然のことながら、コンプライアンス規程に基づき、シェアハウスローンのビジネスの仕組みおよび商品開発時のリスクの評価を行うよう指摘すべきであった。

何よりもスルガ銀行の経営がシェアハウス偏重となり、Co-COOに任命されたAに営業現場を任せきりとなっている実態について、意見をいうことができなかったのだろうか。

■監査役への報告体制を整備すること
▶内部通報・内部告発の情報

内部通報・内部告発の情報が監査役に入っていない。例えば、2015年2月3日のお客様相談センターへのFAXによる内部告発は知らされていなかった。この告発を受けて、副社長は営業部門と審査部にSL社が関与する取り引きの中止を指示している。

また、経営企画部コンプライアンス担当者には、2013年以降、書類の改竄に係る通報が37件届いていた。この事実を知っていたら、監査の状況は大きく変わっていただろう。内部通報・内部告発の情報が必ず監査役に伝わる仕組みにしておくべきである。

▶取締役の監査役への報告義務

会社法357条に、取締役は、株式会社に著しい損害を及ぼすおそれのある事実があることを発見したときは、直ちに、当該事実を監査役に報告しなければならない。不正融資は当然「著しい損害」の対象である。取締役の義務違反は明らかである、とあるように、取締役の監査役への報告の義務を徹底化するべきである。

■形式監査より、実態把握監査
▶形式的な監査役監査

常勤監査役は不正行為（偽装等）が多発していた支店を往査していたのに、不正行為はまったく発見できなかった。臨店監査での調査は法定書類の備置や施設の稼働状況など外形的なものばかりで、その監査手法は監査対象者へのヒアリングのみであった。A報告書は「そもそも監査役監査で防犯カメラが作動しているかどうか等の設備の保守状況を調査することは意味不明である」と述べている（222頁）。

審査第二部への往査で、審査書類の「パーソナル・バンク協議済」や『審査部限り』の特記事項、入居率の調査書などに当たっていれば不正の兆候を確認できたと思う。また、時間をかけて審査部から入手した資料を読んでいれば、実態が掴めた可能性がある。

▶**監査部（内部監査部門）の監査も形式的**

監査部は経営会議の所管で30～40名の体制。監査手法は、監査役監査と同様、毎年、同じような項目につき、チェックリストで形式的かつ事務的な確認にとどまり、実質的かつ実効的な監査は行われていない。審査部への監査項目にある「審査部門が十分機能しているか」との項目の結果は、「審査部門の担当取締役を営業推進部門等の取締役が兼務していない等、営業推進部門等から影響を受けない体制となっている」であった。

■監査役会・取締役会への報告

常勤監査役は経営会議で報告された重要な事項を監査役会に報告していない。また、取締役会においても経営会議の報告はされていない。したがって、社外役員は、経営会議の状況を知らされずにいた。A報告書には「社外役員は『お客さん』のようなものであり、自社のまずい部分は見せるものではないと思っていたのではないか」とある。重要な事項をきちんと報告していれば、違った展開を見せたであろう。

以上の各コメントを総合すると、この事件について、監査役は不正の兆候を見逃してしまったのではないか、と考えざるを得ない状況であると思う。

FILE 49

美術館への寄付の正体とは

―金融機関のファミリー企業への融資―

スルガ銀行創業家のファミリー企業の1つ、静岡県にある一般社団法人ベルナール・ビュフェ美術館（以下、美術館という）へのスルガ銀行からの寄付金が、巡り巡ってスルガ銀行創業家のファミリー企業への融資の返済に充てられていた事例である。取締役・監査役の責任に関して、第三者委員会による調査結果（「取締役等責任調査委員会および監査役責任調査委員会調査報告書」2018年12月27日）が公表されている。監査役責任調査委員会の報告書（以下、調査報告書という）をもとに事件を追っていくこととする。

1. ファミリー企業の事業環境

2002年3月末で主なファミリー企業12社（その子社まで含めると26社）に対して約1200億円の融資残があることがわかった。しかも長期固定化しており、子会社等への転貸融資も膨らんでいることから、スルガ銀行はこの改善に取り組み、2018年3月には、主なファミリー企業は10社（その子会社まで含めると19社）、融資残は488億円まで減少した。

しかしこの中で、美術館関連の企業については業績が振るわず、破綻懸念先とされた企業があり、それらの企業のスルガ銀行からの借入金返済をどうやって工面するかと考えた末に編み出されたのが、美術館への寄付を使っての方策であった。

2．寄付を使っての貸金の回収——監査役は見破れるか

　美術館へのスルガ銀行からの寄付は2012年以降、都合15回、合計約64億円である。すべてスルガ銀行の取締役会に諮られ、承認されている。そのうち、2014年3月20日の取締役会で承認決議された寄付の例を見てみよう。

　　「2014年3月26日、スルガ銀行から美術館へ6億円の寄付が行われた。2日後の3月28日、美術館はファミリー企業のE社から美術品を購入し、E社に同日、5億9640万円を支払った。寄付金は美術品の購入に充てられ問題はないように思える。ところが、同日E社は、B2社から美術品を5億9640万円で購入し、B2社に支払っている。

　　次いで、2か月後の5月29日、B2社はB3社から飲食店を購入し、5億5011万円を支払った。そしてB3社は、同日、スルガ銀行へ借入金5億2000万円を返済した。」（調査報告書52頁）

　これらの取り引きを通して見ると、スルガ銀行が美術館に6億円寄付したが、美術館からE社、E社からB2社、B2社からB3社に流れ、最終的にはB3社からスルガ銀行への借金返済に使われたという判断を監査役責任調査委員会はしている。

（1）取締役会での決議について

　法律上およびスルガ銀行の社内規程上、通常の寄付については、取締役会の決議事項として定められていたわけではないが、スルガ銀行のM社長が美術館の代表理事を務めていることから利益相反取引の承認決議を行ったものである。

　取締役会での経営企画部管掌のS専務の説明では、美術館はスルガ銀行のCSR事業の一環として行っている文化事業であり、同じエリアにある他の美術館の所蔵作品を当該美術館に移管譲渡することは、エリア全体として散逸させることなく所蔵作品を継続保有し、より効率的な運営ができるようにするための資金を確保することが必要であり、それを寄付で賄うというものであった。

（2）真の意図

　B1、B2社、B3社はスルガ銀行からの借入残高が大きく、かつ事業の収益性と手元資金が乏しいことから、スルガ銀行への返済資金の原資を捻出するためであったと調査委員会はいう。

　K副社長が中心となり、寄付金がスルガ銀行への返済に回るようなスキーム案を審査第一部に検討させ、経営企画部に本件寄付の稟議書を作成させた。したがって、美術館は、K副社長らの指示通りに寄付の要請書を提出していたにすぎず、どの美術品を購入するかについてはスルガ銀行のOBでファミリー企業を管理する事務職員らが、金額の高い美術品から順に寄付金額に合わせて決定しており、美術館は関与していない。

　数回の例外を除くと、寄付後、ごく短期間に美術品や不動産の売買が完了している。

（3）監査役の責任

　調査報告書は、本件寄付の目的が、名目上は社会的に意義のあるものだとしても、真の目的がファミリー企業の財務状況の改善や資金繰りの便宜を図るものであるなら、その寄付を正当化することはできず、本件寄付について意思決定に関与した社長、副社長ら、取締役には善管注意義務違反が認められるとした。

　一方、取締役会に出席していた監査役らは、その説明が不自然・不合理なものではなく、真の目的が別に存在することを疑わせるものではなかったし、本件寄付がファミリー企業への資金融通であったことを認識していたとの証拠は認められない、また、寄付の金額が、当時のスルガ銀行の経常利益の2％程度であり、不相当とまではいえない、として監査役には善管注意義務違反があったとは認められないと結論付けた。

【追記】

　寄付事案等によるスルガ銀行の損害に対してスルガ銀行は、社長M、

副社長Ｋ（故人）ら取締役５名に対し合計32億4000万円の損害賠償請求訴訟を2018年12月27日、静岡地裁に提起した。なお、監査役については、善管注意義務違反はなかったとの調査報告書に基づき、提訴はされなかった。

この事件から学ぶこと

　監査役が寄付金の流れの全体図を把握していたら、その違法性に気付くことができたであろうが、単に寄付の妥当性だけの判断において、「問題あり」と指摘することは難しいと思う。しかし、こういう方策が使われることがあるものだということを知っていただきたくて紹介した。

　つまり監査役は、全体像を把握することを心掛けなければ真実が見えてこないということである。

労働問題と監査役

FILE 50

過重労働事件における監査役

―内部監査報告生かされず―

現在のわが国では、過重労働に対する社会の批判が高まっており、政府の主導する「働き方改革」の重要なテーマになっている。

2014年2～3月、牛丼店チェーンを経営する株式会社すき家本部（以下、すき家という）で、過重労働に耐えられず退職者が相次ぎ、24時間365日営業が維持できなくなった店舗が続出したことを受けて、親会社の株式会社ゼンショーホールディングス（以下、ゼンショーという）は労働環境改善のために第三者調査委員会を設置した。

2014年7月31日に公表された「すき家の労働環境改善に関する第三者委員会」（以下、第三者委員会という）調査報告書で、ゼンショーの内部監査部の監査報告書が過重労働の実態を問題提起したにもかかわらず、ゼンショーおよびすき家のいずれの経営幹部も監査役も、誰一人、問題解決に向けて動こうとしなかった実態が明らかにされた。

1. ゼンショー内部監査部長によるすき家に関する内部監査講評会

親会社ゼンショーの内部監査部は、2013年2月から5月にかけてすき家の経営状況・体制および業務管理（内部統制）体制の検証を目的とした監査を実施し、内部監査報告書としてまとめ、それを同年6月5日に監査講評会で報告し、別途6月12日に直属の上司である社長に説明した。なお、子会社であるすき家には内部監査部門はない。

内部監査報告書には「重要な欠陥に相当する不備」として、店舗マネジ

ャーの勤怠管理を取り上げ、次のような指摘がなされている。

　　「店舗マネジャーの勤怠実績は過小申告も懸念され……見方によれ
　　ば、店舗マネジャーがデイリー勤怠報告書に（実態通りに勤務時間を：
　　筆者注）記入することで『労時（１労働時間当たりの売上金額）ダウン』
　　になる事を懸念して、見かけ上の労時改善、人件費圧縮を意図してい
　　るようにも捉えられる」

　また、「是正を要する不備」として、店舗のシフト管理について取り上げ、
次のように記載されている。

　　「シフト調整不十分の煽りか、補完を担当するSM（ストアマネジャー）
　　が居眠り及び不注意等により車両事故を起こしてしまった例も……発
　　生している」

　　「３回以上の複数事故者の傾向を見れば、長時間勤務若しくは若手
　　社員に事故が集中していることがわかる」

　　「店舗クローズをしない為にシフト時間を延長して穴埋めしている
　　従業員がいることも伺える」

　内部監査部は、ゼンショーの取締役グループ人事・総務本部長、常務取
締役、常勤監査役２名、すき家の監査役、COO、営業担当GM（ゼネラル
マネジャー）らを対象として、約１時間半の予定で内部監査講評会を開催
し、出席者は内部監査報告書で指摘された事項についての問題点を共有し
た。

２．報告を受けたのちの対応

（１）ゼンショーの社長の対応

　ゼンショーの社長は、６月12日に配下の内部監査部から個別に説明を聞
いたその日に、内部調査報告書に決裁印を押して内部監査部に返却した。
ゼンショーの社長は過重労働の実態を聞いた「はずである」。（「はずである」
としたのは、第三者委員会による質問に対して「よく覚えていない」と回答し
たためである：筆者注）

（2）ゼンショー取締役グループ人事・総務本部長の対応

ゼンショーのグループ人事・総務本部長は、内部監査部の報告を受けるまでもなく、毎月開催される「労働安全委員会」において、すき家の牛丼事業本部の現場責任者である人事部長らとともに、過労死と認定される過重労働の基準は80時間であるなどの知識を共有し、月間の時間外労働が160時間以上および100時間以上の上位の過重労働者を特定し、その上司に個別対応を行わせていた。他方、同委員会において、全社的な過重労働の発生や人員不足に対する根本対策については議論・検討がなされることはなかった。

（3）ゼンショーおよびすき家の取締役会

労働安全委員会や内部監査報告書によって、複数の取締役が過重労働の実態を知っていたにもかかわらず、労務問題について取締役会で議論がなされた形跡はない。

（4）ゼンショーの監査役会

ゼンショーの監査役は、常勤は証券会社の元副社長とゼンショーの前常務取締役の2名、非常勤は弁護士の大学教授と公認会計士の2名であった。

同監査役会は、2013年度の「テーマ監査」として「労務監査」を掲げたが、このテーマに関する監査は実施されていない。

ゼンショーの監査役は、子会社たるすき家の監査も行っており、すき家の監査役と適宜、「すき家監査役連絡会」を開催している。すき家監査役連絡会は、2012年以前は四半期に一度程度開催されていたが、2013年以降はほとんど開催されていない。

ゼンショーの常勤監査役はいずれも、2013年6月5日に行われた上記の内部監査講評会において報告を受けていたが、この点について監査役会で議論された形跡はない。

（5）すき家の監査役

　すき家の監査役はいずれもゼンショーの役職者であり、ゼンショーのグループIT本部長（執行役員）、同グループ財務部長、同グループ経理のAs.GM（アシスタント・ゼネラルマネジャー）の３名で、いずれも非常勤であった。すき家の監査役は、内部監査講評会で報告を受けていながら、執行サイドが問題に対してどう対処したのかについての確認をした形跡も、取締役会に報告・指摘した形跡もない。

第三者委員会のヒアリングにおいて、監査役の１人は「過労死リスクについて」真剣に考えていれば、もっと対策を打っていたと思う。……深い思いは正直なかった」と述べている。

3．2014年２月一時休業、相次ぐ

　何らの根本的対応がとられないまま過重労働が継続し、2014年２月を迎えた。毎年２〜３月は多くの学生クルーが就職等で退職し、かつ2014年は新規の応募者が前年度比７割にとどまった。その上、同年１月に各営業部門トップのGM（ゼネラルマネジャー）と現場をつなぐDM（ディストリクトマネジャー）を廃止したこと、２月には従前の商品より手間のかかる「牛すき鍋」を導入したことにより、サービス残業と長時間労働が増加し、現場は疲弊した。その中で、２回の大雪により帰宅できないクルーの48時間勤務が多数生じてクルーの不満が爆発し、その穴を埋めるために正社員のマネジャーがシフトに入らざるを得なくなり、多くのマネジャーが退職した。

　すき家の牛丼店チェーンは全国で約2000店舗弱を有し、すべて直営店でフランチャイズは１店もなく、24時間365日営業を続けてきた。しかし2014年２〜３月、多い日は138店舗で一時休業や時間帯休業が起き、183店舗で深夜・早朝営業を休止する措置がとられた。

　この一時休業について、ゼンショーの監査役会は、すき家の牛丼店カンパニーの責任者のH取締役からその経緯を確認したが、監査役会において

対応策を議論したり、取締役会に対して報告・指摘が行われた形跡はない。

一方、すき家の監査役が動いた形跡はない。

ゼンショーは、4月28日、店舗の労働環境改善に関する第三者委員会の設置を決めたのである。

4．第三者委員会の見方

第三者委員会調査報告書は、「……そして、こうした情報を認識していたゼンショー及びすき家の取締役・監査役もまた、取締役会への報告や問題提起を行うことはなく、過重労働問題等について、全社的な検討・対応がなされることはなかった。このような各部門・各機関の対応からは、目の前にあるはずの過重労働問題等に対する『麻痺』が社内で蔓延し、『業界・社内の常識』が『社会の非常識』であることについての認識が全社的に欠如していたものと言わざるを得ない」と結んでいる。

5．改善状況

第三者委員会の提言を受けて改善が進められているが、第三者による検証報告が2015年3月31日「職場環境改善に関する報告書」として公表されている。

この中で、①長時間労働を禁止するルール、②休日の付与と連勤禁止のルール、③人事部門による営業部門の監視機能整備、④労働時間を客観的に把握するシステム導入、④深夜時間帯の複数者勤務体制の確立、⑤Zグループ労組幹部・ゼンショー・牛丼店地域従業員代表が出席する「時間管理委員会」の設置、などと並んで、「内部監査・監査役監査」についても次のように書かれている。

　　　すき家の監査役のメンバーを2014年6月に一新した上で、新たに常勤監査役を設置し、ゼンショーの内部監査部長を充てた。当常勤監査役は上記の時間管理委員会に適宜出席し、意見を述べている。

この事件から学ぶこと

■「社長が知っているはずだ」で済まされるか

監査役なら誰でも思う。「この問題は親会社の社長が知っている以上、その対応は会社の執行サイドに委ねられる、監査役が出るところではない」と。

しかし、会社法382条は次のように定めている。

「監査役は、取締役が不正の行為をし、若しくは当該行為をするおそれがあると認めるとき、又は法令若しくは定款に違反する事実若しくは著しく不当な事実があると認めるときは、遅滞なく、その旨を取締役会に報告しなければならない」

社長が動く動かないに限らず、監査役は、監査役が取締役会で報告・指摘し、場合によっては勧告し、それでも動かないのなら「違法行為差止請求」をし……というように義務付けられている。監査役は、内部監査部門の報告を無にしてはいけない。

■監査役は情報を活用すること

すき家の人事労務課は、社員が退職する際、退職手続書面にて、退職理由の確認を行っているが、監査役はこれを閲覧していない。退職理由には次のようなことが記載されていた。

・居眠り運転で交通事故を３回起こした。金曜から月曜は回転（24時間勤務）になる。

・30時間オフなし。ピーク時間のワンオペ（１人勤務）、土日のワンオペ。

・サービス残業が多く、未払になっている。（クルーにもさせている）業務が多く、シフトアップの予定時間を過ぎてもデイリーに記入できない雰囲気がある。

・超過勤務月400時間、休みは月１程度。

これらの退職手続書面は、すき家の営業本部、人事労務課、Ｚ社の取締

役グループ人事・総務本部長まで回覧されていた。

　また、労働基準監督署からもたびたび是正勧告を受けており、ゼンショーの労政担当は、ゼンショーの取締役グループ人事・総務本部長および人事部長（すき家人事部長兼任）に報告・相談し、すき家の社長にも情報は共有されていた。ただし、すき家およびゼンショーいずれの取締役会にもこの件が報告された形跡はない。

　労働基準監督署の勧告内容は、主に次の通りである。

▶36協定の限度時間を超えて労働させた。

▶法定の休憩時間を与えていない。

▶時間外労働に対する割増賃金を支払っていない。

▶法定項目について医師の健康診断を行っていない。

▶法定の休憩時間を与えていない。

あとがき

　2019年10月4日、『日本経済新聞』（夕刊）に「関電監査役は昨秋把握　金品受領、取締役会に諮らす」の大きな見出しが躍っていた。

　また、監査役に対する責任追及が始まるのかと胸が痛む。新聞情報等を総合してみると、おおよそ次のような内容である。

　2018年1月に税務調査により金品受領の事実が発覚し、監査役は社内調査委員会の報告書を受領した。その中にはコンプライアンスの点からは不適正と指摘されていたが、監査役は社外の弁護士も入った調査で"違法性はない"と判断されたことをもって、取締役会に報告していなかったことが大きく取り上げられている。金品をもらっていた社長らも「不適切だが違法ではない」と判断し、監査役会にも取締役会にも報告しなかったという。

　違法性の有無にかかわらず、個人的な多額の金品受領が社会的批判にさらされることは明らかである。

　お読みいただいた本書では、ダスキンの傘下にあるファーストフードフランチャイズ店で販売される大肉まんに、無認可の防腐剤が使われていた事件を採り上げた。同社は、防腐剤はごく微量で、外部の公的機関の検査でも検出されなかった程度のものだったことから公表しなかったが、厚労省への匿名の告発により発覚。補償等の多額の損失が生じた。株主代表訴訟となり、監査役も「公表を働きかけなかった」として損害賠償の支払いを命じられた。

　実害が出ているか、出ていないかの問題ではないのである。

　東洋ゴムの建築用免震積層ゴムの性能偽装事件でも、実害は出ていなくとも叩かれることになった。監査役がもっと早く気づいて取締役会で報告していたら、交換費用・改修工事などの損失は少なくて済んだのではないかと思われる。

　私は、監査役として、第一に果たすべき最も重要な義務は、会社法382

条の「取締役会への報告義務」であると確信している。

「監査役は、取締役が不正の行為をし、若しくは当該行為をするおそれがあると認めるとき、又は法令若しくは定款に違反する事実若しくは著しく不当な事実があると認めるときは、遅滞なく、その旨を取締役（取締役会設置会社にあっては、取締役会）に報告しなければならない。」

しかし、長年、監査役として取締役会に出席していても、会社ひいては取締役の不正を指摘するには、相当の勇気を奮い立たさなければならない。

「嫌われる勇気」は持っているつもりである。しかし、しょせん監査役は人の嫌がることを言うのが仕事、嫌われるのは当たり前、と頭ではわかっていても、いざ発言するとなれば勇気が必要である。

監査役になって間もない頃、取締役会で意見を述べたことがある。「あれ、監査役が何か発言したぞ」というような取締役の方々の顔つきであった。そして一人の役付取締役の方が、「監査役は、違法行為があったときは発言してもよいが、そうでない場合は発言できないはずだ」と言った。

しかし、監査役としての勉強を重ねるうちに、会社法383条「取締役会への出席義務」には、「監査役は、取締役会に出席し、必要があると認めるときは、意見を述べなければならない」とあり、意見を述べてはいけないどころか、述べる義務があることを知った。

監査役の皆さん、どうか勇気をもって発言していただきたい。

仮に、おかしいと思ったとしても確証がない場合、それでもおかしいと思う根拠があれば、「どうもおかしい、念のため、調べていただきたい」ということぐらいは言えるであろう。

確かに、嫌われるだけで済めばよいが、指摘しても改めてくれないどころか、解任されてしまうリスクもないわけではない。

「監査役は法律で定められているから仕方なしに置いている」と思っている経営者は少なからず存在する。某社の元CEOが「何も言わない監査役を探してこい」と言ったなどとも漏れ聞こえてきている。

「監査役は、機能していない」とよく言われる。指名委員会等設置会社

の監査委員も監査等委員会設置会社の監査等委員も、監査という立場では監査役と同じ使命を持ち、悩みを抱えている。

会社法が、監査役、監査委員、監査等委員に、大きな権限とともに義務を与えているのは、「監査役は不要だ」という経営者はさておき、社会の監査役に対する期待が極めて大きいからと言えるだろう。その与えられた権限と義務を行使することで、会社を救い、社員を救うことができるかもしれないし、現にそのようになった事件もある。

一方、本書の中には、責任追及され、損害賠償を払わされることになってしまった監査役もいる。その方々の貴重な経験を学び、同じような犠牲者が出ぬようにと強く願って、本書を執筆した。

本書の元になった内容は、私の属する監査懇話会のホームページに掲載を続けさせていただいている「監査役事件簿」に書かれたものである。「監査役事件簿」を読まれた方から、「社内の勢力争いの中の一方的な見方である」といった批判を受けたこともある。一方、「監査役になって、何をしたらよいのかわからないときに、「監査役事件簿」に出会って、道が開けた」という感想を寄せてくださった方もいる。

どうか監査役の皆さん、本書の中で、悩み、行動する監査役諸氏をみて、しょせん他人事、他社のことと片付けずに、自分のこと、いつか自分にも降りかかってくるかもしれないこと、と受け止めて、彼らの貴重な経験を生かしていただきたい。

2019年10月

眞田　宗興

【著者紹介】

眞田　宗興（さなだ・むねおき）

1964年　慶応義塾大学経済学部卒業後、三菱電機㈱に入社。家電関係の製作所（静岡・中津川・京都・群馬）にて、経理・資材・総務・労働組合等、本社にて、住環境事業部の経理、輸入拡大プロジェクトリーダー等を歴任。

1995年　東洋高砂乾電池㈱（現トーカン）にて、常務および常勤監査役等を歴任。

2003年　監査役の団体「監査懇話会」事務局長に就任。同年、トーエイ工業㈱の監査役に就任。

2003〜2010年　東京簡易裁判所の民事調停委員、次いで司法委員を歴任。

2006年　㈱システムインテグレータ常勤監査役に就任。

2012年　同社非常勤監査役に就任（現任）。

2019年11月 5 日　　初 版 発 行
2020年 1 月25日　　初版 4 刷発行　　　　　　略称：監査役事件簿

監査役事件簿

著　者　ⓒ　眞　田　宗　興

発 行 者　　　中　島　治　久

発行所　同 文 舘 出 版 株 式 会 社
東京都千代田区神田神保町1-41　　〒101-0051
営業（03）3294-1801　　編集（03）3294-1803
振替 00100-8-42935　　http://www.dobunkan.co.jp

Printed in Japan 2019　　　　　製版　一企画
　　　　　　　　　　　　　印刷・製本　三美印刷
ISBN978 4 495-20961-2

JCOPY 〈出版者著作権管理機構 委託出版物〉
本書の無断複製は著作権法上での例外を除き禁じられています。複製される場合は，そのつど事前に，出版者著作権管理機構（電話 03-5244-5088，FAX 03-5244-5089，e-mail: info@jcopy.or.jp）の許諾を得てください。

本書とともに

『監査役の覚悟』

高桑幸一・加藤裕則 編著
A5判　240頁
定価（本体1,900円＋税）